Das Andere

Das Andere

Hisham Matar
O Retorno
The Return: Father, sons and the land between

© Editora Âyiné, 2022
© Hisham Matar, 2016

Tradução: Odorico Leal
Preparação: Fernanda Morse
Revisão: Tamara Sender, Fernanda Alvares
Imagem de capa: Julia Geiser
Projeto gráfico: Daniella Domingues, Luísa Rabello

ISBN 978-65-5998-054-3

Âyiné

Direção editorial: Pedro Fonseca
Coordenação editorial: Luísa Rabello
Direção de arte: Daniella Domingues
Coordenação de comunicação: Clara Dias
Assistência de comunicação: Ana Carolina Romero, Carolina Casesse
Assistência de design: Lila Bittencourt
Conselho editorial: Simone Cristoforetti, Zuane Fabbris, Lucas Mendes

Praça Carlos Chagas, 49. 2º andar. Belo Horizonte 30170-140
+55 31 3291-4164
www.ayine.com.br | info@ayine.com.br

Hisham Matar

O RETORNO

Pais, filhos e a terra ao meio

Tradução de Odorico Leal

Âyiné

7	Alçapão
21	Terno preto
33	O mar
41	A terra
45	Blo'thaah
57	Poemas
69	E a saúde? E a família?
75	A trégua e a tangerina
85	O velho e seu filho
95	A bandeira
103	A última luz
115	Bengasi
127	Outra vida
137	A bala
161	Maximiliano
177	A campanha
191	O filho do ditador
213	Os bons modos dos abutres
219	O discurso
231	Anos
245	Os ossos
261	O pátio
267	Agradecimentos

Alçapão

Março de 2012, início da manhã. Minha mãe, minha esposa Diana e eu ocupávamos uma fileira de assentos parafusados ao chão de azulejos de um saguão no Aeroporto Internacional do Cairo. Uma voz anunciou que o voo 835 partiria na hora marcada. Vez por outra minha mãe me lançava um olhar ansioso. Diana, também com ar preocupado, pousou uma mão no meu braço e sorriu. Seria bom levantar e dar uma caminhada, pensei comigo. Mas meu corpo continuava rígido. Nunca me senti tão capaz de permanecer imóvel.

O terminal estava quase vazio. Além de nós, apenas um homem gordo de seus cinquenta e tantos anos, com aspecto cansado. Algo na forma como ele se sentava, na fileira oposta à nossa — as mãos cerradas no colo, a inclinação do torso à esquerda —, indicava resignação. Era egípcio ou líbio? Visitava o país vizinho ou, finda a revolução, voltava para casa? Terá sido a favor ou contra Kadhafi? Ou seria um daqueles indecisos que guardam suas ressalvas em silêncio?

A voz que anunciava os voos ressurgiu. Era hora de embarcar. Com Diana ao meu lado, me vi de pé, no começo da fila. Em mais de uma ocasião Diana me levou à cidade onde ela nasceu, no norte da Califórnia. Conheço as plantas, a cor da luz e as distâncias onde minha esposa cresceu. Agora eu finalmente a levava para a minha própria terra. Na mala, ela pôs a Hasselblad e a Leica, suas câmeras favoritas, junto com cem rolos de filme. Diana trabalha com enorme fidelidade.

Quando encontra um fio, ela o segue até o fim. Saber disso tanto me animava quanto me preocupava. Reluto em dar à Líbia qualquer coisa além do que ela já me tomou.

Minha mãe vagava rente às janelas que davam para a pista, falando ao celular. O terminal tinha começado a encher de gente — homens, na maioria. Agora Diana e eu éramos os primeiros em uma longa fila que fazia uma curva atrás de nós, como um rio. Fingi que esquecera alguma coisa e a puxei de lado. Retornar depois de todos aqueles anos era uma má ideia — foi o pensamento que me ocorreu subitamente. Minha família tinha partido em 1979, trinta e três anos antes. Esse era o abismo que separava o homem do menino de oito anos que eu era à época. O avião cruzaria esse golfo. Viagens assim são imprudentes, sem dúvida. Essa me privaria de uma habilidade que cultivei a duras penas: como viver longe de lugares e pessoas que amo. Joseph Brodsky estava certo. Como Nabokov e Conrad. Artistas que jamais retornaram. Cada um tentou, a seu próprio modo, curar-se de seu próprio país. O que ficou para trás se dissolveu. Retorne, e você encontrará a ausência ou a mutilação do que tanto amava. Mas Dmitri Shostakovich, Boris Pasternak e Naguib Mahfouz também estavam certos: jamais abandone a terra natal. Partindo, as conexões com a fonte serão cortadas. Você será como um tronco morto, oco e duro.

Mas o que fazer quando não podemos nem partir, nem voltar?

*

Em outubro de 2011, considerei jamais retornar à Líbia. Eu estava em Nova York, caminhando pela Broadway, o vento leve e gelado no rosto, quando a proposição me ocorreu. Parecia imaculada, um pensamento que minha mente havia produzido de forma independente. Como em momentos juvenis de embriaguez, senti-me forte e invencível.

Eu tinha ido para Nova York no mês anterior, a convite do Barnard College, para um curso sobre exílio e desenraizamento. Mas eu tinha uma conexão mais antiga com a cidade. Meus pais mudaram-se para Manhattan na primavera de 1970, quando meu pai foi indicado ao cargo de primeiro-secretário da Missão Libanesa nas Nações Unidas. Nasci naquele outono. Três anos depois, em 1973, voltamos para Trípoli. Desde então, visitei Nova York talvez quatro ou cinco vezes, sempre brevemente. Assim, embora eu tivesse acabado de retornar à cidade onde nasci, era um lugar que eu mal conhecia.

Nos trinta e seis anos desde que deixamos a Líbia, minha família e eu construímos associações com várias cidades substitutas: Nairóbi, para onde partimos ao fugir da Líbia, em 1979, e que seguimos visitando desde então; Cairo, onde nos estabelecemos no ano seguinte para o exílio indefinido; Roma, a cidade onde passávamos nossas férias; Londres, onde fui estudar aos quinze anos de idade e onde, por vinte e nove anos, tentei com todo afinco construir uma vida; Paris, para onde parti aos trinta e poucos, exaurido e irritado com Londres, jurando jamais retornar à Inglaterra, só para fazê-lo dois anos depois. Em todas essas cidades, eu muitas vezes me imaginava vivendo em paz naquela ilha distante, Manhattan, onde nasci. Nessas ocasiões sempre me vinha à mente a imagem de um novo conhecido, talvez em um jantar ou num café, quem sabe num vestiário depois de uma boa nadada, fazendo-me aquela velha indagação: «De onde você é?»; em resposta, inabalável, livre da agitação costumeira, eu diria casualmente: «De Nova York». Nessas fantasias eu me aprazia com o fato de que aquela afirmação era, ao mesmo tempo, verdadeira e falsa, como um truque de mágica.

Que eu mudasse para Manhattan no meu quadragésimo ano, enquanto a Líbia se despedaçava, e que isso se desse no dia primeiro de setembro, o dia em que, lá em 1969, um jovem capitão chamado Muammar Kadhafi depôs o rei Idris, quando muitas das características mais significativas da minha vida — o lugar onde vivo, o idioma no qual escrevo, o idioma que uso agora mesmo para redigir isto — começaram a se definir: tudo isso me obrigava à sensação de que havia aí algum tipo de vontade divina em ação.

*

Em qualquer história política da Líbia, os anos 1980 representam um capítulo particularmente sórdido. Opositores do regime eram enforcados em praças públicas e arenas esportivas. Dissidentes que fugiam do país eram perseguidos — alguns eram sequestrados ou assassinados. Os anos 1980 marcam também a primeira vez que a Líbia passou a contar com uma resistência armada e resoluta contra a ditadura. Meu pai foi uma das figuras mais proeminentes da oposição. A organização à qual ele pertencia contava com um campo de treinamento no Chade, ao sul da fronteira líbia, além de várias células clandestinas dentro do país. A carreira do meu pai no exército, sua breve atuação como diplomata e os ativos particulares que conseguiu assegurar em meados dos anos 1970, quando se tornou empresário de sucesso — importando produtos dos mais variados para o Oriente Médio, de carros Mitsubishi a tênis de corrida Converse —, o tornavam um inimigo perigoso. A ditadura tentou corrompê-lo. Intimidá-lo. Lembro de sentar a seu lado numa tarde em nosso apartamento no Cairo, quando eu tinha dez ou onze anos, o peso do seu braço nos meus ombros. Na poltrona à nossa frente sentava-se um dos homens que eu chamava de «tio», homens que — de alguma forma eu sabia — eram seus aliados ou seguidores. A palavra «acordo» foi pronunciada, e meu pai respondeu: «Não negociarei. Não com criminosos». Sempre que estávamos na Europa, ele andava armado. Antes de entrarmos no carro, pedia que nos afastássemos, então se ajoelhava e espiava debaixo do chassi; em seguida, com as mãos em concha, averiguava pelas janelas se havia algum sinal de que a fiação elétrica fora manipulada. Homens como ele sofriam atentados em metrôs e cafés e tinham seus carros explodidos. Durante os anos 1980, quando eu ainda vivia no Cairo, li no jornal sobre a morte de um famoso economista líbio. Ele havia desembarcado de um trem na Stazione Termini, em Roma, quando um estranho encostou uma pistola em seu peito e puxou o gatilho. A fotografia impressa ao lado do artigo mostrava a figura do morto coberta por folhas de jornal — o jornal daquele dia, presumo; as folhas só chegavam aos tornozelos; os sapatos de couro, bem engraxados, ficavam ao relento, apontando para o alto. Em outra ocasião me deparei com uma reportagem sobre um estudante líbio morto a tiros na Grécia. Estava sentado no terraço de um café na Praça Monastiraki, em Atenas. Uma scooter parou, e o homem montado na garupa apontou uma arma e disparou vários tiros. Em Londres, um âncora de jornal da sucursal da BBC na Líbia foi assassinado. Em abril de 1984, por sua vez, houve uma manifestação em frente à Embaixada da Líbia, na St. James's Square. Um funcionário de metralhadora em punho abriu de súbito uma janela-guilhotina no primeiro andar e disparou contra a multidão. Uma policial, Yvonne Fletcher, foi morta, e onze manifestantes líbios ficaram feridos, alguns em estado crítico.

A campanha de Kadhafi para caçar opositores exilados — anunciada em um comício no começo dos anos 1980 por Moussa Koussa, chefe de inteligência para assuntos externos — estendia-se às famílias dos dissidentes. Ziad, meu único irmão, tinha quinze anos quando foi viver num colégio interno na Suíça. Poucas semanas depois, ainda a meio caminho do primeiro trimestre, retornou ao Cairo. Fomos todos buscá-lo no aeroporto. Quando apareceu na área de desembarque entre as primeiras levas de passageiros, seu rosto pareceu-me mais pálido do que eu lembrava. Poucos dias antes vi minha mãe fazer vários telefonemas; ao discar, seu dedo tremia.

A escola suíça era remota, no alto dos Alpes. O transporte público para o vilarejo mais próximo se dava por teleférico, que só operava por algumas poucas horas. Por dois dias, Ziad reparou na presença de um carro estacionado na estrada do lado de fora do portão principal do colégio. Dentro do carro, quatro homens, todos de cabelos longos, típicos dos membros do Comitê Revolucionário de Kadhafi. Certa feita, tarde da noite, Ziad foi chamado ao telefone da administração da escola. Do outro lado da linha ouviu uma voz que dizia: «Sou amigo do seu pai. Você deve fazer exatamente o que lhe digo. Saia imediatamente e pegue o primeiro trem para a Basileia».

— Por quê? O que aconteceu? — Ziad perguntou.

— Não posso contar agora. Você tem que se apressar. O primeiro trem para a Basileia. Estarei lá e explicarei tudo.

— Mas são três da manhã.

O homem não deu mais explicações, limitando-se a repetir: «Pegue o primeiro trem para a Basileia».

— Não posso. Não sei quem é você. Por favor, não ligue de novo. — Ziad desligou.

O homem, então, telefonou para minha mãe, que por sua vez ligou para a escola e disse a Ziad que ele precisava partir imediatamente, explicando o que era preciso fazer.

Ziad foi acordar seu professor predileto, um jovem formado em Cambridge que muito provavelmente havia pensado que seria divertido ensinar literatura inglesa nos Alpes, aproveitando para esquiar entre as aulas.

— Senhor, meu pai está prestes a ser operado e quer me ver antes de entrar na sala de cirurgia. Preciso tomar o primeiro trem para a Basileia. Você me levaria até a estação?

O professor telefonou para minha mãe, que confirmou a história de Ziad. Mas agora era preciso acordar o diretor, que também fez questão de ligar para minha mãe. Quando todos se deram por satisfeitos, o professor de Ziad conferiu o cronograma da estação. Um trem sairia para a Basileia em quarenta minutos. Caso se apressassem, talvez conseguissem alcançá-lo.

Na saída do colégio, não havendo outro caminho, tiveram de passar pelo carro dos homens de Kadhafi. Para se esconder, Ziad se abaixou, fingindo amarrar os cadarços. O professor dirigiu com todo o cuidado, seguindo pela estrada sinuosa da montanha. Minutos depois, viu os faróis de um carro atrás deles. «Acho que estão nos seguindo» ele disse. Ziad fingiu não ouvir.

Na estação, Ziad correu para dentro do grande saguão e se escondeu no banheiro público. Quando ouviu o trem se aproximar, esperou que ele estacasse completamente, contou alguns segundos para a troca de passageiros, então correu e saltou, embarcando. As portas se fecharam, e os vagões começaram a se mover. Ziad achou que tinha escapado, mas logo os quatro homens reapareceram, avançando pelo corredor. Um deles sorriu ao vê-lo. Seguindo meu irmão de um vagão para outro, murmuravam: «Garoto, você acha que é homem? Então venha aqui e mostre.» Na dianteira do trem, Ziad encontrou o maquinista conversando com o assistente.

— Aqueles homens estão me seguindo. O medo certamente cascateava em sua voz, pois o maquinista acreditou de imediato e pediu que Ziad se sentasse ao lado dele. Vendo isso, os quatro homens recuaram para o vagão contíguo. Quando o trem chegou, Ziad avistou homens uniformizados aguardando na plataforma — entre eles, o colaborador do meu pai, que telefonara naquela noite.

Lembro de Ziad contando esses detalhes à mesa de jantar. Fui completamente inundado por um sentimento de segurança e gratidão — e também por um novo medo agudo, que pulsava nas minhas entranhas. Quem me visse, contudo, não perceberia nada disso. Enquanto Ziad falava, eu fingia fascínio por sua aventura. Só tarde da noite a coisa toda pesou na minha consciência. Eu não parava de pensar no que os homens haviam dito, e que Ziad sussurrou várias vezes, imitando à perfeição o tom ameaçador e o sotaque de Trípoli: «Garoto, você acha que é homem? Então venha aqui e mostre.»

Pouco depois disso, quando eu tinha doze anos, precisei ir a um oculista especializado. Minha mãe me colocou num avião, e eu voei sozinho do Cairo para Genebra, onde meu pai me encontraria. Ele e eu conversamos ao telefone antes de minha partida para o aeroporto.

— Se, por qualquer razão, você não me avistar no desembarque, vá ao balcão de informações e peça para ligarem para este número — ele disse, lendo-me um dos nomes que ele usava em viagens e que eu conhecia bem. — Não importa o que acontecer — ele repetiu — não diga o meu nome verdadeiro.

Quando cheguei a Genebra, não o vi. Fiz como ele me disse: fui ao balcão, mas, quando a funcionária perguntou o nome do meu pai, entrei em pânico. Não conseguia lembrar. Vendo meu estado, ela sorriu e me ofereceu o microfone. «Que tal você mesmo fazer o anúncio?» Eu peguei o microfone e falei «pai, pai» várias vezes, até vê-lo correndo na minha direção, um largo sorriso no rosto. Tive vergonha e lembro de perguntar a ele, saindo do aeroporto, por que eu não podia simplesmente dizer seu nome. «Do que o senhor tem medo?» Caminhamos pela multidão, e nisso passamos por dois homens que conversavam em árabe com um sotaque líbio perfeito. Encontrar nosso dialeto naqueles anos era sempre desconcertante, provocando-me, com igual intensidade, medo e saudade. Um dos homens perguntava ao outro: «E, então, que cara tem esse Jaballa Matar?» Eu permaneci em silêncio e nunca mais reclamei dos complicados arranjos de viagem do meu pai.

Não havia como meu pai circular com seu passaporte verdadeiro. Valia-se de documentos falsos com pseudônimos. No Egito, nós nos sentíamos seguros. Contudo, em março de 1990, meu pai foi sequestrado pela polícia secreta do Egito em nosso apartamento no Cairo e entregue a Kadhafi. Foi levado para a prisão de Abu Salim, em Trípoli, conhecida como «A Última Parada» — o lugar para onde eram enviados aqueles que o regime desejava esquecer.

Em meados dos anos 1990, várias pessoas arriscaram a própria vida para contrabandear três cartas do meu pai para a nossa família. Em uma delas, ele escreveu: «A crueldade deste lugar excede em muito o que li sobre a fortaleza da Bastilha. A crueldade está em tudo, mas sigo mais forte do que as táticas de opressão dele. [...] Minha testa não sabe se curvar.»

Em outra carta, lê-se esta frase: «Às vezes um ano inteiro se passa sem que eu veja o sol ou saia desta cela.»

Numa prosa calma, precisa e, por vezes, irônica, meu pai demonstra um comprometimento espantoso com a paciência:

> E agora uma descrição deste nobre palácio... A cela é uma caixa de concreto. As paredes são feitas de lajes pré-fabricadas. Há uma porta de aço por onde o ar não passa. Uma janela que fica a três metros e meio do chão. Quanto à mobília, é no estilo Louis XVI: um sofá velho, desgastado pelos muitos prisioneiros anteriores, rasgado em vários pontos. O mundo aqui é vazio.

Por essas cartas, e pelo testemunho de outros prisioneiros que consegui reunir com a ajuda da Anistia Internacional, da Human Rights Watch e da ONG Trial da Suíça, sabemos que nosso pai esteve em Abu Salim pelo menos de março de 1990 a abril de 1996, quando, retirado de sua cela, foi levado para outra ala secreta, transferido para outra prisão ou executado.

★

Em fins de agosto de 2011, Trípoli tombou, e os revolucionários assumiram o controle de Abu Salim. Arrombaram as portas das celas, e, por fim, todos os homens sufocados dentro daquelas caixas de concreto cambalearam para a luz do sol. Eu me encontrava em casa em Londres. Passei aquele dia falando pelo telefone com um dos homens responsáveis pela operação. «Espere, espere», ele gritava, e logo eu ouvia sua marreta batendo-se contra o aço. Não era o som de um sino badalando ao ar livre, mas de um sino enterrado, como uma memória evocada, repicando: *Quero estar lá e não quero.* Incontáveis vozes agora gritavam: «Deus é grande!» Meu interlocutor entregou a marreta para outro homem, que ouvi ofegar, cada inspiração cheia de vitória e propósito. *Quero estar lá e não quero.* Por fim, chegaram a uma cela no porão, a última. Agora a gritaria era imensa, e muitas pessoas ofereciam ajuda. Ouvi o homem gritar: «O quê? Lá dentro?» Havia uma confusão. «Tem certeza?» O homem voltou ao telefone e disse que acreditavam que na cela havia uma pessoa importante de Ajdabiya, cidade natal do meu pai. A pessoa estivera em confinamento solitário por muitos anos. Eu não conseguia falar nada. *Quero estar lá e não quero.* «Espere», disse o homem ao telefone. Passavam-se alguns segundos, e ele repetia: «Espere.» Se tudo aquilo demorou dez minutos ou uma hora, não sei dizer. Quando finalmente arrombaram a porta, encontraram um velho cego num quarto sem janelas. Há anos sua pele não sabia o que era sol. Quando lhe perguntaram seu nome, ele disse que não sabia. Sua família, qual era? Não sabia. Há quanto tempo estava ali? Ao que tudo indicava, o velho perdera a memória. Tinha apenas um pertence: uma fotografia do meu pai. Mas por quê? Qual era sua relação com meu pai? O prisioneiro não sabia. Mas, embora não lembrasse de nada, estava feliz com a liberdade. Foi essa a palavra que o homem ao telefone usou: «feliz». Eu queria perguntar sobre a fotografia. Era recente ou velha? Estava na parede, escondida sob um travesseiro ou no chão, ao lado da cama do cego? Havia uma cama? O prisioneiro tinha uma cama? Não perguntei nada disso. Quando o homem disse «Sinto muito», agradeci e desliguei.

*

Em outubro, enquanto eu tentava me concentrar nas aulas em Nova York, todos os presídios e compartimentos secretos subterrâneos contendo presos políticos foram caindo nas mãos dos revolucionários. As celas eram abertas, os homens eram soltos e encaminhados. Meu pai não estava em lugar nenhum. Pela primeira vez, a verdade se tornou inescapável. Ele havia sido fuzilado ou enforcado, é óbvio. Ou, quem sabe, morreu de fome, ou foi torturado até a morte. Ninguém sabia nem quando nem onde, ou os que sabiam já estavam também mortos, ou haviam fugido, ou não conseguiam — por medo demais ou indiferença — falar. Terá sido no seu sexto ano de cárcere, quando as cartas cessaram? Talvez no massacre que ocorreu naquele ano na mesma prisão, quando 1.270 prisioneiros foram arrolados e fuzilados? Ou terá sido uma morte solitária, talvez durante o sétimo, oitavo ou nono ano? Quem sabe no vigésimo primeiro, já depois de deflagrada a revolução? Talvez tenha sido durante uma das muitas entrevistas que dei, denunciando a ditadura. Ou talvez meu pai não estivesse morto, como Ziad continuou acreditando, mesmo depois de escancaradas todas as celas e prisões. Talvez, sonhava Ziad, ele estivesse solto e, por conta de alguma debilidade — perda de memória, perda da capacidade de ver ou falar ou ouvir — não conseguisse encontrar o caminho de volta, como Gloucester vagando pelos charcos em *King Lear*: «Dá-me tua mão: estás agora a um passo/ da margem extrema», diz Edgar ao pai cego, que decidira dar cabo da própria vida, verso que tem vivido comigo pelos últimos vinte e cinco anos.

Deve ter sido a história do prisioneiro desmemoriado que fez Ziad acreditar que nosso pai estivesse, de alguma forma, vivo. Pouco depois de minha chegada a Nova York, Ziad me telefonou e pediu que eu encontrasse alguém que fizesse um retrato de como poderia ser a cara do nosso pai hoje, para divulgarmos a imagem pelo país e pela internet. «Pode ser que alguém o reconheça.» Falei, então, com uma artista forense do Canadá. Ela pediu cópias do maior número possível de fotografias do meu pai, dos seus irmãos e do meu avô. Depois de recebê-las, ela telefonou com uma lista de perguntas sobre as condições que meu pai teria suportado na prisão: a comida que ele comia, a possibilidade de tortura ou doenças. Dez dias depois, o retrato chegou. Ela desenhara as bochechas implacavelmente caídas, os olhos fundos, exagerando também uma cicatriz suave na testa. A pior coisa do retrato era o fato de ser crível, o que me fez pensar em outras mudanças. O que teria acontecido com seus dentes, por exemplo, os dentes que ele entregava aos cuidados do Dr. Mazzoleni, em Roma, no nosso check-up anual? O dentista italiano costumava dizer, provocando em nós um orgulho silencioso: «Vocês devem agradecer à Líbia e a seus minerais por dentes tão excelentes.» E o que teria acontecido com sua língua e seu jeito peculiar de pronunciar meu nome, a garganta amplificadora e todas as partes daquela câmara de ecos, a cabeça — suas narinas e cavidades, o peso de seus ossos, de sua carne e cérebro — e como ela alterava a ressonância daquela voz gentil? Como soaria essa nova voz, envelhecida? Nunca enviei o retrato para Ziad, que a certa altura deixou de tocar no assunto. Quando finalmente nos encontramos, mostrei-lhe o desenho. Ele analisou os traços por um momento e disse: «Não ficou bom.» Eu concordei e guardei o desenho no envelope. «Não mostre pra mamãe», ele acrescentou.

Naquela noite fria de outubro em Nova York, comecei a duvidar tanto de minha capacidade de retornar à Líbia quanto de minha vontade de não fazê-lo. Cheguei ao nosso apartamento no Upper West Side e não contei a Diana a ideia «imaculada» que me ocorrera durante o passeio. Jantamos. Recolhi os pratos e lavei tudo lentamente. Mais tarde, escutamos música, depois demos uma volta pelas ruas escuras. Mal dormi. Nunca voltar para a Líbia, compreendi, significava nunca me permitir pensar de novo sobre ela, o que só me levaria a outra forma de resistência, e eu já não queria saber de resistir.

Ao romper do dia, deixei meu prédio, agradecido pela indiferença de Nova York. Sempre pensei em Manhattan como um órfão pensa na mãe que o largou no umbral de uma mesquita: não significava nada para mim e, ao mesmo tempo, tudo. Em momentos de desespero, representava a possibilidade de finalmente escapar do exílio. Meus pés estavam pesados. Percebi como eu tinha envelhecido, no entanto havia também um infantilismo que persistia, como se parte de mim tivesse parado de se desenvolver no momento em que deixamos a Líbia. Eu era como David Malouf imaginava Ovídio no ostracismo: um homem infantilizado pelo exílio. Querendo me afundar no trabalho, segui rumo ao meu escritório na universidade. Tentei pensar na aula sobre *O Processo*, de Kafka, que eu daria naquela tarde. Pensei na ternura de K. para com os dois homens encarregados de executá-lo, sua entrega sombria e heroica, as palavras que pensou consigo: «A única coisa que posso fazer agora é manter até o fim minha mente calma e analítica»; e depois a descoberta corretiva, cheia de remorso: «Sempre quis agarrar o mundo com vinte mão...» Eu disse a mim mesmo que era bom ter que pensar naquelas aulas. Foi quando passei por uma grade na calçada. Debaixo da grelha de metal havia uma câmara, tão baixa que um homem lá dentro mal teria como ficar de pé, e certamente estreita demais para que alguém se deitasse. Era uma caixa cinza, enterrada no chão. Sua função eu desconhecia. Sem saber como, eu me vi de joelhos, olhando pela grade para o interior da caixa. Por mais que eu me esforçasse, não via nenhum alçapão, nenhum cano, qualquer coisa por onde se pudesse sair. Aquilo me veio de súbito. Chorei, escutando meus próprios soluços.

Terno preto

Em 1980, minha família estava morando no Egito. Em muitas ocasiões quando criança, eu me sentava no quarto com um atlas e tentava calcular o número de quilômetros entre nosso apartamento e a fronteira. Todos os anos, Kadhafi morreria ou seria forçado a fugir do país. Todos os anos, voltaríamos para casa. Em 1985, alguns anos depois da fuga de Ziad da Suíça, anunciei que desejava ir para um internato na Europa. Optei pela Inglaterra. Por conta do que havia acontecido com Ziad, eu precisaria de um pseudônimo. Como gostávamos de Bob Marley e Bob Dylan, Ziad sugeriu que eu escolhesse o nome Bob. Eu teria de fingir que era cristão, filho de mãe egípcia e pai americano. Um ano depois, em 1986, fui para o internato na Inglaterra e pelos dois anos seguintes vivi sob essa identidade. No começo, pareceu-me surpreendentemente fácil, e até me apetecia fingir que era outra pessoa.

Eu gostava de uma menina. Ela tinha a pele cor de mel. Os olhos eram enormes e brilhavam como madeira polida. Era uma leitora voraz. Dia sim, dia não eu a via na biblioteca com um livro diferente. Ela tinha um ar que me parecia misterioso e um calor aconchegante cuja força, eu pensava, provinha da vida estável que ela levava. Eu ficava imaginando como as palavras soariam ao passarem por sua garganta, mas nunca ousei me aproximar. Como não tínhamos aula juntos, só ouvi sua voz quando, numa festa da escola, ela cruzou o salão e, para minha surpresa, me convidou para dançar. Dançamos várias músicas, depois descansamos, encostados numa parede lado a lado. Quando deu a hora de os meninos serem levados de ônibus para casa, ela me acompanhou até o ponto. No caminho, grilos nos arbustos, a luz solitária de um poste distante. Paramos. Ela pôs a boca na minha bochecha e ficou assim por muito tempo. Ainda me recordo da temperatura delicada de seus lábios. Mal consegui dormir de tanta felicidade. Mas, na manhã seguinte, na fila para o refeitório, ela correu até mim, e eu me esquivei, frio e mudo. Eu não conseguia me imaginar beijando uma boca que nunca havia pronunciado meu nome de verdade. A expressão em seu rosto — surpreso, traído — ainda vive comigo.

O ano seguiu; passei o verão em casa, comendo a comida da minha mãe e ouvindo meu nome e suas várias formas diminutivas, pronunciado em alto e bom som em casa e na rua. Senti falta do idioma e de todas as coisas árabes: os gestos, o código social, a música. À medida que a data de partida se aproximava, fui me tornando menos tempestuoso. Meus pais notaram. Certa tarde meu pai veio ao meu quarto. «Espero que você saiba que sempre poderá mudar de ideia», ele disse, docemente. Mas, levando em consideração todo o lobby que eu tinha feito para ser enviado para o exterior, senti que deveria persistir.

Retornando para a escola, um amigo veio me contar sobre a chegada de um novato.

— Ele é árabe. O nome dele é Hamza.
— Sabe de onde ele é? — perguntei.
— Líbia, acho. Ou era Líbano?

Fui conferir o nome do menino. Era, sem dúvida, líbio. Seu pai trabalhava para o governo. Não tive dúvida de que, caso descobrisse meu sobrenome, ele o reconheceria. Por essa altura meu pai já havia se tornado um dos líderes mais afamados da oposição. Quando Hamza e eu nos encontramos, ele estendeu a mão e disse: «Marhaba», sorrindo de um jeito que logo se tornaria bem familiar. Viramos amigos imediatamente. Gostávamos das mesmas músicas. Às quartas-feiras, quando tínhamos a tarde livre e a maioria dos outros garotos iam para o *pub*, ele e eu partíamos à caça de um bom restaurante. Uma vez ele disse que me amava como a um irmão. Eu respondi que também o amava.

Ele quase nunca falava da Líbia. Como há oito anos eu não via o país, queria muito perguntar a ele sobre nossa terra natal. Uma vez, numa trilha em grupo pela floresta, comecei a cantarolar uma canção popular líbia, distraidamente. Ele percebeu. «O melhor amigo do meu irmão é líbio», expliquei. «Uma vez convidou a gente para um casamento. Uma festa maluca. Ele sempre traz fitas de música líbia. Conhece essa? De onde é? Como é a letra?»

Foi por essa época que o administrador do internato, a única pessoa além do diretor da escola que conhecia minha verdadeira identidade, começou a me convidar para frequentar sua casa. Ele era galês. Parecia Ted Hughes e, como o poeta, era um grande pescador. Sempre cheirava a cigarro. Certas noites, pouco antes de apagarem as luzes, ele batia à minha porta e sussurrava: «Robert, telefone.» Eu o acompanhava até seu apartamento, onde ele morava com a esposa, quatro filhos e dois cachorros. Sentávamos à mesa da cozinha, ele me servia um pequeno copo de vinho tinto e sua esposa me fritava um ovo. Nunca me chamava pelo meu nome de verdade, apenas me oferecia uma oportunidade, aqui e ali, de ser quem eu de fato era.

Essa coisa especial, quando uma amizade começa a se assemelhar a um abrigo, começou a ocorrer entre mim e Hamza. Com o fim do ano, cada um seguiria seu próprio rumo, e eu me perguntei como nosso laço, fechado hermeticamente na escola, sobreviveria. Quando ele se matriculou na Cardiff University, senti um alívio secreto; eu iria para a universidade em Londres. Como despedida, Hamza e eu nos encontramos com um grupo de estudantes em um *pub* de um vilarejo vizinho. Foi uma noite exuberante, cheia de promessas de que manteríamos contato para sempre. Mais de uma vez olhei para os rostos daqueles garotos e ouvi a palavra «impossível» badalando na minha cabeça. Como eu poderia ver essas pessoas de novo, mesmo a mais querida entre elas? Decidi ir embora. Antes de seguir para a estação, fui ao banheiro. Hamza foi comigo. Lembro de nossos reflexos paralelos no espelho enquanto lavávamos as mãos. Nós nos abraçamos. «Cara», ele disse, «vou sentir sua falta.» Lembro do formato de sua orelha, o modo como meus olhos focaram nela. De súbito, como se involuntariamente, eu disse estas palavras:

— Hamza, eu sou líbio. Meu nome é Hisham Matar. Sou filho de Jaballa Matar.

Ele não me largou. Senti seu corpo se retesar.

— Desculpa — eu disse. Não sabendo bem por que eu me desculpava.

Quando nos olhamos, tínhamos lágrimas correndo pelo rosto. Voltamos a nos abraçar, corremos para o bar e continuamos bebendo. Ficamos todos lá até que o *pub* fechasse. Nenhum de nós disse nada para os demais. E ele nunca me chamou de Hisham.

Jurando pela vida do próprio pai, ele insistiu em pagar para que um táxi me levasse até Londres. No meio da viagem, pedi que o motorista parasse e vomitei no acostamento.

Anos depois, caminhando com Diana pela Marylebone Road, eu me deparei com Hamza vindo na nossa direção. Ele já tinha me visto, pois o mesmo sorriso se desenhava em seu rosto. Apertamos as mãos e nos abraçamos. Eu o apresentei a Diana. Ele tinha aquela timidez orgulhosa que os amigos íntimos sentem quando conhecem nossos amores. Buscamos nos bolsos um pedaço de papel e anotamos nossos telefones. Mas, já ali, sabíamos que nenhum de nós jamais telefonaria.

★

Até hoje não sei bem por que meu eu de quinze anos, vivendo no interior de uma família amorosa e nada castradora, optaria por deixar o Egito, os cavalos, o Mediterrâneo e o Mar Vermelho, os amigos, Relâmpago — o pastor alemão que eu alimentava com minhas próprias mãos (e que era tudo menos tempestuoso) — e, talvez mais importante, meu próprio nome, para voar 3.500 quilômetros ao norte, indo viver numa grande casa de pedra, sem aquecimento, com quarenta garotos ingleses no meio de campos encharcados e sob um céu que quase nunca se abria, onde eu era Robert e só às vezes Bob.

Uns cinco anos antes eu tinha me apaixonado por aquela paisagem, quando tinha dez anos. Numa visita a Londres, sabendo que um primo estava num colégio interno em Somerset — ou era Dorset, talvez até Devon? —, decidimos pegar o trem para Paddington. Lembro da estação e do modo como o vagão parecia ficar mais leve à medida que a densidade da capital se dissipava, como se o puxão gravitacional fosse mais forte na cidade. Era impossível parar de olhar pela janela. O mato denso e verde, ora se aproximando, ora desaparecendo, tornava o ar úmido e cortante. Quando descemos do trem, passamos de carro por arbustos que se elevavam de ambos os lados da estrada. Quanto mais seguíamos, mais estreitas e profundas as vias se tornavam, como se a terra se dobrasse sobre nós. A luz não se alterava. Só havia variação nas nuvens, que se amontoavam, suas grandes barrigas pálidas e as margens em tom mais escuro. Tudo me dava a impressão — e hoje me parece estranho que um garoto de quinze anos pensasse isso — de que, caso eu deixasse algo ali, algo talvez de valor pessoal, para mim ou outra pessoa, ou algo talvez sem valor e, portanto, mais vulnerável a danos e avarias, esse objeto jamais mudaria de lugar. Eu poderia voltar depois e encontrá-lo exatamente onde eu o havia deixado.

Isso, contudo, só em parte explicaria minha escolha por um colégio interno inglês. Afinal, eu tinha outras opções. Poderia ter ido para a Suíça, país que sempre me atraiu, ou para a América, que parecia o lugar mais instigante do mundo. Mas penso que intuí, mesmo naquela visita aos dez anos de idade, uma correspondência com esse estranho lugar. Com o passar dos anos, essa correspondência ganhou tanta profundidade que hoje me sinto ligado à Inglaterra não pelo tempo que lá passei, mas pela natureza.

Se isso explica minha vinda para a Inglaterra, não explica minha partida do Cairo. Talvez eu não confiasse na constância da vida dos meus pais, ou da vida que eles haviam criado para si no Egito, onde muitas decisões viviam em suspenso, pois sempre pensávamos: «Nessa época já estaremos na Líbia.» Não que a Inglaterra parecesse mais permanente, mas aqui eu pensava que poderia tomar as rédeas do meu destino.

Contudo, esse caso de amor com a paisagem inglesa degringolou logo no primeiro dia. Segundo as instruções dos meus pais, ao pousar em Heathrow, eu deveria tomar um táxi diretamente para a escola. O que meus pais acharam que seria um conforto se transformou numa viagem estressante. O motorista londrino se perdeu. A noite começou a cair. O homem foi ficando mais e mais impaciente e ameaçou me abandonar, junto com minha mala gigante, no meio de uma estrada deserta no meio do nada.

Pensando hoje, é possível que já antes disso eu o tivesse irritado. A certa altura ele parou num posto de gasolina e deixou o motor ligado. Vindo do Cairo, onde os motoristas desligam o motor nos semáforos, isso me pareceu um desperdício terrível. Minha criação me incutiu uma grande perspectiva moral em relação ao desperdício. Se sobrassem uns poucos grãos de arroz no meu prato, minha mãe dizia: «Posso saber como esses grãos ofenderam você?» Quando o taxista voltou, eu perguntei: «Com licença, por favor, por que você não desligou seu motor?» Ele me olhou pelo retrovisor e disse: «Você disse bem, colega, é o *meu* motor.» Depois de mais uma hora dirigindo no crepúsculo, ele parou o carro e pediu para que eu descesse. Decidi permanecer calado. Irritado, ele fez uma curva arbitrária para a faixa vizinha, e, numa elevação da estrada, avistei dois homens a cavalo a uns cinquenta metros de distância.

— Pare — eu disse, acenando desesperadamente para os cavaleiros. — Olá! Oi! Oi!

Eles me viram. Eram, na verdade, duas mulheres. Só depois descobri que eram filhas do fazendeiro local e que quase nunca andavam a cavalo naquele horário, mas, por sorte, estavam procurando um cachorro que tinha desaparecido naquela tarde. Elas aparentavam ser um pouco mais velhas do que Ziad e eu, mas a diferença de idade entre as duas parecia similar. As duas seguiram montadas nos cavalos: um garanhão e uma égua, os dois mais altos do que o táxi, as pelagens bem escovadas cintilando.

No Cairo, dos onze aos quinze anos, eu acordava todos os dias às cinco da manhã para cavalgar antes da escola. E nas noites em que eu saía com meus amigos e nossas vagâncias duravam até a chamada para a oração matinal, nós íamos para os estábulos atrás das Pirâmides de Gizé e cavalgávamos deserto adentro. Quando os cavalos se aqueciam e o sol surgia no horizonte, galopávamos de volta. Eu aproximava meu rosto da crina, sentindo o calor do pescoço do animal, sua respiração, o ar entrando e saindo como por um pistão. Na chegada o rapazinho da estrebaria esfregava a mão nos cavalos e nos mostrava a espuma branca do suor; por nossa culpa, gritava ele, os cavalos naquele dia não serviriam para nada. Pagávamos, então, o dobro; se ele continuasse revoltado, o levávamos conosco para tomar café da manhã no Mena House Oberoi.

Esses cavalos ingleses, criados para o cultivo dos campos no inverno e para a caça, não para a corrida, tinham pelo menos o dobro do tamanho dos que cavalgávamos no Cairo. As irmãs conheciam a escola. A mais velha apontou um edifício ao longe e disse ao motorista, numa voz imperiosa que, secretamente, me agradou: «Bem, aí debaixo você não vai enxergar nada, vai?» O motorista desceu do carro e viu a torre escura de pedra se projetando acima de árvores altas cujas folhas já perdiam a cor. Enquanto a irmã mais velha explicava o caminho ao motorista, a mais nova seguia perfeitamente imóvel, olhando-me. Ela tinha as mãos avermelhadas, machucadas de cavalgar no frio do fim de tarde, e a diferença de cor entre seus dedos arroxeados e o rosto pálido rosado me pareceu muito estranha.

★

Quatro dias antes de minha viagem para Bengasi com minha mãe e Diana, voei de Londres para o Cairo. No caminho, uma velha questão se resolveu. Subitamente fez sentido por que meus amigos sempre presumiram que, depois de mais de um quarto de século vivendo na Inglaterra, eu mudaria para outro país. Algo em mim, ou na vida que criei em Londres, parecia impermanente. Essa suspeita — de que a qualquer momento eu partiria — era uma fonte de preocupação, mas também de consolo. Muitas vezes me irrito quando encontro exilados que, como eu, acabaram vivendo em Londres, mas que, diferentemente de mim, entregaram-se ao novo lugar e agora transpiram essa espécie de estabilidade resignada que me falta. A adoção explícita dos maneirismos nativos ou do dialeto local — isso sempre me pareceu um tipo de humilhação.

E, no entanto, como um amante ciumento, eu acreditava conhecer os segredos de Londres melhor do que a maioria de seus nativos. Quando, depois da visita do primeiro-ministro Tony Blair à Líbia em 2005, membros do círculo íntimo de Kadhafi começaram a comprar residências na capital britânica, por vezes na minha própria vizinhança, eu disse a mim mesmo que minha Londres não lhes pertencia. Tornei-me grato por ter me estabelecido numa cidade cujo traço mais essencial era o sigilo. Por fim, no avião de Londres para o Cairo, entendi a lógica dessas contradições; não era Londres que as determinava, mas a condição da espera. O que aconteceu é que, desde os oito anos de idade, quando minha família partiu da Líbia, eu vivi todo o tempo à espera. Minha condenação silenciosa desses colegas exilados que buscavam a assimilação — quer dizer, meu comprometimento inabalável com o desenraizamento — era meu débil ato de fidelidade ao velho país, talvez sequer à Líbia, mas ao garotinho que eu era quando parti.

*

Segui de pé ao lado da fila no aeroporto do Cairo, fingindo ter perdido ou subitamente lembrado de alguma coisa. Secretamente, ansiava pelo meu apartamento em Londres. Podia ver a bancada da cozinha abandonada, a vista das janelas do fundo, a quietude cinza do entardecer, os móveis, os quadros, as fileiras de livros. Devíamos passar alguns dias no Cairo e depois voltar para Londres. Eu tinha o número de Mustafa, o motorista que Diana e eu contratávamos quando no Cairo. Ele não estaria muito longe do aeroporto. Em poucas horas, poderíamos estar todos reunidos ao redor da mesa de minha mãe para o almoço. E talvez um dia ríssemos ao lembrar da ocasião em que chegamos perigosamente perto de retornar à Líbia.

Eu me perguntei por que havia vestido um terno preto, terno que comprei um ano atrás, quando, por um breve momento, me persuadi de que havia algo monástico e apaziguador na vida de alguém que veste ternos pretos. Só o vesti duas vezes desde que o comprei, e em ambas as ocasiões me senti desconfortável — tanto com o caimento quanto com o preço exorbitante que paguei. E agora, por alguma razão, eu me via viajando de volta para casa nesse terno que não me servia. Naquela manhã, acordei cedíssimo, pus uma camisa branca e o terno preto, demorei alguns instantes para escolher a gravata, dei o laço em torno do meu pescoço, depois tirei a gravata e a devolvi ao guarda-roupa, o mesmo guarda-roupa que fora meu quando criança, pois o quarto no Cairo onde Diana e eu dormimos na noite anterior antes do voo para a Líbia, deitados de lado para caber no colchão estreito, era o meu velho quarto. Ora eu tinha quinze anos. Ora quarenta e um. Ora oito.

No aeroporto, minha mãe continuava perto das janelas, falando com Ziad ao telefone. Era a terceira vez que ele ligava naquela manhã. Nós três — Ziad, mamãe e eu — havíamos planejado retornar à Líbia juntos, embora (isso não dizíamos, mas ficava subentendido) jamais pudéssemos voltar de fato juntos, não completamente, pois papai já não estava conosco. Ziad não conseguiu esperar. Voltou nove meses antes, em junho de 2011, com a guerra ainda em andamento. Lembro do dia em que meu irmão telefonou para dizer que se encontrava a duzentos quilômetros da fronteira líbia. Diana e eu estávamos numa parte remota do sul da França, onde eu vinha escrevendo uma introdução para *A Véspera*, de Turguêniev. O sinal era muito ruim, então dirigi até o alto da montanha para ver se melhorava. No passado, sempre que considerava retornar, Ziad me telefonava, e eu conseguia dissuadi-lo. Dessa vez, ele só me telefonou depois de dirigir por seis horas: primeiro ao norte, para Alexandria, depois a oeste, seguindo a estrada costeira até a fronteira entre o Egito e a Líbia. Ele não queria debater o assunto, só queria que eu soubesse. A ligação caiu. Sempre que eu voltava a ligar, dava ocupado. Todo mundo, imaginei — parentes, amigos e até conhecidos — estava telefonando para desejar boa sorte.

Naquela manhã, enquanto Ziad se despedia da mulher e dos filhos, eu pensava sobre as ações de um homem fictício: Andrei Bersiéniev, em *A Véspera*. Havia um detalhe sobre ele que eu ignorara em leituras anteriores: uma «emoção vaga e insondável espreitava secretamente em seu coração; ele estava triste de uma tristeza que não tinha nada de nobre. Essa tristeza não o impediu, contudo, de se dedicar à *História da Dinastia Hofenstaufen*, retomando do ponto em que havia parado na noite anterior». Bersiéniev é um estudante de filosofia que, na véspera da Guerra da Crimeia, se ocupa de uma dinastia monárquica germânica da Alta Idade Média — algo talvez tão absurdo quanto um romancista líbio sentado numa pequena cabana na França durante os dias sangrentos da Revolução de 17 de Fevereiro, tentando escrever alguns milhares de caracteres sobre uma novela russa publicada um século e meio antes.

Nos poucos segundos que falamos, ouvi na voz de Ziad o tom resoluto de que ele se vale quando está prestes a me dizer algo ao qual eu talvez me oponha. Não teria sentido alertá-lo do perigo ou relembrar a promessa que fizemos de voltarmos juntos. Então, quando consegui falar com ele pelo telefone, eu lhe disse como era bom que ele estivesse finalmente voltando pra casa. Ele me prometeu ligar tão logo estivesse dentro do país.

Mais tarde, Diana me levou à Plage des Brouis, uma praia que ela havia descoberto na costa a caminho de Cap Lardier. Subimos para a reserva rochosa e adentramos aquele silêncio inesperado que as árvores criam perto do mar. E a luz transformada. Com a umidade no ar tornando-se um tiquinho mais material. A trilha era muitas vezes estreita demais para que caminhássemos lado a lado, mas era reconfortante caminhar atrás de minha esposa. Havia pinheiros e eucaliptos altíssimos, flores selvagens e, ocasionalmente, uma borboleta. O caminho se curvava e descia. Ora estávamos na beira da água, próximos o bastante para tocá-la, ora subíamos a ponto de contemplar o mar de uma grande elevação. Muitas vezes parávamos para conferir a vista. No bolso do meu short de banho, meu telefone celular. Desde a revolução, eu o mantinha comigo quase o tempo todo: no balcão da cozinha quando eu cozinhava, no piso de azulejos ao lado da banheira. Andamos tanto que agora não havia sinal. Sugeri voltar, mas Diana queria seguir. Estávamos a meio caminho da enseada. A ansiedade é uma coisa vergonhosa. Eu a seguia, mas estava silencioso e impaciente. Quando chegamos à Plage des Brouis, havia sinal. Recebi uma mensagem de voz da minha mãe. Ziad tinha chegado. Estava com um cartão SIM local. Minha mãe me leu o número, mas eu não tinha uma caneta. Ouvi a mensagem de novo e desenhei os dígitos na areia com o pé — números tão grandes que um pequeno avião voando por ali poderia vê-los. Diana olhava para cima, na direção de um dos limites da enseada, onde as gaivotas pairavam no ar. Elas estendiam as asas e, vez por outra, dobravam-nas para descer um metro ou dois, como se fingindo cair, fingindo-se de mortas, mas logo ascendiam de novo e repetiam a manobra. A atividade não parecia ter um motivo claro. Talvez fosse por prazer. Talvez aquele fosse um lugarzinho que elas sempre visitavam, sabendo como o arco da enseada prende o vento por ali. Ziad respondeu ao primeiro toque, chamando-me pelo meu velho apelido e rindo. Eu ri também.

Essa foi sua primeira viagem de volta. Ele foi de novo quando Trípoli caiu, em agosto, e mamãe foi com ele. Eu fui o último, o mais novo e o último, como quando eu era criança e me diziam para sempre encher os copos dos meus pais e do meu irmão mais velho antes do meu.

O mar

No dia 1º de setembro de 1969, quatorze meses antes do meu nascimento, um evento mudou o curso da história Líbia — e da minha vida. Posso ver, na mente, um oficial do exército líbio cruzando a St James's Square por volta das duas da tarde em direção ao que era então a embaixada da Líbia em Londres. Ele havia ido à capital britânica em caráter oficial. Era popular entre seus pares, embora às vezes tomassem sua atitude gentil e reservada por arrogância, o que era um equívoco. Tinha memorizado muitas páginas — páginas que, anos depois, quando preso, seriam um consolo e uma companhia. Vários presos políticos me contaram que, à noite, quando o silêncio descia sobre a prisão, quando, nas palavras de tio Mahmoud, «podia-se ouvir um alfinete caindo ou um homem chorando baixinho consigo mesmo», eles ouviam a voz desse homem, uma voz firme e apaixonada, recitando poemas. «Nunca lhe faltava um poema», contou seu sobrinho, que também estava preso na mesma época. E lembro desse homem a quem nunca faltavam poemas me dizer uma vez que «saber um livro de cor é como levar uma casa dentro do peito».

Era uma visita de rotina à embaixada, talvez para recolher a correspondência ou entregar um relatório sobre o progresso de sua missão. Eu o imagino tirando o quepe ao entrar no edifício. Os corredores repletos de funcionários apressando-se aqui e ali. Alguns reunidos em torno do rádio. Um capitão de 27 anos que ninguém conhecia havia marchado sobre Trípoli e tomado o poder. Meu pai correu da embaixada e tomou um táxi para o aeroporto.

Essa é a lembrança que tenho do que ele disse na primeira vez que me contou a história. Estávamos em Londres. A essa altura Ziad e eu éramos universitários, papai estava de visita, e lhe preparamos uma refeição no pequeno apartamento que dividíamos. Todos comemos demais, depois ou fomos para o Regent's Park, meu pai caminhando entre nós, ou nos recolhemos para o quarto ao lado e deitamos nas duas camas de solteiro, conversando. Não lembro direito. Se fomos ao parque, então era uma daquelas longas tardes de verão quando a luz permanece imutável por horas a fio, como se o sol tivesse parado de se mover; se ficamos no quarto, então conversamos em voz baixa, sonolentos, mas ainda saudosos demais para cochilar. De qualquer modo, lembro que ele disse que correu da embaixada e chamou um táxi. O problema é que a St James's Square não é de muito tráfego. Ele provavelmente esperou em frente à embaixada por alguns segundos, depois circundou o gramado antes de caminhar (eu o vejo caminhando, não correndo) e adentrar uma das ruas vizinhas. Ele não conhecia Londres muito bem. Talvez não tenha ido pela Regent Street, a leste, ou Pall Mall, a oeste. Se estivesse com ele, eu saberia exatamente por onde ir. Ele pegou o táxi direto para o Heathrow e conseguiu um assento no primeiro voo para Trípoli.

No Cairo, pouco antes de o sequestrarem, meu pai contou a história de novo, acrescentando um novo detalhe. Quando entrou na embaixada e soube do golpe, ele subiu numa mesa do saguão e retirou o retrato do monarca que ele admirava e ao qual havia servido. Só então compreendi que não foi apenas por preocupação que meu pai correu para casa ao tomar conhecimento da deposição do rei Idris, mas também por entusiasmo — entusiasmo por uma uma nova era republicana. Compreendi então por que sempre vi com certa melancolia um velho recorte de jornal com um retrato do rei Idris espremido entre a moldura de madeira e o espelho de um pequeno armário no quarto dos meus pais. Ninguém falava desse recorte, e ninguém nunca o retirou. Ficou ali, desvanecendo aos poucos, por todos os anos da minha infância.

Enquanto meu pai seguia naquele voo, voltando de Londres, o novo dirigente da Líbia, Muammar Kadhafi, promoveu-se de capitão a coronel e emitiu ordens para que oficiais militares de alto escalão fossem presos. Meu pai foi levado direto do aeroporto de Trípoli para a prisão. Cinco meses depois, foi solto, perdendo patente e uniforme. Mas voltou para a mulher e o filho de três anos de idade, Ziad. O novo regime fez com meu pai o que fez com a maioria dos oficiais de alta patente do tempo de Idris. Sem querer torná-los inimigos, mas também temendo possíveis deslealdades, mandou-os para o estrangeiro, muitas vezes como diplomatas menores. Isso dava tempo para que o novo aparato de segurança se formasse. Meu pai recebeu uma função administrativa na Missão Libanesa das Nações Unidas logo depois de sua soltura. Fui concebido nessa breve janela de tempo entre a soltura do meu pai e sua partida de Nova York: um tempo de incertezas, mas também de otimismo, pois, como essa segunda narração da história da embaixada sugeria, meu pai tinha grandes esperanças em relação ao novo regime. Talvez tenha visto sua prisão, sua expulsão do exército e o banimento temporário como repercussões naturais — talvez até reversíveis — da transformação histórica do país. Ele, como muitos de sua geração, inspirava-se no exemplo do Egito, onde, liderada por Gamal Abdel Nasser, uma jovem república pan-árabe, secular e nacionalista, substituiu uma monarquia corrupta. Kadhafi declarara sua admiração por Nasser, e Nasser deu total apoio a Kadhafi. Então, por mais que relutasse em deixar a Líbia, não imagino que ele tenha ido para Nova York envolto em desespero. Levou alguns anos — depois de Kadhafi revogar todas as leis existentes e se declarar líder *de facto* eterno — para que papai descobrisse a verdadeira natureza do novo regime.

Mesmo ele, sem paciência para superstições, deve ter visto como mau presságio um evento que ocorreu em seu primeiro dia de trabalho em Nova York. Cruzando a First Avenue em direção ao edifício das Nações Unidas, meu pai testemunhou um caminhão colidir com um ciclista. Os membros do ciclista espalharam-se pelo asfalto. A resposta do meu pai foi coletar os pedaços de carne e osso e pousá-los respeitosamente ao lado do torso, que, como a bicicleta destruída, tinha ido cair na calçada. Sempre associei as mudanças violentas e irrevogáveis que minha família e meu país sofreram nas quatro décadas seguintes à imagem do meu pai — um poeta que se torna oficial militar e, depois, relutantemente, diplomata —, meu pai de terno e gravata, longe de casa, recolhendo os membros de um cadáver. Ele tinha, então, trinta e um anos. Eu nasci naquele mesmo ano.

Em 1973, antes do meu aniversário de três anos, meu pai renunciou ao cargo nas Nações Unidas. Disse que ele e a esposa sentiam muita falta de casa e queriam que seus dois filhos crescessem na Líbia. Isso era verdade, mas não era a história toda, e suspeito que o regime sabia disso. Com certeza tinham notado suas objeções à intrusão do governo na sociedade civil e ao modo como Kadhafi corrompia deliberadamente a independência do judiciário e a liberdade de imprensa. Meu pai manifestara essas objeções em reuniões sociais públicas. A partir desse ponto, entrou na mira da ditadura. Dizia-se que até seu jeito de caminhar irritava as autoridades, pois transpirava rebeldia. Quando ouvi essa história pela primeira vez, concordei. Mesmo quando criança, nunca pude imaginar meu pai se curvando, e já então eu queria protegê-lo. Ele sempre me pareceu a própria representação da independência. Isso, junto com seu destino irresoluto, complicou minha própria independência. Precisamos de um pai contra quem nos rebelar. Quando o pai não está nem morto nem vivo, quando ele é um fantasma, a vontade fica impotente. Sou filho de um homem peculiar, talvez até de um grande homem. E quando me voltei, como a maioria das crianças, contra essas primeiras percepções que eu tinha dele, eu o fiz por temer as consequências de suas convicções; eu me desesperava porque queria demovê-lo de seu caminho. Foi minha primeira lição sobre os limites da nossa capacidade de dissuadir outras pessoas, arrancando-lhes de um rumo perigoso. Minhas ambições em relação ao meu pai eram as mais ordinárias. Como o célebre filho da *Odisseia* — como a maioria dos filhos, suspeito —, eu desejava ter «um homem contente/ como pai, envelhecendo em sua própria casa». Mas, diferentemente de Telêmaco, continuei, depois de vinte e cinco anos, a sofrer «o silêncio e a morte desconhecida» do meu pai. Por isso invejo o caráter definitivo dos funerais. Cobiço a certeza. Saber como seria recolher os ossos, decidir seu arranjo, assentar a terra e fazer uma oração.

*

Nos anos 1970, vivíamos no centro de Trípoli, perto da casa do meu avô materno. Lembro dos eucaliptos no jardim da frente, suas sombras enormes e vívidas, como grandes garras negras sobre os carros. Se havia brisa, a sombra e a luz bailavam. Ziad e eu jogávamos futebol numa parte pavimentada da lateral da casa, onde vi, pela primeira vez, uma ovelha ser abatida. Estava viva e, um segundo depois, não estava. O animal dava coices furiosos, buscando ar, mas o ar entrava por suas narinas e escapava pelo pescoço vazado. O sangue jorrava preto e denso como xarope de tâmaras. Pequenas bolhas translúcidas cresciam e explodiam no entorno de sua boca. Estalei os dedos e bati palmas perto de seus olhos arregalados. Quando não responderam, comecei a chorar. Voltei quando o corpo estava sem cabeça, já despelado, pendendo de um poste. A camada de gordura ao redor do corpo era tênue e luminosa como um véu de nuvens ao entardecer. Momentos depois, sentei à mesa com os demais e comemos rins e fígados salteados com pimenta, cebola, alho, salsinha e coentro, e concordei que o prato estava mais saboroso do que nunca, pois a carne, como disse um dos adultos, estava «inacreditavelmente fresca».

Poucos anos depois, mudamos para perto do El-Medina el-Seyahiya Club, na margem ocidental de Trípoli. Uma casa nova. Com cheiro de tinta fresca. A atmosfera vazia dos quartos — quartos onde ninguém jamais havia dormido. E um quintal árido. Minha mãe plantou roseiras na frente e uma videira nos fundos. Todos os anos essa videira dava uvas bem pequeninas, como pérolas. Se a comêssemos uma semana ou duas depois de maduras, o açúcar queimava nossa garganta. Também plantamos limoeiros e laranjeiras. Eram alguns dos anos mais tumultuados da era Kadhafi. Comitês Revolucionários foram criados para punir dissidentes. Todos os aspectos da vida eram monitorados. Críticos da ditadura eram executados. Os Comitês enforcavam estudantes na frente da Catedral de Bengasi e nos portões das universidades. O tráfego era reorientado para que os motoristas vissem os corpos dependurados. Livros e instrumentos musicais considerados «antirrevolucionários» ou «imperialistas» eram confiscados das lojas, das escolas e das residências, depois eram empilhados em praça pública e queimados. Intelectuais, empresários, sindicalistas e estudantes eram exibidos na tevê, algemados e ajoelhados, ditando confissões para a câmera.

Nossos pais tentavam nos proteger da loucura que se desenrolava do lado de fora de casa preenchendo cada minuto do nosso dia. Íamos para a escola, retornávamos a tempo das lições de piano, almoçávamos, depois partíamos para o El-Medina el-Seyahiya Club, onde nadávamos. Passávamos o resto do dia à beira-mar; o mar era nosso território. Havia alguns poucos adultos por perto, mas tão excêntricos que pareciam produtos da nossa imaginação. Havia um velho de olhos leitosos que passava o dia sentado no píer, pescando. Nenhum de nós jamais o viu pescar nada. E havia El-Hindi, um nativo americano que de alguma forma foi parar em Trípoli. Uma versão dizia que ele fugira da América depois de matar um branco. Outra rezava que, em suas viagens pelo mundo, ele havia chegado a Trípoli e ficou tão fascinado pela beleza de nossa cidade que decidiu ficar. Por vezes as duas histórias se entrelaçavam. El-Hindi costumava subir numa ponte do porto para mergulhar com os braços abertos, fechando-os apenas um pouco antes de entrar na água. Nós todos parávamos para assistir. Nessa época minha ideia de nado era entrar no mar e me lançar às braçadas até perder a terra de vista. Eu boiava nas águas fundas, depois girava, perdendo o senso de direção.

★

Naquele dia de junho, no sul da França, quando Ziad entrou na Líbia, nadei sozinho no mesmo Mar Mediterrâneo. Por alguma razão, lembrei, mais vividamente do que nunca, que foi meu pai quem me ensinou a nadar: ele me segurava, a mão espalmada sob minha barriga, dizendo: «É isso.» No tempo em que meu pai era vivo, nunca tive medo do mar.

A terra

O avião estava cheio. Sentamos, mas logo mamãe se levantou para me oferecer o assento à janela. «Para ver o país.» A porta do avião se fechou. Puxei meu caderno e comecei a escrever, lenta e deliberadamente. O pânico, como os sonhos em que abro a boca e não tenho voz, nasceu da perda. Ou aquele sonho recorrente que eu tinha, depois de levarem meu pai, em que me via à deriva no mar aberto. Em todos os quatro horizontes, água, e o sentimento, não apenas de medo, mas também uma espécie de vertigem de remorso. As palavras que eu tentava escrever, o caderno de anotações e a caneta, o avião, a vista da pista na janela, minhas companheiras — a mulher que me deu à luz e a mulher com quem amadureci e me tornei homem — pareciam proposições teóricas.

Ainda no terminal, sem dúvida detectando minha ansiedade, minha mãe havia me feito uma pergunta capciosa. «Quem retorna? Suleiman el-Dewani ou Nuri el-Alfi?» Suleiman el--Dewani e Nuri el-Alfi são os protagonistas exilados de meus romances *No País dos Homens* e *Anatomia de um Desaparecimento*, respectivamente. Ela queria me animar, mas havia também um alerta implícito em sua pergunta, contra o que ela sabia que eu pretendia fazer: procurar meu pai. Ela via como mudei desde que perdemos o pai. Meu choque e meu silêncio iniciais passaram à raiva e, depois, ao ativismo fervoroso, que determinava uma rotina, culminando no gerenciamento de uma campanha que me consumiu pelos dois anos que precederam a revolução.

Por todo esse tempo, mamãe se preocupou. Havia muito eu suspeitava que suas ansiedades não diziam respeito apenas aos perigos a que a busca por meu pai me expunha, ou ao que essa busca poderia me levar a descobrir; diziam respeito também a algo muito mais específico, relacionado à insistência diária que tal busca demanda, a forma como ela reverbera pelo seu corpo e seus dias e tudo que você faz. Ela sabia que minha vontade de descobrir o que aconteceu havia se transformado numa obsessão. E, ali no terminal do aeroporto, o que sua pergunta realmente queria dizer, pronunciada num tom perfeitamente equilibrado entre a seriedade e a galhofa, era que ela preferiria muito mais que eu estivesse voltando acompanhado dos meus dois personagens ficcionais do que carregando o fantasma do meu pai, o homem que ela chamava de «o Ausente-Presente».

Quando criança, nos meses depois que deixamos a Líbia, eu costumava deitar olhando o teto, imaginando meu retorno. Eu me imaginava beijando o chão, retomando mais uma vez o comando da minha carruagem — a bicicleta que eu revisava e lubrificava toda semana —, abraçando meus primos. Agora eles eram todos adultos, homens e mulheres, com filhos. Nossa fuga da Líbia se deu em etapas. Primeiro, em 1979, fomos Ziad, mamãe e eu. Um ano depois, meu pai viajou ao sul por terra, cruzando o vasto deserto líbio para cruzar a fronteira porosa do Chade. Alcançou a capital, N'Djamena, e embarcou num avião para Roma. A principal conta bancária dos meus pais ficava lá. Livre do risco de linhas grampeadas, ele e minha mãe eram como amantes recentes, gastando horas ao telefone entre Roma e o Cairo. Talvez essas conversas não estivessem apenas tentando resolver as duas preocupações de todo exilado: a saudade e a logística. Talvez meu pai tenha hesitado; talvez minha mãe, embora determinada, tenha percebido subitamente a realidade que era viver longe de casa. Meu pai tratou então de comprar algumas coisas que queria para essa nova vida: porcelana chinesa, travesseiros de pena, candelabros de prata. A consolação dos objetos finos. Quando se juntou a nós no Cairo, mudamos para um apartamento maior e melhor. Foi ali que entendi que não voltaríamos, que tinham me enganado. Exigi voltar para o meu país. Minha mãe tentou me consolar. «Deixa», papai disse. «Uma hora ele se acostuma.» Foi a coisa mais cruel que meu pai disse. Cruel e quase verdadeira. Mesmo ali eu sabia, mais pela voz do que pelas palavras, e também pela forma como ele se portava, sem me olhar, que ele também estava de luto por aquela perda. Há esse momento quando você compreende que você e seu pai não são a mesma pessoa, e isso geralmente acontece quando ambos estão consumidos por uma paixão semelhante.

Por fim, a terra. Velha e amarelada. Cor de pele que acabou de cicatrizar. Talvez eu finalmente me liberte. Depois, a terra escurece. O verde começa a brotar, montanhas tenuemente encobertas. E, de súbito, o mar da minha infância. Muito frequentemente os exilados romantizam a paisagem de sua terra natal. Eu me precavi contra isso. Nada me irritava mais do que um líbio derretendo-se liricamente sobre «nosso mar», «nossa terra», «a brisa da pátria». Mas, em particular, segui acreditando que a luz da Líbia era imbatível. Continuei a pensar que, por mais belo que fosse, todo mar era um impostor. Agora, com esses primeiros vislumbres do país, o que pensei é que, na verdade, ele era ainda mais luminoso do que eu me lembrava. O fato de que existira por todo esse tempo, que permanecera tal como era por todos esses anos, e que eu pude reconhecê-lo, parecia uma troca, um chamamento, e seu eco, uma expressão mútua de reconhecimento.

Desembarcamos. Anotei a data e o horário: 10h45, 15 de março de 2012. Só então me ocorreu que, depois de todas as tentativas de sincronizar nossas agendas, a data com a qual Diana, minha mãe e eu concordamos, uma data que parecia sempre acidental, marcava na verdade o vigésimo segundo aniversário da primeira semana de cativeiro do meu pai. Numa das cartas que escreveu, ele contou como foi acordar no chão de uma cela em Abu Salim, as mãos amarradas nas costas, os olhos vendados. A duas portas de distância, pôde ouvir a voz do então chefe do serviço secreto egípcio:

> Coronel Mohamed Abdel Salam [el-Mahgoub], o homem que orquestrara tudo, nos havia precedido na Líbia. Era um esquema sujo. O regime egípcio se vendeu — vendeu a própria consciência. O arranjo era de conhecimento do presidente Hosni Mubarak.

Olhando pela janela, eu me perguntei se, no avião, teriam retirado a venda dos olhos do meu pai. Deram-lhe ao menos a chance de ver o país do alto? Anos depois, conheci um homem que dizia conhecer um funcionário que trabalhava na pista do aeroporto em Trípoli e que lembrava de ver um jatinho particular pousar e um homem ser escoltado. A data e a hora batiam. A descrição do prisioneiro sugeria que talvez fosse meu pai. «Seu cabelo era totalmente branco. Bem-vestido. Algemado e vendado. Uma postura orgulhosa.» Esta era a terra que meu pai amava mais do que qualquer coisa. «Não queiram competir com a Líbia. Vão perder», ele nos disse quando tentamos dissuadi-lo de se opor abertamente a Kadhafi. O silêncio que se seguiu era a distância entre ele e nós. O desacordo tinha uma dimensão histórica. Colocava uma nação contra a realidade íntima de uma família. Olhei para as flores silvestres ao lado da pista. A primavera a pleno vapor. Quando descemos da aeronave, os perfumes familiares no ar eram como um cobertor de que você não sabe que precisa, mas pelo qual você se sente grato, tão logo é posto sobre os seus ombros. Meu amigo de infância, primo Marwan al-Tashani, juíz em Bengasi, estava ao pé da escada, sorrindo e segurando uma câmera.

Blo'thaah

Quanto mais adentrávamos Bengasi, mais material o mundo se tornava. Fomos para a casa de Marwan, onde encontramos uma grande reunião de família à nossa espera. Depois do almoço, escapuli para uma caminhada. Eu me sentia forte e estranhamente alheio, apartado, não como dizemos por vezes ao contar um sonho, «como se me visse de fora», mas tão envolvido que qualquer ansiedade parecia sem sentido.

Chegamos ao hotel ao cair da tarde. Diana e eu em um quarto, mamãe no quarto contíguo, ambos os aposentos com janelas que davam para o mar. Estávamos no quarto andar. A moldura da nossa janela era metade mar, metade céu. O telefone não parava de tocar. Tenho apenas um irmão, mas tenho 130 primos. Havia centenas de pessoas para encontrar. Mas eu decidira antes de partir de Londres que minha primeira visita seria para meu tio Mahmoud e minhas tias — as irmãs do meu pai — em Ajdabiya, não longe dali, a cidade em que meu pai cresceu. Na manhã seguinte partiríamos para a viagem de duas horas ao sul.

Tio Mahmoud é o irmão mais novo do meu pai. Meu pai nasceu em 1939, Mahmoud em 1955. Nas velhas fotografias, meu pai aparece sério e compenetrado, sempre distinto, mesmo quando jovem; tio Mahmoud tem os cabelos longos dos anos 1960 e 1970, um sorriso sempre à espreita. Meu pai nasceu numa Líbia governada por Benito Mussolini. Tinha quatro anos em 1943, quando os exércitos ítalo-germânicos foram derrotados no norte da África, e a Líbia caiu sob domínio britânico e francês. No dia 24 de dezembro de 1951, quando, sob o rei Idris, a Líbia conquistou sua independência, meu pai tinha doze anos. Tio Mahmoud nasceu quatro anos depois. Em 1969, o ano do golpe de Kadhafi, meu pai tinha trinta anos; tio Mahmoud, quatorze. Para mim e para Ziad, Mahmoud parecia tanto um tio quanto um irmão, um raro aliado com conhecimento direto da vida adulta. Quando meu pai abandonou o corpo de diplomatas em Nova York e nós voltamos para Trípoli, tio Mahmoud veio e ficou conosco. Ele amava Voltaire e romances russos. Tinha uma sensibilidade sonhadora e muitas vezes esquecia o forno aceso. Diferentemente de todos os demais adultos, ele jamais negava meus apelos quando eu pedia que viesse para o jardim, mesmo depois do almoço, quando o sol era implacável e a casa toda cochilava. Jogávamos futebol e sentávamos à sombra dos eucaliptos. Eu sabia que seu amor por mim era descomplicado e inequívoco, e saber disso era como uma grande liberdade. Nos anos de exílio, meu pai muitas vezes me disse que eu o fazia lembrar de seu irmão mais novo.

Na mesma semana em que meu pai foi sequestrado, em março de 1990, os agentes secretos da Líbia dirigiram-se até a casa de tio Mahmoud em Ajdabiya. Outros oficiais foram atrás de Hmad Khanfore, meu tio por casamento, e dos filhos da minha tia por parte de pai, primos Ali e Saleh Eshnayquet. Todos os quatro foram presos. Pertenciam a uma das células clandestinas que a organização do meu pai havia estabelecido no país. As prisões foram tão bem coordenadas que cada homem capturado acreditava que os demais ainda estivessem livres. Cada um deles acreditava que era o único sob interrogatório e tortura. Em janeiro de 2011, à medida que as revoluções egípcia e tunisiana se desenrolavam, a ditadura líbia se mostrou ansiosa. Buscando aplacar o descontentamento popular, libertou alguns presos políticos. Isso me deu esperanças. A campanha pública pela libertação do meu pai e de seus parentes, que começara alguns anos antes, estava a todo vapor. No dia 3 de fevereiro daquele ano, e depois de vinte e um anos de cárcere, todos, com exceção do meu pai, foram soltos. Quatorze dias depois, instigada pela derrubada bem-sucedida dos ditadores no Egito e na Tunísia, uma sublevação popular explodiu por toda a Líbia.

Pouco depois de sua soltura, conversei com meu tio pelo telefone. Ele estava sendo levado para casa de carro. Não falou do meu possível papel na sua libertação, mas, ainda assim, eu podia sentir sua gratidão, o que me deixava um tanto embaraçado. Perguntou se eu conhecia certo poeta líbio que vivia em Dublin: «Você devia dar uma olhada, ele menciona você num artigo. Lembra que você deu uma entrevista para a BBC árabe?». Foi uma das primeiras entrevistas que dei quando da publicação do meu primeiro romance. Lembro de pensar que, caso meu pai estivesse vivo, talvez ele ouvisse. «Grudei o ouvido no rádio e ouvi cada palavra», disse meu tio. Depois começou a citar com uma precisão extraordinária algumas das perguntas do entrevistador e minhas respostas. Pelos minutos seguintes tudo o que ele dizia começava com «Você se lembra...?». Listava memórias, minhas idiossincrasias infantis, as coisas que costumávamos fazer juntos. Depois, logo antes de desligar, me disse: «Não perca a esperança.»

*

Preparando-me para a viagem, jurei que, na busca pelo meu pai, pegaria tudo que aprendi sobre intuição, instinto e sensibilidade e aplicaria da forma mais precisa possível. Eu me abriria para o que os lugares poderiam me dizer sobre o que aconteceu. Uma localização que Diana e eu pretendíamos visitar em Trípoli era a própria prisão de Abu Salim, onde meu pai foi mantido. Imaginei nós dois caminhando por seu pátio infame, onde tanto sangue havia sido derramado, penetrando seus longos corredores ladeados pelas portas que os revolucionários haviam marretado. Mas, com a aproximação da data de nossa viagem, pareceu-me cada vez menos provável que eu conseguisse visitar a prisão. Eu sabia que Diana queria fotografá-la. E eu podia imaginar essas fotos futuras. Contudo, mesmo antes de pousarmos na Líbia, eu me vi dizendo a ela que não havia a menor possibilidade de irmos a Abu Salim. Não consigo lembrar de outra ocasião em que eu tenha proibido minha esposa de fazer qualquer coisa. Mas não conseguia suportar a ideia de ver alguém que eu amava naquele lugar; foi a razão que dei a Diana. A verdade é que eu mesmo não tinha forças para ir a Abu Salim. Tive medo de que, se visitasse aquelas celas sobre as quais tinha ouvido falar, celas que imaginei e com as quais sonhei por anos a fio — recessos escuros onde muitas vezes quis estar, para finalmente me ver junto do meu pai —, se eu me visse, enfim, naquele lugar onde o cheiro dele, as horas dele, e seu espírito se demoravam (pois deviam se demorar), talvez aquilo me arruinasse para sempre.

Quando penso no que pode ter acontecido com meu pai, sinto um abismo se abrindo debaixo de mim. Eu me agarro às paredes. São paredes toscas e nada confiáveis, feitas de barro mole que descasca na chuva. O buraco é circular. Como um poço. O nosso poço. Embora minha família tenha estado em Ajdabiya por muitas gerações, há outro lugar, a cerca de trinta quilômetros deserto adentro, que é nosso lar mais antigo e mais particular. Até a morte do meu avô, a família costumava acampar ali todos os anos durante a primavera, vivendo em tendas. Agora é onde nossa família guarda seus camelos e onde meus primos muitas vezes fazem seus piqueniques. São dois antigos reservatórios gregos, escavados bem no meio do deserto, coletando a escassa água da chuva. O nome, cujo significado e origem linguística desconhecemos, é Blo'thaah. Meu pai nasceu ali, na primavera de 1939.

O abismo se abre também quando me pergunto por que nunca busquei, quando na Líbia, os homens que conheceram meu pai na prisão, sobretudo o homem que Ziad encontrou ao retornar ao país em 2011 e que alegava ter ficado na cela contígua à do meu pai em meados dos anos 1990. Vizinhos. Não sei quantas vezes repassei seu relato — o relato que ele deu a Ziad — na minha cabeça ou em voz alta para Diana. No entanto, o medo também existe quando penso em encontrar esse homem e fazer o que parece correto, leal — para ouvir dele todas as coisas que ele contou a Ziad sobre como era a vida do meu pai na prisão e fazer as perguntas que Ziad pode não ter feito, pois sempre fui conhecido na família por ser detalhista. «Que horas é seu voo?» foi minha resposta quando, poucos meses antes do sequestro, meu pai anunciou, em Londres, dramaticamente, que partiria para o acampamento militar de sua organização no Chade, pois era hora de cruzar a fronteira da Líbia, ele e seus companheiros, e finalmente agir. Planejavam seguir pelo norte até a capital e, com a ajuda de associados em várias cidades e vilarejos líbios, atacar certos pontos cruciais e derrubar o regime. Ele não nos contou nada disso. Tudo o que disse foi que estava indo para o Chade e que talvez jamais retornasse e que queria que cuidássemos da nossa mãe, de nós mesmos, e vivêssemos uma vida honesta. Isso foi pouco depois de seu próprio pai morrer, e vi em seus olhos a força da sua determinação. «Que horas é seu voo?», perguntei, recusando-me a abaixar o volume da tevê, que exibia uma ópera: Pavarotti com a boca escancarada. Ziad chorava. Eu me recusei a chorar.

★

A estrada para Ajdabiya sempre foi desoladora, mas nesse ano as chuvas tinham sido fortes, e o deserto dos dois lados da estrada estava salpicado de arbustos verdes. Arvoretas inclinavam-se na direção do vento. Aqui e ali passávamos por tanques e caminhões militares, carcaças enferrujando ao sol. A certa altura estacionamos e nos aproximamos de um dos tanques. O aço se curvava, marrom-avermelhado, como uma folha de outono gigante. No dia 18 de março de 2011, uma coluna blindada partidária da ditadura partiu de Ajdabiya para Bengasi. Kadhafi pretendia punir a cidade, fazer dela um exemplo e pôr fim à revolta. De acordo com vários relatos, alguns desses tanques e caminhões estavam cheios de bandeiras e cartazes em que se lia: AQUI COSTUMAVA SER BENGASI.

A cada entroncamento importante, uma corda grossa bloqueava a estrada. Homens jovens esperavam, rifle a tiracolo. Conferiam o carro e nos deixavam seguir. Vestiam uniforme e, embora recebessem fundos do recém-nascido governo em Trípoli, não estavam sob sua autoridade. Cada posto de controle operava sob comando de um «revolucionário», que distribuía os salários. Havia inúmeros relatos de desvio. Mas, segundo me diziam, aqueles bandos eram peixes pequenos. Milícias maiores controlavam campos de petróleo, portos e edifícios públicos. Um membro do Conselho de Transição Nacional, o governo de fato, me disse que, como um exército nacional e uma força policial ainda não existiam, o país dependia desses homens. Disse também que a política, concebida depois da revolução, de compensar os que lutaram contra a ditadura, produzira resultados inesperados: milhares de homens, atraídos pelas vantagens financeiras, compraram rifles e assumiram o controle de entroncamentos e ativos nacionais. A situação agora era tão grave, disse ele, que o número de pessoas alegando participação no exercício vitorioso alcançava um quarto de milhão.

Quando chegamos, Marwan, o primo que nos buscou no aeroporto, brincou dizendo que eu não podia ter chegado em melhor hora, pois, como a maioria dos juízes de Bengasi, ele estava de greve e tinha todo o tempo do mundo. Contou como, há apenas uma semana, homens armados haviam invadido o tribunal no meio de um julgamento e forçado o juiz que presidia o processo a assinar uma ordem de soltura do acusado. Muitos na comunidade jurídica — juízes, advogados e conselheiros — temiam represálias. Marwan vinha buscando formas de pressionar Trípoli a levar o tema mais a sério. Eu o acompanhei em algumas reuniões e vi como ele conseguiu levar os juízes mais respeitados do país a formaram o que, no fim, veio a ser a Organização dos Juízes da Líbia, organização não governamental que monitora e luta pela independência do judiciário.

Conflitos similares aconteciam em outras frentes. Eu não sabia de outro lugar em que esperança e apreensão estivessem tão à flor da pele. Tudo parecia possível, e quase todas as pessoas que conheci falavam, no mesmo fôlego, de otimismo e de preocupação.

*

Quando entramos em Ajdabiya, paramos na rotatória principal, rebatizada de Praça Tim Hetherington em homenagem ao fotojornalista britânico morto quando cobria a guerra em Misrata. Compramos caixas de frutas. Senti de novo aquele pânico de não saber como lidar com a Líbia. Fiquei parado ao lado do carro enquanto o fruteiro enchia o porta-malas com a mercadoria. Reconheci a luz seca de Ajdabiya, o azul do céu vazio, o modo como o calor nos envolve.

Tio Mahmoud me ligou no celular. Eu disse que estávamos a apenas alguns metros de distância, e quando alcançamos a rua familiar eu o vi parado do lado de fora da casa, alto e magro. Minhas tias se aglomeravam atrás dele. Eu os abracei primeiro, e, quando começaram a chorar, compreendi que choravam pelo irmão perdido. Quando as irmãs do meu pai querem que seus maridos e seus filhos prometam fazer alguma coisa, elas pedem que jurem não por Deus ou Seus profetas, mas pelo meu pai, Jaballa. Tio Mahmoud, com seu sorriso malicioso, disse: «Entre, não vamos transformar isso aqui num novelão turco.» Quando o abracei, eu me agarrei ao seu corpo ossudo por um bom tempo.

Desde seu desaparecimento eu não me sentia tão próximo do meu pai. Minhas tias têm os olhos dele. Tudo o que queriam era olhar para mim, e tudo o que eu queria era olhar para elas. Sentamos bem perto uns dos outros e nos demos as mãos. Meu pai tinha mãos bonitas como as delas, a pele fresca e macia.

*

A luz já não é bem-vinda nas casas. É barrada, como outras coisas que vem do exterior: a poeira, o calor, as más notícias. A arquitetura, representação física de gestos refletidos, transformou-se durante os anos em que estive longe. Deu as costas à natureza. Quando eu era menino, os jardins tinham cercas baixas, ou sequer tinham cercas, e, exceto pelas horas de sol forte, as janelas ficavam abertas. Agora muros altos de tijolos barram a vista, e as janelas estão quase permanentemente fechadas. Nessa nova determinação de afastar o sol e o olhar passageiro, eu não podia senão constatar uma perturbação interior, uma inquietação privada. Muitas vezes me vi em quartos em que as persianas há muito não eram abertas. Em pleno meio dia, desistindo da janela emperrada, eu era obrigado a caminhar até o interruptor ao lado da porta e acender a luz. O almoço não raro era servido à luz de velas. Tudo isso me dava a impressão, quando abria a porta e me deparava com uma parede de luz e o azul do céu pairando como um mar invertido, que a linha que separava o interior e o exterior aqui era como um daqueles limiares transformativos sobre os quais lemos nos mitos antigos.

Depois do almoço, sentei com tio Mahmoud, as persianas cerradas contra o sol. Pensei nas infinitas perguntas que eu tinha a fazer. Mas ele não precisava de encorajamento; ele próprio queria falar de seu tempo na prisão. Era sobretudo sobre isso que desejava falar. Meu tio havia passado vinte e um anos em Abu Salim. E, como as coisas que me contou ao telefone quando foi solto, suas histórias tinham por objetivo provar que as autoridades haviam fracassado, que ele não havia sido apagado e que seguia lembrando — pôde inclusive acompanhar, pelo tempo de rádio que os guardas por vezes lhe concediam, o que seu sobrinho, o romancista, andava aprontando na longínqua Londres. Seus relatos representavam uma tentativa de lançar pontes sobre a vasta distância que separava a crueldade austera de Abu Salim e o mundo exterior. Talvez, como todas as histórias, o que as lembranças de tio Mahmoud queriam dizer era: «Eu existo.»

Meu tio começou me contando da primeira vez em que foi interrogado, poucos minutos depois de sua captura. Sentaram-no algemado numa sala cuja localização ele desconhecia. Mostraram-lhe pilhas de papel: eram transcrições de cada chamada telefônica, desde a mais insignificante, feita de nossa residência no Cairo. Mostraram-lhe um grande armário de seis gavetas repleto de documentos e fotografias do meu pai em lugares públicos do Egito, por vezes com minha mãe, meu irmão e eu: meu pai em casamentos, eventos sociais, meu pai sentado em restaurantes ou cruzando uma rua. «Eles sabiam de tudo», disse tio Mahmoud. Vinham monitorando meu pai, com a ajuda das autoridades egípcias, por anos a fio. «Mas não me contaram que tinham capturado Jaballa», explicou. «Isso nem me passou pela cabeça.»

★

A uma da madrugada, doze horas depois de sua prisão, tio Mahmoud foi vendado e posto num caminhão. «Eu ainda não tinha a menor ideia de onde estávamos», contou. «O caminhão pôs-se em movimento, e a viagem pareceu não ter fim. Até que paramos. Fui retirado do caminhão e levado para um porão. Pensei que talvez eles tivessem me levado para uma daquelas velhas prisões otomanas debaixo do Al-Saraya al-Hamra, em Trípoli. Acabou que não estávamos no subsolo, tínhamos descido apenas uma pequena rampa ou coisa assim. Eles me conduziram à esquerda, à direita, esquerda, direita, várias vezes, até me mandarem parar. 'Estenda as mãos.' Estendi. Um homem me deu um cobertor. 'Estenda as mãos', ordenou outra vez, e me entregou um colchão. Depois abriu uma porta. Foi a primeira vez que ouvi aquele barulho horrível — um barulho que se tornaria bem familiar — da porta enferrujada ou fechada há dez anos se abrindo, sendo destravada e escancarada. Ele me empurrou para dentro e passou o ferrolho. Minhas mãos já não estavam algemadas, mas meus olhos seguiam vendados. Temendo o que podia encontrar, esperei alguns minutos antes de tirar a venda. Quando tirei, me vi num lugar completamente escuro. Mas, aos poucos, fui enxergando. Estava morrendo de sede. Tive a sensação de que alguém me dizia para me virar. Eu me virei e encontrei uma torneira. Água boa, água fresca. Bebi e agradeci a Deus. Lentamente, como os olhos dos gatos, comecei a enxergar no escuro. Agora eu via que estava em um pequeno quarto, com quatro paredes. Fiquei tonto, ainda sem ideia de onde eu estava exatamente. Estendi o colchão no piso e, sem brincadeira, adormeci antes de recostar a cabeça.

Acordei de manhã com o som de dois homens conversando. Eu não tinha ideia de onde eu estava, se aquela câmara ficava no deserto, se era uma construção solitária ou parte de um complexo. Um homem gritou 'Hamid!', e o outro respondeu: 'Sim, Saad.' 'Sabe onde você está?' 'Não, onde estou,

Saad?' 'Você está em Abu Salim.' Foi assim que descobri que eu havia caído naquele lugar terrível. Todos tínhamos ouvido falar de Abu Salim. Supus que os dois homens conversando encontravam-se na mesma câmara, tão maltratados que teriam tombado cada um para um lado da cela. Depois entendi — e mais tarde eu me acostumei ao mundo peculiar da prisão — que os dois estavam em celas diferentes, na verdade a uma distância de cinco portas. Eu estava sem os meus óculos. Andei pelo quarto para ler os nomes e as datas rabiscados nas paredes. E nisso encontrei um pequeno buraco. Olhei por ele e vi um homem caminhando em um compartimento muito parecido com o meu. Foi assim que descobri que eu tinha um vizinho. Ele me percebeu, se aproximou, olhou pelo buraco e disse: 'Tio?' Era seu primo Saleh.»

*

Ao longo daqueles primeiros dias, tio Mahmoud e tio Hmad e meus primos Saleh e Ali ficaram sabendo da presença de todos na prisão. Como estavam na mesma ala, podiam se ouvir. «Nossa seção estava lotada», contou tio Mahmoud. «Mas a seção oposta estava vazia. Não havia movimento nenhum ali, exceto por uma porta que, vez por outra, se abria e fechava. Havia um prisioneiro, mas ninguém sabia quem era. Depois de sete dias, o ouvimos. Toda noite, quando a prisão silenciava, ele recitava poemas até tarde da noite. Os poemas pertenciam a um gênero específico, popular em Ajdabiya, muito usado em elegias por conta de suas repetições lutuosas. Era a voz de um homem mais velho. Nós o ouvíamos, mas não sabíamos quem era. Certo dia, ele gritou meu nome. Respondi e perguntei quem era. 'Não me reconhece?' Respondi que não, e ele não disse mais nada. Sabe quanto tempo ele permaneceu calado? Uma semana inteira. Passada uma semana, ele me chamou de novo e perguntou se eu ainda não o reconhecia. 'Vou te dar uma dica', ele disse. 'Suas calças estão caindo.' Era uma piada antiga do tempo da nossa infância. Não respondi. Achei que devia ser uma armadilha. Eu não conseguia imaginar Jaballa naquela prisão. Mais uma semana se passou até que ele chamasse meu nome de novo. E Ali gritou: 'É o tio Jaballa.' Hmad disse: 'Não acredite. Peça outro sinal.' Pedi, e ele disse: 'Eu sou de Blo'thaah.' Na mesma hora desfaleci, como se meu coração se partisse em dois.»

★

Nesse ponto fomos interrompidos. A porta para o jardim se abriu. A luz penetrou a sala, sólida como um muro, escurecendo as três ou quatro figuras que entravam. Nós nos levantamos para saudá-las. Parentes e amigos da família. Trouxeram chá. Tio Mahmoud serviu a todos, e eu o seguia, oferecendo biscoitos e castanhas. As platitudes de sempre foram repetidas, depois se estabeleceu uma conversa sobre os problemas de segurança que assolavam o país. Quanto mais apaixonada era a discussão, mais silencioso meu tio se mostrava. Agora ele respondia perguntas e proclamações com um simples aceno ou um sorriso cansado. Fechou os olhos e dormiu, sem tocar no chá.

Poemas

O país que separa pais e filhos desorientou muitos viajantes. É fácil se perder aqui. Telêmaco, Edgar, Hamlet e inúmeros outros filhos, seus dramas particulares demorando-se nas horas silenciosas, navegaram tão longamente para a distância incerta entre passado e presente que parecem flutuar à deriva. São homens, como todos os homens, que vieram ao mundo por meio de outro homem, um fiador que, com sorte, abre o portão da forma mais gentil, talvez com um sorriso reconfortante e um tapinha encorajador no ombro. E os pais devem saber, tendo sido filhos, que a presença fantasmagórica de sua mão permanecerá ao longo dos anos, até o fim dos tempos, e não importa que peso seja posto sobre aquele ombro ou o número de beijos que uma amante plante ali, talvez levada deliberadamente pelo desejo secreto de extinguir o domínio de outro, o ombro permanecerá eternamente fiel, lembrando a mão do bom homem que o acolheu no mundo. Ser homem é ser parte dessa cadeia de gratidão e memória, de culpa e esquecimento, de entrega e rebeldia, até que o olhar de um filho se torne tão ferido e agudo que, contemplando o passado, ele já não veja nada além de sombras. A cada dia que passa o pai viaja mais para dentro de sua própria noite, aprofunda-se na neblina, deixando para trás vestígios de si e o fato monumental, embora óbvio, a um só tempo frustrante e piedoso — pois como o filho continuaria vivendo se também não esquecesse — que, não importa o quanto se tente, nunca podemos conhecer nossos pais por completo.

Penso nessas coisas enquanto considero o relato de tio Mahmoud sobre quando descobriu que meu pai não estava no sossego de sua casa no Cairo, mas a apenas alguns metros de distância, numa cela da seção oposta. Como muitas das histórias que ouvi de homens que estavam na prisão pela mesma época, essa também me trazia mais perguntas do que respostas. Eu queria saber por que meu pai esperou tanto para falar. Ele já estava em Abu Salim há alguns dias e deve ter ouvido meus tios e primos conversando aos berros. E por que, ao se manifestar e não ser reconhecido, esperou uma semana inteira para voltar a falar, esperando mais sete dias depois da segunda tentativa fracassada? No que pensava durante esse tempo? Por que a dúvida e a reticência? E por que tanto segredo, por que não dizer, simplesmente, «Mahmoud, sou eu, seu irmão, Jaballa»? Por outro lado, eu não conseguia entender por que tio Mahmoud e os outros não foram capazes de reconhecer a voz daquele homem que conheciam tão bem. De fato, mesmo antes de meu pai dirigir-se diretamente a tio Mahmoud, perguntando «Mahmoud, não me reconhece?», como não perceberam que o homem que recitava os poemas à noite era Jaballa Matar? Talvez não reconhecessem sua voz, mas como não atentaram à pista nos poemas que meu pai selecionava para suas récitas noturnas? A memória literária do meu pai era como uma livraria ambulante. No seu caso era improvável que não recordasse pelo menos um poema de cada poeta árabe importante da era moderna. Mas, na prisão, ele não foi aos poemas de Ahmed Shawqi ou a nenhum dos muitos poetas do período de Al-Nahda, a chamada Renascença árabe da virada do século XX, nem foi a Badr Shakir al-Sayyab ou aos muitos modernistas que ele admirava. Em vez disso, naquelas noites escuras e silenciosas, quando, como dizia tio Mahmoud, «a prisão ficava tão silenciosa que se podia ouvir um alfinete caindo no chão ou um homem adulto chorando baixinho consigo mesmo», meu pai buscou refúgio na poesia elegíaca beduína do *alam*. A palavra significa «conhecimento» ou «estandarte» ou «bandeira», mas sempre, pelo menos para mim, significou compreensão conquistada pela perda. É uma forma poética que privilegia o passado em detrimento do presente. É popular por toda a costa da Cirenaica, mas não mais do que em Ajdabiya.

Eu o imaginava recitando o *alam* na mesma voz que usava em casa, uma voz que parecia descortinar uma paisagem magicamente incerta, sem limites nítidos, como a água de um lago que se funde ao céu. Isso acontecia raramente. Muitas vezes eram necessários muitos indivíduos impositivos para que ele se dispusesse à recitação. Amigos o requisitavam ao fim daqueles jantares épicos que meus pais ofereciam em nosso apartamento do Cairo. Essa etapa da noite, que sempre vinha bem tarde, era para mim o momento que dava sentido a toda a loucura que o precedia. Era como quando viajávamos àqueles vilarejos no alto das montanhas, que só alcançávamos depois de muitas discussões e curvas vertiginosas, nossa mãe dizendo «Já chega, vamos voltar», e meu pai insistindo: «Mas, veja, já estamos quase lá.» De súbito a inclinação se aplainava, e estávamos dentro da vila, protegidos da vastidão da paisagem.

Primeiro, havia o cardápio, que mudava diversas vezes antes do acordo final. E então se dava corda ao maquinário. Todos os recursos eram postos em ação — criados, crianças e um punhado de amigos comprometidos — até que cada ingrediente desejado fosse localizado e entregue. Minha mãe administrava essa complicada operação com a autoridade de uma artista a serviço de uma causa maior. Gastava horas ao telefone, distribuindo instruções precisas ao açougueiro, ao fazendeiro que trazia leite, iogurte e queijo, e ao florista. Fazia sucessivas visitas ao fruteiro. A certa altura dirigia até o Delta do Nilo por estreitas ruas de terra até uma pequena vila perto de Shibin El Kom, em Monufia, para selecionar cada pombo, como ela dizia, «com meus próprios olhos». Eu era enviado para comprar noz-moscada em um mercadinho de temperos na parte oeste da cidade e goma arábica em outro mercadinho na parte leste. Em todo o Cairo só havia um único mercado onde se podia comprar alho nessa época do ano. Antes da encomenda, várias amostras de romã eram provadas. E como, segundo minha mãe, os egípcios não sabem apreciá-lo, ela providenciava galões de azeite da fazenda de seu irmão nas Montanhas Verdes ou, se a fronteira entre a Líbia e o Egito estivesse fechada, da Toscana ou da Ligúria. Ziad e eu tínhamos de acompanhar o motorista até o aeroporto para explicar aos oficiais da alfândega por que nossa casa consumia tanto azeite; tínhamos também de pagar as propinas necessárias. Depois, voltávamos para casa e encontrávamos a expressão de alegria de nossa mãe. A água de flor de laranjeira vinha de sua cidade natal, Derna, ou, não sendo possível, da Tunísia. No dia da festa, colocava-se uma pitada dela na salada de romã e nas jarras de água gelada. E era com ela que esfregávamos o piso de mármore.

 A combinação das excentricidades da minha mãe com a riqueza do meu pai — ele amealhara uma pequena fortuna importando artigos japoneses e ocidentais para o Oriente Médio — implicava que nós não apenas podíamos viver luxuosamente, mas também que o dinheiro ajudava a fomentar o ativismo político do meu pai. Ele criou um fundo para estudantes líbios no exterior e apoiava uma série de projetos de pesquisa, como a tradução árabe de uma enciclopédia jurídica. Mas o que tornava meu pai perigoso para o regime de Kadhafi era que seus recursos financeiros se igualavam ao seu comprometimento político. Meu pai era um líder. Sabia administrar e organizar um movimento. Coordenava uma série de células clandestinas dentro da Líbia. Criou e liderou campos de treinamento militar em Chade, perto da fronteira. E não era apenas seu dinheiro que ele colocava nessas iniciativas. Meu pai também tinha o dom para arrecadar grandes somas e rodava o mundo convencendo exilados líbios afluentes a apoiar sua organização. Seu orçamento anual no começo dos anos 1980 era de 7 milhões de dólares. Poucos anos depois, pelo fim da década, esse número era de 15 milhões. E não parava aí: ele comandava pessoalmente o pequeno exército no Chade.

Quando criança, eu de alguma forma sempre suspeitei que nosso dinheiro todo desapareceria. E me preocupava com isso. Em mais de uma ocasião perguntei: «Quanto temos ainda?»

— Bem, ministro das Finanças — respondia meu pai, sorrindo —, digamos apenas que não é da sua conta.

— Mas quero ter certeza de que estamos seguros.

— Você vai ficar bem — ele dizia. — Tudo o que eu devo a você é uma formação universitária. Depois disso, você fica por conta própria.

Depois de seu sequestro, descobrimos que a conta bancária estava quase vazia. De acordo com o extrato, o saldo em 1979, o ano em que deixamos a Líbia, era de 6 milhões de dólares. Em pouco mais de uma década, tudo havia evaporado. Senti um rancor terrível, particularmente quando meu pai desapareceu e os inúmeros supostos ativistas que viviam entrando e saindo do nosso apartamento, e mesmo os aliados mais próximos, sumiram. Foi como se tivéssemos contraído uma doença contagiosa. Acima de tudo, eu não podia crer que ele deixaria mamãe, que nunca tivera um emprego na vida, sem uma fonte de renda apropriada. Ziad e eu tivemos de buscar formas de sustentar a família imediatamente. A única explicação que consegui imaginar é que papai devia estar convencido de uma vitória iminente. Pensava que ele e mamãe retornariam para Trípoli, venderiam o apartamento do Cairo, vivendo talvez das terras que ele tinha na Líbia. Levou algum tempo para que eu entendesse as implicações das ações do meu pai. Quando o assunto era minha mãe, ele considerava que Ziad e eu éramos seus fiadores. Contava conosco. Foi um gesto de profunda confiança. Eu sei, também por suas cartas, que, de dentro de sua existência encarcerada, a lembrança dos filhos lhe trazia consolo e tranquilidade. Ele me dera algo que não tinha preço: sua determinação. Fiquei grato por ser forçado a buscar meu próprio caminho. Seu desaparecimento me deixou, sim, em apuros e tornou meu futuro incerto, mas, no fim, a necessidade e a incerteza podem ser professores excelentes.

Durante os anos no Cairo, quando ele ainda estava lá, vivemos numa cobertura que ocupava todo o andar superior de um grande edifício em Mohandeseen. Quando nos mudamos, a vista se expandia por milhas de distância, até onde o Cairo terminava, cedendo lugar aos campos. Mas rapidamente muitos prédios se ergueram em nosso entorno, e nossa vista do horizonte se estreitou. Como parte dos preparativos para aqueles jantares, homens se penduravam precariamente no peitoril para limpar a vidraça que cobria toda uma parede na sala de visitas. No dia da festa, o incensário de cobre era levado a todos os quartos, e a fumaça era incorporada a cada canto, retida atrás das cortinas. A campainha não parava de tocar, anunciando entregas. Na cozinha, próxima à entrada principal, minha mãe ficava ao centro, auxiliada pelo cozinheiro e um par de ajudantes. O rádio ficava ligado no volume alto, tocando as canções de Farid al-Atrash ou Najat al-Saghira, Oum Kalthum ou Mohammad Abdel Wahab. Minha mãe pertencia a uma daquelas família líbias que veem no Cairo a capital cultural. Ela amava a cidade e mudou-se para lá com muita desenvoltura. Repetia o que sua mãe dizia sempre que encontrava alguém de cara fechada: «Não julgue, essa pessoa nunca deve ter ido ao Cairo.» Naqueles dias, minha mãe operava como se tudo fosse eterno. E suponho que é isso que desejamos de nossas mães: que preservem nosso mundo, procedendo, mesmo que não seja verdade, como se nosso mundo pudesse, de fato, ser preservado. Enquanto meu pai vivia obcecado com o passado e o futuro, com o retorno e a reconstrução da Líbia, minha mãe devotava-se ao presente. Por essa razão, ela foi a força verdadeiramente radical na minha adolescência.

    Nosso lar era político, repleto de dissidentes, com suas conversas previsíveis e muitas vezes cansativas. Esses jantares de gala eram a retaliação da minha mãe contra essa realidade. Sua obsessão pela procedência de cada ingrediente, combinada ao talento extraordinário como cozinheira, produzia resultados impressionantes que literalmente silenciavam esses homens de ação. Eu fugia dos preparativos e só retornava ao cair da noite, quando minha mãe me puxava para a cozinha, insistindo para que eu provasse vários pratos, perguntando se isso ou aquilo estava bom de sal ou se seria o caso de acrescentar um pouco mais de pimenta. A mesa era posta de forma tão magnífica que os convidados ficavam sem palavras ou então, tomados de prazer, não paravam de falar. Lembro de certo camarada bastante gregário que fora ministro no tempo do rei Idris. Ele dominava a conversa até que a sopa foi servida. À primeira colherada, caiu em profundo silêncio. A mesa inteira reparou naquela mudança repentina. «Tudo bem, ministro?», perguntou meu pai. O homem fez que sim com a cabeça, sem olhar para ninguém. Vez por outra secava os olhos com o guardanapo. Imaginei que fosse um daqueles homens que suam tão logo começam a comer. Só quando seu prato ficou vazio e ele, sem opção, ergueu o rosto foi que vimos que seus olhos estavam vermelhos. Quando o prato principal chegou, sua emoção passou ao riso. Tudo isso foi motivo de grande satisfação para minha mãe, e, embora tentasse escondê-lo, o orgulho do meu pai era transparente. Esses foram os anos fortes, quando meus pais tinham aquele ar confiante dos casais que, apesar das apreensões típicas dos pais, olham para o futuro como quem olha para um país amistoso.

Era geralmente depois desses jantares que a bem-vinda solicitação acontecia, pronunciada, primeiro, com muito tato, depois com menos timidez por outro convidado, até que os pedidos insistentes cresciam, irrompendo num clamor ruidoso. As bochechas do meu pai ficavam levemente enrubescidas, seus olhos traíam um tiquinho de satisfação, e ele cedia. Nada parecia agradá-lo mais do que a presença da poesia. Um bom verso o tranquilizava, como se colocasse o mundo nos eixos. A poesia tanto o reavivava como o encorajava. Ficava óbvio que sua resistência inicial tinha o propósito apenas de testar o entusiasmo de seus companheiros. Meu pai inclinava-se de leve para a frente, e acontecia: naquele silêncio hesitante, um novo espaço se instaurava. Ele sabia exatamente o que fazer com a voz, quando tensionar as cordas, quando relaxá-las. Talvez para relembrar ou por lealdade à cidade natal, ele sempre abria e encerrava suas recitações com o *alam*.

Ele próprio escreveu naquele gênero de poesia em várias ocasiões. Quando estávamos os dois sozinhos no carro, ou seja, muito raramente, ele os recitava para mim. Meu pai quase nunca me levava para a escola ou para os clubes, nem me buscava na casa de amigos. Uma vez, por insistência da minha mãe, compareceu a uma competição de judô em que eu lutaria; sua presença era tão deslocada que me distraiu. Ele não tinha lugar na classe média egípcia, e mal podia esconder seu desinteresse. Quase nunca tomava parte em bate-papos casuais, e não sabia conversar apenas para passar o tempo. Não lembro de vê-lo falar sobre dinheiro, propriedades ou essa ou aquela novidade. Tinha uma habilidade impressionante de sustentar silêncios sociais, motivo pelo qual era muitas vezes tomado, equivocadamente, por arrogante ou frio. Era, certamente, orgulhoso. Certa vez, a um membro do governo egípcio que tentava convencê-lo a abandonar a política, ele disse: «A única coisa entre mim e você é uma mala. Se já não sou bem-vindo aqui, arrumo minhas coisas e parto amanhã mesmo.» Ele ensinou a mim e ao meu irmão a nunca aceitar assistência financeira, especialmente de governos, e, quando oferecê-la, fazê-lo tão discretamente de modo que «sua mão esquerda não saiba o que a direita fez». Certa vez me viu contando trocados antes de entregá-los a um mendigo. «Da próxima vez, não deixe que te vejam fazendo isso. Dê como se estivesse recebendo.» Demorei para entender. Se passávamos por trabalhadores ou lixeiros almoçando na rua e eles nos convidassem para acompanhá-los, como era o costume — o que significava que eles jamais esperariam que você aceitasse o convite —, papai, com suas roupas finas, sentava-se no chão entre eles, e, se eu não fizesse o mesmo imediatamente, ele dizia: «Venha, uma refeição honesta alimenta centenas.» Ele dava uma ou duas mordidas e realizava seu pequeno truque de mágica, deslizando uma nota por debaixo do prato em meio a um comentário qualquer. Depois olhava para o relógio e dizia: «Camaradas, vocês são uma turma excelente, obrigado.» Falava sempre calmamente, mas erguia a voz se descobria que uma das criadas havia dispensado um necessitado ou expulsado um gato aos pontapés. A regra básica era jamais dispensar qualquer pessoa ou coisa necessitada. «Não cabe a nós ler o que vai no coração deles», disse-me uma vez, quando afirmei, com vergonhosa certeza, que a mendicância era uma profissão. «Seu dever não é duvidar, mas ceder. E não faça perguntas à porta. Só permita que lhe digam o que querem depois de lhes oferecer chá ou alguma coisa para comer.» A notícia se espalhou. Nossa campainha tocava duas ou três vezes por dia. A maioria das pessoas precisava de dinheiro para comprar comida, pagar a escola dos filhos ou comprar remédios. Outros queriam que mediássemos uma disputa, recuperando um bem — uma carroça, uma bicicleta, uma cesta — que alguém tinha confiscado depois de uma discussão. Meu irmão e eu muitas vezes resolvíamos isso sem o envolvimento do meu pai, como se fosse parte da nossa educação. Isso tornava mais porosos os muros do nosso privilégio e nos ensinava uma lição sobre a injustiça e a humilhação da pobreza. A outra coisa que ele insistia é que aprendêssemos a cavalgar, atirar de rifle e nadar. Era algo que seu pai, vovô Hamed, acreditava e que aprendeu, suspeito, com Umar ibn al-Khattab. Meu pai me levava de carro para dentro do deserto na periferia do Cairo, depois das Pirâmides de Gizé, para me ensinar o manejo do rifle. Era nessas raras tardes, quando ficávamos a sós no carro, que ele me recitava suas composições. Se eu o ironizasse, ele dizia: «São obras-primas; você saberia disso se não fosse um rapazote ignorante», o que sempre me fazia gargalhar como nunca.

Tio Mahmoud sabia de todos esses detalhes. Na verdade, dada a intenção do meu pai de informá-lo sobre sua presença disfarçadamente, é muito provável que papai tenha escolhido um de seus próprios poemas para recitar, talvez aquele cuja abertura diz:

Não fosse a dor tão precisa
eu perguntaria
a qual das minhas tristezas devo me entregar.

Tio Mahmoud diz que não pôde reconhecer a voz do irmão por conta da confusão geral da vida no cárcere, o choque de sua captura, as interrogações sem fim, o confinamento desorientador. «Tais circunstâncias», disse, «interferem com seus poderes cognitivos.»

Mas ele sentiu que eu não estava inteiramente convencido.

— No fim das contas — acrescentou —, eu não queria acreditar.

Mas o choque e a recusa em aceitar notícias ruins são explicações parciais. Aos poucos me entreguei à única explicação que me parecia crível. Meu pai queria ser reconhecido apenas por sua voz. Sem a necessidade de apresentar qualquer evidência ulterior. Talvez, como para mim, o que mais importava para ele era a preservação. Parte do que tememos no sofrimento — talvez a parte que mais tememos — é nossa transformação. Ainda tenho sonhos recorrentes em que apareço para ele como um estranho. Um desses sonhos ocorreu apenas alguns meses depois de seu desaparecimento e nunca esqueci. Nele, papai passou por uma experiência tão extrema que já não é capaz de me reconhecer, olhando-me como se não nos conhecêssemos. Assim, talvez a incapacidade do tio Mahmoud de reconhecer meu pai não se devesse apenas aos efeitos desconcertantes da vida no cárcere, mas mais ao fato de meu pai ter se transformado em outro homem. E talvez meu tio soubesse disso, mas não quisesse dizê-lo em voz alta. Talvez, ao ouvir a voz do irmão, a resposta do meu tio tenha sido como a de Dante quando, descendo às profundezas do inferno, depara-se com Ciacco, homem que ele conhecera em vida e que agora lhe aparecia completamente irreconhecível. O poeta diz a ele:

> ... A angústia que padeces
> Talvez apague qualquer memória que eu tinha,
>
> E faz parecer que nunca o vi antes;
> Mas me digas quem *és, punido*
> Em tão triste posto — se há agonia maior,
> Nenhuma é tão repelente.

Como Dante, tio Mahmoud deve ter reconhecido a voz do meu pai, e, como Ciacco, meu pai desejava provar a si mesmo que ele era quem ele havia sido.

E a saúde? E a família?

Os padecimentos do meu pai no cativeiro ainda me assombram. Minha mente se fixa nos primeiros dias, nas primeiras horas. É como se minha imaginação, voltando-se para sua vida na prisão, penetrasse um nevoeiro. Não consigo ver muito além. Nos primeiros dois anos, o mero pensamento do que meu pai andaria sofrendo me restringia. Éramos repetidamente alertados pelas autoridades egípcias — que, para garantir nosso silêncio, nos fazia crer que o mantinham em um local secreto nos arrabaldes do Cairo — que, se lançássemos uma campanha ou, em suas palavras, «fizéssemos barulho demais», a situação se «complicaria». Nós acreditamos. Eu tinha dezenove anos. Virei um animal amarrado, cauteloso e mudo. Não conseguia parar de pensar nas coisas detestáveis que se passavam com meu pai. Pensava nisso quando tomava banho, quando me sentava para comer. Parei de falar. Só deixava meu apartamento em Londres para ir às aulas na universidade ou à National Gallery. Viajei para o Cairo, e, como era uma reação atrasada, mais de um ano depois do evento, eu não soube explicá-la. Passei seis meses dentro de casa. Por fim, passar de um quarto a outro tornou-se uma operação custosa. O umbral começava a se contorcer. Ainda posso ver a moldura do arco entre a sala e o corredor curvando-se maniacamente à medida que eu me aproximava. Qualquer movimento repetitivo fazia meu coração disparar. Ao olhar pela janela, eu tinha de tomar cuidado para que meus olhos não pousassem nas rodas de um carro em movimento. A visão dessas revoluções por uma fração de segundo me deixava trêmulo. Um dia, provocado por alguma coisa que minha mãe ou meu irmão havia dito — a causa permanece obscura na minha memória —, minha perna começou a bater repetidamente contra a parte de baixo da mesa da cozinha. A velha estrutura de madeira pulsava para cima e para baixo, os pratos saltitando e pousando perto, mas não exatamente no mesmo lugar de antes. Ziad me envolveu, recriminando, injustamente, mamãe: «Viu o que fez?» Ele se sentia responsável por ela e por mim, eu me sentia responsável por ele e por ela, e ela por todos nós. Todos éramos agora pais e filhos. Para compensar a ausência do pilar perdido, a estrutura de quatro colunas, antes equilibrada, vivia agora em tensão permanente.

★

Quando tio Mahmoud abriu os olhos, as visitas não perceberam e continuaram papeando, ruidosas. Em meio às discussões, ele me sorria. Mais visitantes apareceram. Primos de segundo e terceiro graus. Eu não os conhecia, como eles também não me conheciam, mas nos abraçamos e sentamos, conversando, trocando indagações educadas sobre as vidas uns dos outros. Eu me sentia reconhecido. Estava convencido de que, caso empacotasse todos os meus pertences e aparecesse à porta de suas casas, eles me acolheriam. Era um pensamento curioso, especialmente quando sei que sou um hóspede bastante sem jeito e que sempre evito ficar na casa dos outros. Isso é a embriaguez do retorno, eu disse a mim mesmo. Os sintomas não tardarão a arrefecer. Mais chá, café e doces foram servidos. Alguns fumavam em silêncio, outros contemplavam os próprios colos ou estudavam seus dedos. Quando a excitação e o nervosismo nos deixaram sem mais o que dizer, fizemos o que a maioria das pessoas faz, uma especialidade da sociedade beduína da Líbia: repetimos platitudes corteses e impessoais, perguntas que, como dita a etiqueta do lugar, jamais devem ser específicas. O principal propósito é contornar aquilo que os membros homens da minha família paterna sempre buscam evitar com todo cuidado: bisbilhotice e fofoca. Eles não confiam em quem fala demais. Como resultado, pode-se acabar em situações nas quais a conversa consiste de algumas poucas frases repetidas ad infinitum, como aconteceu com um senhor mais velho que chegou depois que todos os visitantes haviam partido. Ele era magro, vestia um velho casaco de lã escura inglesa abotoado até o colarinho. Tinha um turbante branco que, embora enlaçado folgadamente ao redor da cabeça, não parecia correr nenhum risco de se desfazer. Talvez por uma suposição de que eu sabia quem ele era ou pelo desejo de ignorar a discrepância de 33 anos que me separava deles, ninguém nos apresentou. Ainda assim, por razões difíceis de definir, aquele homem me era familiar. Ele me segurou pelos braços e, sem dizer uma palavra, pôs-se a me olhar. Seus olhos eram verdes e opacos como pedras de jade. Seu rosto, como seu corpo, não permitia qualquer excesso: magro, bonito, com barba e bigode curtos, de um branco puro. Sua pele era escura, de um vermelho coriáceo, e as linhas nela eram muitas e de uma cor discretamente mais pálida. Nós nos abraçamos. Como me soltei antes dele, abracei-o de novo, agora garantindo que minha força se igualasse à dele. Depois, ele me puxou, e sentamos lado a lado. Tendo envolvido meu braço no dele, sorrindo, continuou a me olhar nos olhos. Não me indagou nada sobre a minha vida. Tudo que perguntou foi: «Você está bem? E a saúde? E a família?» Repetia essas mesmas três perguntas mais ou menos a cada dois minutos.

— Haj, você desapareceu — disse tio Mahmoud, mais para quebrar a monotonia, suspeitei, do que qualquer outra coisa.

O homem seguiu me encarando, mas seu sorriso agora indicava certa malícia.

Seu filho, um homem de ar urbano mais ou menos da minha idade, começou a provocá-lo: «O estado dele se agravou», disse ao meu tio. «Agora ele só nos suporta por um dia, talvez dois.»

— Para onde você vai? — perguntei, mas, por conta de nossa proximidade física e do fato de que estávamos os dois sentados de frente para os demais, falei num tom baixo, que fez parecer que ele e eu conspirávamos contra os outros.

Ele sorriu e acenou, como se dissesse: «Não dê atenção à tolice deles.» O gesto também parecia significar: «Tudo passará.»

— Ele vai para o deserto — explicou o filho, enrubescendo levemente ao se dirigir a mim, como fazem parentes meus que mal conheço, mas que tem quase a minha idade, com uma timidez que tanto teme quanto deseja meu juízo. — Ele vai com os camelos dele. Ama esses camelos mais do que a própria família. E os estraga com todos os mimos.

O homem continuou me olhando, recusando-se a comentar.

Tio Mahmoud tentou falar por ele: «Quem pode culpá-lo? Está cansado das pessoas.»

Continuamos sentados no silêncio que se seguiu, meu braço envolto no seu, sua grande mão segurando a minha. Ele seguia me olhando fixamente. Eu olhava para ele, para os outros, para o chão ou para sua mão imensa, cuja pele era como madeira; as unhas, negras. Em contraste, minha mão parecia jovem e nunca usada. «Você está bem? E a saúde? E a família?», perguntou de novo. Dessa vez, tentei responder de modo mais minucioso, mas ele não demonstrou nenhum interesse nas informações que ofereci. As perguntas retornavam e pareciam mais ridículas, porém mais pungentes, a cada repetição. Junto com o silêncio dele, seus olhos — aqueles olhos que não me deixavam, que não olhavam para nada que não meus próprios olhos — me davam a sensação de que eu tinha entrado em outra dimensão, uma dimensão pura como uma alegoria, estando agora, de certa forma, preso ali. Ele não queria nada de mim senão minha própria existência.

Quando ele e o filho partiram, tio Mahmoud me contou quem era ele:

— Muftah, primo do seu pai. Os dois eram muito próximos. Ele prefere ficar em Blo'thaah, com os camelos. Quando eram meninos, ele e seu pai brincavam por lá. E ele estava com seu pai quando seu tio Salah morreu.

— Quem é tio Salah?

— Nosso irmão mais velho. Era um ano mais velho do que seu pai. Um dia ele pisou numa mina que os italianos ou os alemães, talvez os ingleses, esqueceram por lá. Seu pai tinha dez anos. Só escapou porque foi fazer xixi. Mas a visão de Salah aos pedaços o traumatizou por muito tempo.

Voltando para casa depois de muitas décadas, eu me via confrontado por histórias desse tipo, narradas no tom casual de velhas anedotas, e, como aqui, a informação desconcerta precisamente por ser, de certa forma, esperada. Sempre houve uma aura em torno do meu pai, emudecida e treinada pelos muitos anos de luto permanente, além de certa distância em relação a seus parentes, particularmente alguns de seus irmãos, que agora vejo que talvez nascesse do vácuo deixado por aquele irmão perdido.

— O deserto por lá ainda está cheio de minas. Muftah estava presente e viu o que aconteceu. Ele amava seu pai. Você percebeu, não?

A trégua e a tangerina

As visitas se foram. Tio Mahmoud e eu ficamos a sós de novo, e sua energia voltou. Brincava com os filhos, rindo alto das piadas deles. Era mais rápido que os filhos, sempre o primeiro a levar os pratos para a cozinha depois de uma refeição, o primeiro a detectar quem ainda não tinha comido um pouco de fruta, oferecendo a tigela. Só num segundo plano, em algum compartimento secreto do seu ser, parecia haver uma retirada silenciosa e resoluta, uma timidez não muito diferente daquela do crente que, tendo a fé desafiada, agora se resigna a acalentar suas convicções em segredo. Por vezes, no meio de uma conversa, seus pensamentos lhe impunham um súbito silêncio. Quando ouvíamos o chamado para a oração, ele se dirigia a um canto da sala, sem encorajar os demais a acompanhá-lo — um hábito hoje em voga no mundo dos adoradores —, estendia seu tapete e conduzia suas preces em silêncio. Sua postura nesse momento — sua constituição magra, a agilidade infantil de seus movimentos — parecia um esforço contra o apagamento. Era algo particular, mas também parte do velho esforço humano contra a mortalidade. Lançava uma distância entre ele e o mundo só momentaneamente perceptível, como a forma de leque que a rede do pescador imprime quando toca a superfície da água.

Talvez tio Mahmoud tivesse solicitado uma trégua cujos termos só eram conhecidos por ele, talvez sequer de forma consciente, constituindo, no entanto, uma daquelas manobras silenciosas que pretendem nos proteger de um mundo de perigos sem fim. Eu me perguntei em que ponto aquilo havia acontecido. Talvez durante uma refeição desiludida ou num momento vazio, capturado dentro de uma hora banal — se é que existem horas banais no cárcere —, caminhando no pátio sob o grande sol nos anos em que lhe permitiam deixar a cela, palmilhando o longo chão retangular de terra batida, relembrando a si mesmo ou contando a um colega prisioneiro, no estilo animado pelo qual continua a ser conhecido, certos detalhes de *Os Irmãos Karamázov*, *Cândido*, *Madame Bovary* ou qualquer romance que ele amava, e fazendo-o pelo desejo que leva homens livres a relerem livros: replicar e aprofundar o prazer. Ou talvez não fosse um romance, mas uma partida de futebol — pois, como no caso do seu irmão mais velho, embora os entusiasmos de tio Mahmoud pelo futebol e pela literatura fossem qualitativamente distintos, eram iguais em intensidade. Eu o imagino agora caminhando sob o sol, recontando a um amigo, para reavivar a lembrança feliz, os detalhes da última partida de futebol que ele havia assistido com meu pai, que se deu em 13 de setembro de 1989, exatamente seis meses antes de os dois irmãos serem presos. Eu estava na universidade em Londres, portanto não podia estar no Cairo durante a histórica visita de tio Mahmoud, a primeira desde que deixamos a Líbia uma década antes. O regime líbio havia proibido quase toda a família do meu pai de viajar para fora do país. Era uma das muitas táticas que as autoridades empregavam para punir meu pai e, por extensão, sua família. Por conta das posições políticas do meu pai, era quase impossível para qualquer membro homem da minha família paterna (exceto pela rara exceção que era leal ao regime) encontrar emprego ou ganhar uma bolsa de estudos. Dado o grande número de tios e primos que tenho, muitos foram afetados por isso. E, para não fortalecer essa associação e causar ainda mais problemas, nós não telefonávamos nem escrevíamos para os membros da nossa família paterna. Eu não ouvia a voz de tio Mahmoud desde que deixamos a Líbia.

Na tarde em que chegou ao Cairo, o telefone tocou no meu apartamento em Londres. Sua voz ainda era familiar. Era como se, nos últimos dez anos, estivesse guardada num depósito na minha cabeça. Parecia um pouco mais profunda e mais, digamos, enraizada. Mas, claro, não tendo falado com meu tio desde os nove anos de idade, eram as minhas cordas vocais que haviam passado pela transformação mais drástica. Ele não parava de repetir: «Meu Deus do céu, Hisham, você está com voz de homem feito.» Conversei com tia Zaynab, a mulher com quem ele se casou depois de nossa partida do país. Fiquei imaginando como ela seria, o que meus pais acharam etc. O casal havia levado também o membro mais novo da família, o bebê dos dois, Izz al-Arab Matar. Em vez da tradicional chamada semanal de longa distância, agora eu telefonava para o Cairo quase todos os dias.

A visita de tio Mahmoud naquele outono coincidiu com a Liga dos Campeões. Só a leitura tomava conta das paixões do meu pai mais intensamente do que o futebol. E time nenhum lhe dava mais alegria do que o Bayern de Munique. Quando papai viajava a trabalho, minha mãe gravava todas as partidas. Ela continuou a fazer isso depois do sequestro, gravando não apenas as partidas do time alemão, mas toda partida de futebol que passava na tevê, desde as mais desimportantes, incluindo o torneio da segunda divisão do Egito. Sempre que eu chegava para as férias, constatava que o acervo de fitas havia crescido um metro. Cada uma das fitas era marcada não com as voltas cuidadosas da caligrafia normal da minha mãe, mas com uma versão apressada dela, anotando rapidamente os competidores — «Mali-Senegal», «Camarões-Egito», «Juventus-Barcelona» — e a data. Ela só parou quando recebemos a primeira carta da prisão, três anos depois. Nisso ela já havia gravado centenas de horas de futebol, que, como calculei, caso papai retornasse com a paixão pelo futebol intacta, ele levaria vários anos para assistir.

Mas aqueles ainda eram os dias felizes. Era a visita do irmão mais querido, que, por conta dos dezesseis anos que os separavam, era como irmão e filho para o meu pai, que agora conhecia também sua cunhada e seu sobrinho recém-nascido, o mais próximo que meu pai chegou de segurar um neto nos braços.

Na primeira rodada da Liga dos Campeões daquele ano, o Bayern de Munique jogou contra o Glasgow Rangers. Minutos antes do pontapé inicial, minha mãe, como sempre, tentava decidir por qual time torcer. Como eu, ela decidiu-se pelos Rangers, não apenas para dar a papai e tio Mahmoud o prazer de ter adversários, mas também porque os Rangers eram os únicos que tinham um jogador negro em campo.

— O nome dele é Mark Walters — contei à mamãe pelo telefone. — Ele é só dois anos mais velho do que Ziad.

— É africano? — mamãe perguntou.

— Não sei, mas é o primeiro jogador negro na história dos Rangers. A primeira partida dele foi um escândalo. Os torcedores xingavam, cuspiam nele. Jogaram milhares de bananas no campo.

Eu exagerei. De fato, jogaram bananas durante a primeira partida de Mark Walters, mas não milhares.

Mamãe passou o telefone para o tio Mahmoud. Eu dei a ele a mesma informação sobre Mark Walters. Ele ficou quieto, depois disse o que muitas vezes dizia quando falava ao telefone: «É uma pena que você não esteja aqui.» E acrescentou: «Seu primo Izzo manda um alô», embora soubéssemos que era impossível que Izzo, que só tinha dez meses de idade, dissesse qualquer coisa. Depois passou o telefone para o meu pai.

— Onde vai assistir? — ele perguntou.

— Na casa de um amigo — menti.

Eu desliguei e fui a um pub local, pedi uma caneca de cerveja e sentei-me com estranhos, assistindo à partida. Com vinte e cinco minutos de jogo, pênalti para os Rangers. Mark Walters seria o batedor. Enquanto ele pegava distância da bola, comecei a recitar Surat al-Fatiha. Aqui tínhamos um árabe muçulmano de dezoito anos de idade rezando num pub inglês por um time escocês por conta de um jogador negro que podia ou não ser africano, enquanto sua família líbia, exilada no Cairo, torcia pelo time alemão. Graças a Deus, Mark Walters converteu o pênalti. Dois minutos depois o Bayern empatou. O placar final foi de 3 a 1 para os alemães. Tudo bem: a culpa não era do jogador negro.

Depois da partida, liguei para casa de novo. Meu pai atendeu, o que era raro.

— Eu sabia que era você — ele disse. — Viu só a arte? Gênio puro. Aqui, seu tio quer falar com você.

— Hisham, escute, seu primo nasceu torcedor do Bayern. Começou a chorar na mesma hora que seu amigo africano... Qual é o nome dele? — Ouvi mamãe dizendo ao fundo «Mark Walters», pronunciado como se pertencesse a um grande filósofo ou poeta. — Pois é, Izzo chorou bem na hora que esse Mark Walters fez o gol.

*

Recentemente, a irmã mais nova de Izzo, nascida um ano depois da visita de tio Mahmoud e tia Zaynab, localizou uma fotografia em que vemos a data impressa em dígitos laranja no canto direito inferior: 09/13/89, o mesmo dia da partida entre Bayern e Rangers. Na foto, temos Izzo, aos dez meses de idade, no colo do meu pai. A mão em miniatura da criança tenta alcançar uma tangerina com que meu pai a provoca. Meu pai veste sua *farmala* azul-escura, colete tradicional líbio.

Lembro de escolher com ele o tecido para levar ao alfaiate no velho distrito de Khan el-Khalili, no Cairo. A mão do meu pai — é difícil comunicar o efeito que ver a mão do meu pai ainda tem em mim — ocupa o centro da fotografia, segurando na ponta dos dedos a tangerina reluzente. Os olhos de Izzo estão na fruta; os do meu pai voltam-se para a câmera e, portanto, para nós, ou, devo dizer, para mim. No fundo, a fruteira; à direita do meu pai, as pernas de outro homem. Esbeltas e longas, suspeito que pertencem a tio Mahmoud, que veste uma *farmala* idêntica. Meu pai deve tê-lo levado ao alfaiate. Me pergunto se os dois irmãos pararam para almoçar no restaurante que apresentei ao meu pai quando o acompanhei ao alfaiate. Ficava em um dos becos de trás, por uma escadaria estreita de degraus de pedra. Recordo meu pai me seguindo, dizendo «Mas onde você está nos levando?», e o que eu sentia era a emoção de apresentar meu velho para algo novo e diferente, desfrutando a expressão confusa em seu rosto enquanto navegava aqueles velhos degraus quebrados, seus sapatos de couro fino raspando as pedras, e aquela prontidão dele, querendo provar que, apesar de seu gosto elegante, ele ainda era um homem do povo. Sempre o alegrava saber que eu trilhava meu próprio caminho. Quando entramos na velha lanchonete popular, ele cumprimentou a todos, desejando bom apetite. Os trabalhadores nos olharam com uma expressão de curiosidade e divertimento. Éramos claramente estrangeiros, em nacionalidade e classe social. A diferença era mais clara no meu pai do que em mim, pois a essa altura eu já havia dominado o dialeto egípcio e podia passar por nativo do Cairo, o que, dado o talento excepcional dos locais para detectar estrangeiros, era um feito que despertava a admiração de várias famílias de amigos e o descontentamento de nossos parentes líbios. «Você pede», ele disse, quando sentamos. Pedi o prato especial: costeletas de bode grelhadas, que lhe lembrou o *mardoma*, prato líbio em que a carne é cozida na brasa lentamente. Comemos bem. «Nunca encontrarei esse lugar de novo», ele disse ao sair. Eu o fiz parar no meio do beco e apontei a loja de bijuterias no canto, o grande poste de luz de cobre, escurecido pelo tempo, no lado oposto, o velho que vendia picles de tremoço e o cartaz acima dele em que se lia: PIEDOSO. Meu pai tomou nota de todos esses marcadores, mas repetiu: «Nunca vou encontrar.» Mas, ao levar tio Mahmoud ao alfaiate, talvez tenha lembrado da nossa refeição e da localização do restaurante. Pouquíssimos restaurantes servem carne de bode por ali. Se ele perguntasse, saberiam lhe apontar a direção.

★

Seis meses depois daquela fotografia, meu pai e meu tio foram presos, e Izzo foi separado do pai. Encontraram-se brevemente em 2001, quando as autoridades decidiram levar tio Mahmoud e outros a julgamento. Ao ouvir a notícia, as famílias dos acusados correram para o tribunal e, pela primeira vez em mais de onze anos, puseram os olhos em seus homens. Izzo tinha treze anos. Tio Mahmoud lembra-se desse dia vividamente: «Eu estava de pé com Hmad, Ali, Saleh e todos os outros no banco dos réus, cercados por grades. O juiz leu nossos nomes, incluindo o nome do seu pai. Jaballa foi descrito como chefe do grupo. Sua localização, disse o juiz, era 'desconhecida'.»

Pouco depois, um dos meus primos me enviou uma transcrição da ata da sessão de julgamento. Lembro de ler a expressão «localização desconhecida» e pensar: sei o que isso significa; significa que o mataram. Mas a esperança, ardilosa e persistente, voltou a se imiscuir em mim, e eu me convenci de que, porque o governo egípcio entregou meu pai sob a condição de que ele «nunca visse a luz do dia», como conta meu pai em sua primeira carta da prisão, o tribunal fazia agora o que as autoridades também haviam feito: escondia o fato de que Jaballa Matar estava sob sua custódia. Mas agora, ouvindo tio Mahmoud repetir aquilo, me senti como que sacudido outra vez, irritado com minha incapacidade de resistir à esperança. É preciso ser vigilante com um destino assim, pensei, sempre buscando a menor pista, palavras que emergem depois de longos silêncios, expressões como «localização desconhecida». Pensando assim, me convenci que tio Mahmoud também sabia o significado daquelas palavras. Não resisti e, em vez de não tocar no assunto, fiz a pergunta estúpida:

— Mas isso quer dizer que o mataram?

— Eu não sei — disse tio Mahmoud. — Eu acredito que não. Ainda acredito que Jaballa está vivo.

— Mas como seria possível? — eu disse, minha impaciência crescendo. — Se está vivo, onde ele está?

— Não sei. Tudo o que sei é que ele é meu irmão e não acredito que esteja morto. — E repetiu o que me disse ao telefone no dia em que foi solto: — Não perca a esperança. — Com isso, voltou a falar do dia no tribunal, o dia em que viu o filho Izzo pela primeira vez em onze anos.

— Fomos todos acusados de traição. Não nos foi oferecido um advogado de defesa, e houve certa confusão no tribunal em relação a quem trataria da acusação. Nesse momento mulheres e crianças começaram a aparecer, espiando a gente. Eu avistei Zaynab imediatamente. E fiz o possível para parecer forte. As crianças eu não reconheci. Todas tinham crescido tanto...

— E Izzo?

— Ele se aproximou do banco dos réus com Zaynab e as outras crianças. Era alto, treze anos de idade, e bem tímido. Tentei fazer troça com ele.

Poucos dias depois dessa conversa com tio Mahmoud, tio Hmad Khanfore descreveu a cena para mim. Diferentemente de tio Mahmoud, ele não conseguiu ver a família no meio da multidão.

— Eu olhava para aquelas pessoas e me perguntava como é que, depois de tanto tempo, as crianças reconheceriam seus pais. O homem ao meu lado também estava preso há onze anos. Ele sofria de uma condição estranha que o fazia parar de respirar sempre que sentia uma emoção forte. Qualquer coisa que o fizesse rir ou chorar poderia sufocá-lo. Sempre que isso acontecia, a única maneira de ajudá-lo era lhe acertar um tapa forte nas costas. A essa altura o tribunal era uma barulheira só, com as pessoas chamando seus parentes, então sussurrei no seu ouvido: «Está vendo aquele camarada ali, o adolescente olhando pra gente? Bem, ele devia ser criança quando o pai foi preso. Aposto que, se ele estiver aqui em busca do pai, não vai reconhecê-lo — como poderia?» «Bobagem», o homem respondeu. «Como alguém não reconheceria o próprio pai?» Eu acenei para o adolescente e pedi que se aproximasse. «Quem você veio ver?», perguntei. O garoto disse que tinha vindo ver o pai. «Muito bem. E quem é seu pai, qual o nome dele?» O adolescente respondeu: «Seu nome é Hmad Khanfore.» O homem ao meu lado desmaiou — disse tio Hmad, rindo. — Desabou no chão, e não teve tapa nas costas que ajudasse. A comédia continuou, pois meu nervosismo me deixava bobo. Então lá estava eu, contando piadas velhas para o filho que não me reconhecia. Tio Hmad riu, e eu ri com ele. Então ele parou e disse: «Não conhecemos nem os nossos filhos.»

Os acusados foram considerados culpados de conspiração contra o Estado. Meu pai foi condenado à morte *in absentia*. Os demais pegaram prisão perpétua. Depois disso, podiam receber visitas de tempos em tempos. Foi assim que, ao longo dos anos, Izzo pôde conhecer o pai.

O velho e seu filho

Amal está obcecada por Izzo. Quase todos os dias posta pelo menos uma foto do irmão no Facebook. As imagens ficam disponíveis para qualquer um ver. Izzo ainda garoto, com olhos curiosos e tímidos; Izzo à beira-mar, o azul pulsando ao fundo, sem incomodar-se com o vento no cabelo, olhando para nós com um rosto de adolescente, o rosto de alguém que acaba de compreender que agora é uma pessoa adulta, ainda que não tenha se acostumado com isso. Depois há as fotos de Izzo na condição de combatente da liberdade. Essas compõem a maioria das imagens que Amal vem postando: dezenas de fotografias tiradas nos seis meses em que o irmão lutou na rebelião armada contra a ditadura. As fotos o mostram portando uma AK-47, um lançador de granadas, o peito coberto por um colete à prova de balas. Ele aparece dirigindo um caminhão sem portas. Sabendo-se observado, Izzo parece tão tímido e pensativo quanto um jovem numa viagem com pessoas que ele mal conhece. Há também Izzo descansando num colchão velho e fino, em algum edifício bombardeado, provavelmente nos últimos meses de combate, pois por baixo da camisa amarela gasta seu torso parece mais musculoso. Em outra foto ele está parado à frente de uma parede arruinada. A casa foi destruída, mas essa parte da parede, como o mapa de um país desconhecido, persiste de pé, recebendo a sombra de Izzo. Depois há uma série que mostra suas feridas: um rosto salpicado de estilhaços, algodão branco nos ouvidos, pupilas vermelhas como ameixas. Ao longo dos seis meses de guerra, sua expressão foi mudando um pouco. No começo, tem um ar sinceramente propositado, típico dos que estão ansiosos para fazer um bom trabalho. Esse desejo agudo de triunfo permanece, mas é gradualmente borrado por um novo cansaço que penetra seus olhos e tensiona suas sobrancelhas. Um véu de perplexidade caiu, sofrido e persistente. Algo mudou, e, embora talvez não dure para sempre, parece não ter limite. Contemplando essas fotos, ouço sua voz repetir: «É tarde demais? Talvez seja.» Sei que não se trata aqui da vontade de bater em retirada; é uma resposta à natureza da guerra, ao ímpeto prolongado pelo conflito.

★

Poucos meses antes dessas fotos de guerra, Izzo estava em seu último ano de universidade, preparando-se para a carreira de engenheiro civil. Quando meus longos anos de campanha pela libertação dos meus parentes coincidiu com as derradeiras tentativas da ditadura de evitar a sublevação popular, tio Mahmoud foi solto, junto com vários outros presos políticos, no começo de fevereiro de 2011. Pela primeira vez desde que Izzo era bebê, ele dormia e acordava na mesma casa que o pai. A notícia da libertação de tio Mahmoud provocou um grande trânsito em Ajdabiya. Centenas de pessoas apareceram para felicitar a família. Vieram de cidades e vilarejos vizinhos e alguns até da capital, Trípoli. Para muitos aquilo oferecia uma oportunidade segura para um ato de protesto. Ninguém sabia então que, duas semanas depois, várias vilas e cidades se ergueriam em franca revolta contra a ditadura.

Ajdabiya foi uma das primeiras. Mudou de mãos três vezes. Mas, em cada ocasião, os tanques de Kadhafi não conseguiram dominar a rede estreita de ruas no coração da cidade. No momento mais feroz da batalha, mulheres, crianças e velhos foram transportados para a relativa segurança de Bengasi. Tio Mahmoud recusou-se a sair. Quando todas as linhas de comunicação caíram, enviei a ele, por meio de um amigo jornalista que cobria a guerra, um telefone via satélite. Quando finalmente conversamos, ele disse: «O momento para retiradas já passou. Ou vencemos, ou morro aqui. Ninguém morre antes do tempo. Além disso, seu tio não é tão velho quanto você pensa. Posso lutar, e sou bom cozinheiro. Posso ser útil aos garotos.» Eu sabia que ele não queria sair de perto de Izzo, que estava participando da guerrilha de rua. Para Izzo, a guerra começava na porta de entrada de sua própria casa.

Quando as forças rebeldes conquistaram a cidade, Izzo, junto com vários outros jovens de Ajdabiya, viajou oitenta quilômetros a leste para Brega, cidade no ponto mais ao sul do Mar Mediterrâneo. Tendo conquistado Brega, o próximo destino era Misrata, a terceira maior cidade da Líbia, a uns seiscentos quilômetros de Brega. Misrata testemunhou algumas das batalhas mais sangrentas. Muitos acreditavam que, se Misrata caísse, Kadhafi venceria a guerra; por outro lado, caso os rebeldes conquistassem a cidade, teriam uma forte base de onde organizar a marcha para a capital, Trípoli. Misrata, assim, tornou-se dramaticamente importante para ambos os lados do conflito. Entre Brega e Misrata havia Sirte, a fortaleza de Kadhafi. Era perigoso demais para Izzo viajar por terra. Junto com outros combatentes, levando toda a munição e todo suprimento médico que puderam angariar, Izzo fez a viagem precária e lenta para o norte, embarcando num navio de pesca, pequeno e lotado, como os recentes imigrantes que regularmente abandonam o continente pelos portos da Líbia, portos como Brega. Por conta do deserto de areia embranquecida que ondeia dos dois lados da cidade, as águas por lá são das mais luminosas do Mar Mediterrâneo.

Mas à medida que o barco avança, mais escuro e denso o mar se torna. Tendo alcançado uma distância segura do Golfo de Sirte, viraram a oeste. O desembarque em Misrata deve ter sido emocionante. Imagino Izzo, com sua amabilidade de sempre, abraçando os irmãos de armas. Talvez eles lhe parecessem familiares. Talvez se visse neles. Ou talvez visse em seus rostos o que eu agora, contemplando essas fotografias, vejo no dele.

★

A luta em Misrata se arrastou. O desespero de Kadhafi para recapturar a cidade era igualado pela determinação da resistência. Todos viemos a conhecer os nomes das ruas, a desenvoltura de seus homens e mulheres. Caminhões que poucos dias antes eram usados para transportar mercadorias ao porto eram agora levados ao mar e carregados com areia. O que até ali era material abundante e inútil, servindo de carpete nas praias e na paisagem desértica ao redor, desprezado por não ser verdejante, subitamente se tornou um ativo. O caminhão era conduzido à Rua Trípoli e à Rua Bengasi, as duas grandes avenidas que levavam ao centro; ali era estacionado de lado, como uma barreira. Os pneus eram furados, e o motor, desconectado. Os tanques de Kadhafi não podiam entrar em Misrata. Aquelas duas ruas serem batizadas em homenagem às outras duas maiores cidades da Líbia dava aos revolucionários a força para lutar pelo país inteiro. Subitamente os nomes das ruas importavam. Os residentes de Misrata conheciam bem sua cidade, o que parecia confirmar que o povo, não o regime, era o verdadeiro guardião da Líbia.

Sempre que havia uma trégua na batalha, Izzo fazia a viagem marítima de volta a Brega, depois seguia de carro para Ajdabiya, para descansar, comer a comida de sua mãe e coletar uma muda de roupas limpas. Há fotografias suas parado na cozinha, vestido de uniforme militar, portando uma metralhadora, o rosto cansado. Parecia preso, como se tivesse entrado num túnel e soubesse que o momento de recuar havia passado. Em sua última visita tentou fazer a mãe rir, parodiando o discurso do ditador de poucos dias antes do começo da rebelião, discurso em que Kadhafi convocou seus apoiadores a marcharem e lutarem até que «o país estivesse livre dos ratos».

— Mamãe — Izzo dizia —, para a frente, para a frente.
— Mas até quando? — perguntou tia Zaynab.
— Até Bab al-Azizia.

Bab al-Azizia era o complexo militar em Trípoli onde Kadhafi vivia. Ouvimos histórias, sempre fantasiosas demais para que acreditássemos, que debaixo do complexo havia prisões subterrâneas onde eram mantidos os dissidentes mais ardentes do ditador. Esses relatos revelaram-se verdadeiros. Kadhafi gostava de manter seus oponentes mais fortes por perto, para dar uma olhada neles de tempos em tempos: os vivos e os mortos. Foram descobertos freezers com os cadáveres de dissidentes há muito assassinados. «Tenho a sensação», disse Izzo para tia Zaynab, «que o tio Jaballa está lá.» Izzo acreditava que encontraria meu pai vivo.

★

Nessas breves visitas, Izzo mostrava aos pais as fotos de amigos que tirava com o celular nas frentes de batalha. Na maioria dessas fotos ele parece sério e deslocado. Só quando está com Marwan al-Towmi ele parece tranquilo. Os dois se conheceram em Misrata e logo se tornaram inseparáveis. Um colega de luta me contou: «Quando você encontrava um dos dois, já sabia que o outro estaria por perto. Sempre iam para a guerra lado a lado. Confiavam um no outro e sabiam que podiam contar com isso.» Marwan era formado em economia, vinha de Bengasi e era sete anos mais velho do que Izzo. Nas fotografias sua figura excepcionalmente alta e esbelta está sempre inclinando-se suavemente, como um pinheiro entortado pelo vento. Quando fotografado por Izzo, ele aparece sorrindo de modo brincalhão, com a expressão de quem acabou de contar uma piada, ou então encara a câmera com um olhar de confiança tranquila.

Há uma sequência de fotografias em que ambos se encontram numa espécie de corredor que conecta vários quartos, numa construção velha e dilapidada. O azul das paredes esmaeceu e agora brilha estranhamente, como um afresco. O chão é de terra batida. Há uma cadeira branca de plástico no canto, não do tipo vagabundo comum na Líbia hoje; é uma daquelas cadeiras de jardim modernistas italianas sólidas que tínhamos nos anos 1970. Estendidos no chão, dois colchões de aspecto novo envoltos num padrão *art déco* preto e branco, tão finos que mal superam em conforto o próprio chão duro. Izzo dorme num deles, a cabeça recostada num travesseiro velho e irregular; a fronha parece feita de gaze e revela as formas escuras da estufagem. Marwan está sentado no outro colchão. Suas mãos estão fora de enquadramento; pode estar lendo um livro ou limpando uma arma. Em outra foto, claramente tirada momentos depois, dado que a direção da luz vindo da janela não mudou muito, o arranjo é o oposto: agora é Marwan quem dorme, Izzo segue deitado, mas acordado, fitando o teto. Ambos estão mais amorenados, queimados pelo sol nas frentes de batalha. Embora houvesse pelo menos mais uma pessoa ali, o homem que tirou as fotografias, é como se os dois confiassem apenas um no outro para aquele tipo de vigília.

★

No verão daquele ano, 2011, a luta em Misrata alcançou tamanho estado de equilíbrio que parecia que a guerra duraria para sempre. A sessenta quilômetros a oeste, Zliten passou a ser de imensa importância estratégica para ambos os lados. Para os apoiadores de Kadhafi, a cidade costeira era um canal crucial para os reforços que fluíam para Misrata e uma grande barreira protegendo Trípoli. Zliten poderia ajudá-los a aplacar a rebelião. Para os revolucionários, conquistar Zliten garantia Misrata e ofereceria uma base por onde continuar a marcha rumo à capital. Quem arrebatasse Zliten provavelmente venceria a guerra.

Ainda em fevereiro de 2011, no início da revolução, protestos populares espontâneos irromperam em Zliten, sendo rápida e ferozmente castigados. Meses depois, no início de maio, outro protesto pacífico foi violentamente reprimido. Os manifestantes então entraram em contato com os rebeldes em Misrata, que lhes davam armas. No dia 9 de junho houve um ataque armado à guarnição militar em Zliten. Lembro bem do dia, pois, em meus esforços para oferecer informações sobre o que se passava na Líbia a jornalistas internacionais, consegui o telefone de um dos homens envolvidos no ataque. Tudo que eu sabia era que até então ele era diplomata e que seu nome era Hisham (não me deram um sobrenome).

Quando telefonei, ele disse: «Eu estava esperando sua ligação. Tudo bem? É um grande prazer. E sua família? Estão todos bem?»

Ele disse isso com o automatismo com que dizemos platitudes desse tipo, mas, nesse contexto, ouvindo-as pronunciadas através de uma corrente de medo, por um homem que parecia ter minha idade e com quem eu compartilhava o nome, me desconcertou. Minhas emoções foram tão intensas e repentinas que tudo que pude fazer foi mergulhar de imediato nas perguntas rotineiras que eu vinha fazendo naqueles dias: questões sobre onde, como, o que, a hora certa, os números envolvidos, as casualidades, quantos mortos. Durante aqueles dias meu apartamento em Londres tinha se tornado uma redação improvisada onde, junto com alguns amigos, fazíamos até cinquenta chamadas por dia para homens como Hisham, homens que ou participavam da guerra ou a testemunhavam. Hisham foi surpreendido pela minha rispidez, mas respondeu minhas perguntas com o mesmo tom cortês que usara no começo de nossa conversa.

— Nós os fizemos recuar. Está calmo agora. — Depois de uma pausa, completou: —Mas vão voltar. Fugiram rápido demais. Vão voltar. — Ele parecia sem fôlego; por medo, imaginei, mas então disse: — Preciso ir. As tropas podem voltar a qualquer momento. Antes que voltem, precisamos enterrar os mortos.

— Quantos?
— Vinte e dois.
— Onde estão enterrando essas pessoas?
— Aqui. — Sua voz era a de homem que acabava de perceber que estava encurralado. — Na praça.

★

Depois daquela tarde, liguei para Hisham várias vezes todos os dias, mas só consegui falar com ele mais ou menos uma semana depois. Fiquei aliviado ao encontrá-lo bem. Dessa vez perguntei sobre sua família. Ele disse que todos estavam bem e me fez a mesma pergunta. Subitamente, falávamos como se não houvesse guerra. «Está tendo um bom dia?», ele perguntou.

Lembro de certa vez ouvir um regente dizer que, desde menino, sempre ouvira música em sua cabeça e que só depois de adulto descobriu que isso não acontecia com as outras pessoas. Essa também tem sido minha experiência, mas com palavras e imagens. Na minha conversa com Hisham, eu vi luz do sol numa parede, a mão de uma mulher, sombras de árvores no chão, uma janela fechada com o sol iluminando as partículas pousadas no vidro, e ouvi sons de roupas sendo batidas no quintal, como se alguém se preparasse para estendê-las no varal, e as palavras «juntos», «talvez» e «eu sou».

— Eles abriram as sepulturas e queimaram os corpos — explicou Hisham. Depois começou a falar de um velho no vilarejo, mas parou de repente. — Quer falar com ele? — perguntou.

— Quem desenterrou os corpos?

— Os homens de Kadhafi, claro — disse em um tom levemente ofendido. — Chegaram reforços de ônibus. A situação aqui está muito ruim.

Eu não sabia o que dizer.

— Quer falar com o velho? Tenho o número dele. — Sem esperar por uma resposta, pôs-se a me ditar o número. — Espere dois minutos e ligue. Diga que é meu amigo.

Sem nada saber do velho ou por que Hisham queria que eu telefonasse para ele, conferi meu relógio e exatamente dois minutos depois disquei o número. Uma voz de idoso respondeu de imediato.

— Bem-vindo, meu filho — ele disse. Parecia não ter costume de falar ao telefone.

— Hisham pediu que eu ligasse. Somos amigos.

— Mas o que você pode fazer? Ninguém pode fazer nada.

— O que aconteceu?

— Eu vi pela janela. Eles chegaram com escavadeiras e abriram as sepulturas, uma por uma. Queimaram os corpos e agora todo mundo está com medo de tocá-los. — Então disse: — Mas, Deus seja louvado, meu filho está aqui.

— Ele está seguro?

— Sim. Está no quarto. O ar-condicionado está ligado o tempo todo. — Depois de uma pausa, acrescentou: — Mas está lá há três dias. Estou fazendo o melhor que posso,

O velho e seu filho

mas está começando a feder. Preciso dar um jeito de enterrá-lo logo.

    Quando desliguei, não consegui anotar o relato do velho, nem o compartilhar com as pessoas na sala. Fui até a cozinha e pus água na chaleira. Conferi o ladrilho e fiquei me perguntando se era possível quebrá-lo com o martelo que eu guardava na última gaveta. Eu tinha certeza que o martelo estava lá. Não é algo fora do comum ter um martelo na cozinha, pensei. Talvez o velho também tivesse o seu. Foi o que imaginei: o velho martelando o concreto até alcançar a terra.

A bandeira

Um mês depois, Izzo e Marwan contavam-se entre o pequeno grupo de revolucionários que fez a jornada de 55 quilômetros de Misrata para penetrar Zliten. Há vídeo disso, gravado no celular de Izzo e datado de 12 de julho, que calhava de ser o aniversário de trinta anos de Marwan. A câmera treme. Deparando-se com uma série de degraus de mármore e uma balaustrada de ferro — ornada, copiando alguma escadaria europeia distante —, Izzo para e ajusta o zoom. Por um momento seu dedo pressiona o vidro da lente. A carne do dedo, pressionada, cria um rosa luminoso que me faz lembrar do tempo em que eu, criança, me fechava num armário e pressionava uma lanterna contra a palma da mão, maravilhando-me, com horror e curiosidade, diante da rede misteriosa de veias, os pauzinhos opacos dos ossos. Escutamos o eco de um tiro distante, depois outro. O dedo de Izzo sai do enquadramento e vemos o teto, tracejado por refletores.

— Está filmando? — sussurra Marwan.

— Segure isso — Izzo diz, entregando-lhe a haste de madeira com a bandeira vermelha, preta e verde da revolução.

Por uma fração de segundo vemos o rosto de Marwan, seus olhos. Ele segura a bandeira com uma das mãos; a outra leva a AK-47. «Fique perto de mim», Marwan sussurra, começando a subir a escada, dois degraus por vez. Ele repete: «Fique perto de mim.»

— Ok, vamos lá — diz Izzo, pedindo proteção a Deus.

Em cada andar há uma parede de vidro tingido de marrom. Várias vidraças estão quebradas. O sol passa por elas de forma irregular.

Izzo comenta aos sussurros: «Estamos indo para a cobertura retirar a bandeira do ditador.» Mais uma vez, pede a proteção de Deus.

A haste da bandeira agora cruza as costas de Marwan; a madeira branca e nova fixa-se ao seu cinto, e o tecido vai acima de sua cabeça, pendendo por sobre o ombro direito. Izzo insiste para que o amigo se mantenha vigilante; Mawan segue em frente. Izzo repete a oração. Sob o sol a cobertura parece um disco de metal. Marwan se inclina numa sombra a um canto e dá uma batidinha no piso: «Deixe isso aqui», sussurra, e uma série de hastes similares que Izzo vinha carregando caem ruidosamente sobre o ladrilho.

Antenas de televisão, grandes como orelhas de elefantes, espalham-se pela cobertura, cada uma delas apontando numa direção diferente. Há um tanque de água. Marwan sobe nele por uma velha escada de madeira. Podemos ouvir as dobradiças enferrujadas de uma porta velha abrindo-se, mas Marwan não se preocupa em conferir. Move-se com a confiança impaciente de alguém que não pensou muito sobre o que está fazendo. O tanque é só um pouco mais alto do que ele, e sobre o tanque duas pequenas bandeiras verdes balançam furiosamente ao vento.

— Os trapos do tirano — sussurra Izzo.

Marwan arranca a haste de uma das bandeiras vermelhas e joga no piso.

— Com cuidado — Izzo diz. — Com cuidado, ouviu?

Mas Marwan já está arrancando a segunda haste, da qual ele se desfaz com o mesmo desprezo. Em seguida, pega a nova bandeira. Talvez encorajado pelo amigo, Izzo segue comentando, mas já não aos sussurros. Sua voz soa jovem.

«Deus é grande», ele diz. «Aqui está a bandeira da liberdade, a bandeira da vida.» Ele então observa silenciosamente Marwan amarrar a parte de cima da haste a uma barra de metal em cima do tanque.

Quando o vermelho, o verde e o preto da bandeira começam a balançar ao sol, Marwan grita: «Deus é grande!»; Izzo se junta a ele, acrescentando: «Deus abençoe nosso país!»

O silêncio ansioso retorna enquanto Marwan se esforça para fixar a haste com uma das mãos. Escutamos outros tiros rompendo o silêncio. O vento zune em notas graves contra o microfone.

«Aí está nossa bela bandeira», Izzo diz, baixinho. «A bandeira da vida e da liberdade.» Então, à maneira de um repórter, diz: «Os soldados da liberdade da Líbia oriental hasteiam a primeira bandeira da libertação na cidade de Zliten.»

A bandeira agora está firme, erguendo-se pelo menos dois metros acima do tanque de água. Marwan a confere, depois se afasta.

— Deus te abençoe — Izzo lhe diz.

Um sorriso largo e branco se delineia no rosto de Marwan. Izzo ri baixinho. — Paro de filmar?

— Não, continue — Marwan lhe diz, e os dois descem pelas escadas.

No primeiro andar, Marwan para e chuta uma porta. Os dois atravessam as salas lentamente. A mobília está revirada, as cortinas, arrancadas.

— Viu o que fizeram? — pergunta Izzo.

— Cachorros. Detonaram tudo.

Na parede da sala de jantar há slogans pró-Kadhafi, escritos com batom vermelho. Marwan tenta apagá-los.

— Aqui — Izzo diz e lhe entrega o batom.

— Vamos indo — Marwan diz.

— Não — insiste Izzo. — Temos de escrever «Líbia livre» e «Abaixo Kadhafi».

Quando Marwan começa a escrever, alguém aparece atrás deles e diz: «Onde diabos vocês se meteram? Temos que ir. Agora.»

Marwan pega a câmera, e por um segundo vemos Izzo curvado, escrevendo com o batom. Lembro das costas de nosso avô Hamed nos seus últimos anos.

Eles saem do edifício e agora estão sob o sol forte. Andam depressa. Um dos companheiros, que estava de vigia, grita, cheio de orgulho: — Viram quando eles fugiram?

— Eram quantos? — Izzo pergunta, apressando-se, com uma voz que parece mais velha agora.

— Tinham dois carros.

Marwan pergunta: — Eram muitos?

Na distância, ouvimos Izzo dizer: — Devem estar se escondendo ali.

Marwan aponta a câmera para trás, e podemos ver a bandeira balançando acima do tanque de água. Não há como não ver.

★

Trinta e oito dias depois, trinta e oito dias desde seu trigésimo aniversário, no dia 19 de agosto, numa batalha em Zliten, Marwan foi baleado várias vezes no peito, no pescoço e na cabeça. Izzo correu com ele para o hospital. Poucas horas depois Marwan foi fotografado estendido num saco verde-escuro: a pele está limpa, os olhos, fechados, e os lábios, abertos. Não se pode dizer que aquele rosto tivesse uma expressão; é a ausência de expressão. Um descanso infinito que sempre esteve lá, por trás de todos os rostos ele que teve na vida: o garoto sentado orgulhosamente à janela de um avião, o jovem formando de terno e gravata, o soldado da liberdade de barba e boina vermelha e todas as outras fotografias que a família de Marwan postou na internet. O que me faz pensar que todos nós trazemos conosco, desde a infância, nossa máscara da morte.

Izzo e Marwan tinham feito uma promessa. Se um deles tombasse, o outro enterraria o corpo na cidade onde os dois se conheceram, Misrata. Izzo transportou o corpo de Marwan até lá, depois voltou para Zliten. Seguiu combatendo até que os revolucionários alcançassem Trípoli. No dia 23 de agosto de 2011, eles adentraram a capital. Às portas de Bab al-Azizia, o complexo de Kadhafi, Izzo encontrou seu irmão mais velho, Hamed, que havia se juntado a outra unidade dos revoltosos. Os dois contaram-se entre os primeiros a invadir a fortaleza.

— Tínhamos certeza de que era ali que encontraríamos o tio Jaballa — Hamed me confessou.

Com os demais companheiros, os dois irmãos chegaram à residência de Kadhafi. Estava vazia. Izzo localizou um depósito de armas que deu aos rebeldes acesso a novos lotes de munição. Confiantes, correram para o prédio seguinte. O que não sabiam é que no topo daquele edifício havia um sniper. O atirador disparou uma única bala, que penetrou a testa de Izzo, saindo pelo outro lado da cabeça. Izzo tombou nos ombros de Hamed. Hamed tentou estancar o sangramento. O sniper atirou de novo, ferindo Hamed na perna direita e no pulmão esquerdo. Ainda assim, ele encontrou forças para carregar o irmão para um lugar seguro. Poucas horas depois, às nove da noite, Izzo morreu no hospital. Suas últimas palavras manifestaram o desejo de ser enterrado junto de Marwan. Na manhã seguinte ele encontrou descanso em Misrata.

Tio Mahmoud me ligou para dar a notícia.

— Me dói estar longe dele.

Fiquei tonto. — É terrível — eu disse — terrível.

Mas tio Mahmoud não me ligou apenas para me dar a má notícia. Ele queria que eu falasse com a tia Zaynab.

— Ela está enlouquecendo. Conforte-a, diga que fará tudo o que puder para trazer Hamed para casa.

Hamed estava se recuperando em um hospital em Misrata; tão logo se sentisse bem o suficiente, pretendia retornar a Trípoli e continuar lutando. Tio Mahmoud e tia Zaynab foram tentar convencê-lo a voltar para Ajdabiya. Ele se recusou, ameaçando gritar caso tentassem forçá-lo. Segundo o médico, por conta do pulmão ferido, aquilo o mataria.

Hamed se recuperou e voltou para o front. Só voltou para Ajdabiya depois que Trípoli foi conquistada. Em casa, começou a ter um sonho recorrente. Izzo aparece saudável e feliz. «Onde estou é muito melhor» Izzo diz ao irmão no sonho. Aquilo perturbava Hamed. Quando o visitei, percebi que ele mal dormia. Parecia sempre cansado. Raramente falava. Uma vez lhe perguntei sobre a guerra. Tudo que disse foi: «Você nem imagina.» Numa tarde, sem introduções, ele me listou alguns dos crimes terríveis que o regime de Bashar al-Assad estava cometendo contra o povo sírio. Sua perna não tinha se recuperado completamente. Sentia dores e mancava. Era preciso operar, mas as instalações médicas na Líbia eram precárias. Era preciso ir ao estrangeiro. Poucos meses depois que o encontrei em Ajdabiya, o Ministério da Saúde patrocinou seu tratamento na Turquia. Quando o voo pousou em Istambul, ele não telefonou para casa. O cirurgião que operaria sua perna informou que Hamed não havia aparecido no hospital. Por uma semana ninguém soube do seu paradeiro. Até que Hamed telefonou para o pai.

— Desculpe por não ligar antes. Demorou mais do que o esperado. Mas agora cruzei a fronteira síria. Me juntei à resistência.

Nós todos tentamos de tudo para que ele retornasse. A certa altura consegui contatá-lo pelo celular que ele dera a tio Mahmoud. Não pude conter minha raiva.

— Isso não é resistência — gritei pelo telefone. — É suicídio!

Depois de uma pausa, ele, muito calmamente, me disse:
— Precisamos derrotar esses ditadores.

Poucos dias depois, ele foi ferido. Seus camaradas o transportaram pela fronteira para um hospital na Turquia. Tio Mahmoud e tia Zaynad viajaram para vê-lo. Depois de um longo período de convalescência, Hamed voltou com os pais para Ajdabiya.

★

Entre as fotografias que Amal vem postando, há aquelas tiradas momentos depois da morte de Izzo. Limparam o sangue de seu rosto, e no ponto por onde a bala entrou há um curativo, como se ainda houvesse esperança de recuperação. Os médicos da emergência devem ter usado algum tipo de desinfetante, ou talvez essa seja a cor com que o sangue mancha a pele, pois em torno de sua têmpora direita e da maçã do rosto a pele de Izzo tem um tom amarelado. Lembra a cor do melaço ceroso, quente, que minhas tias cozinhavam — quando crianças, o cheiro de açúcar queimado e flor de laranjeira nos puxava para dentro de casa para provar a calda com o dedo. Assim que esfriava e enrijecia, as mulheres o estragavam, espalhando-o em camadas sobre pernas e braços e puxando-o rapidamente. Perdiam o fôlego de tanta dor, e o som era como o de tecidos se rasgando. Certa ocasião a prima Ibtesam — éramos inseparáveis naquela época — chorou, não só por arruinarem o melaço, mas também antecipando a tortura que a feminilidade prometia.
— Deve ter um jeito mais fácil — ela gritou.
Eu concordei.
Nisso fomos informados categoricamente que aquela era a melhor forma, pois arrancava os fiozinhos pretos desde a raiz. Pediram então que Ibtesam e eu corrêssemos nossos dedos pela pele, «lisa como o mármore», mas também inflamada e como que envernizada em um tom amarelado.

A última luz

Sob o sol do entardecer, paramos do lado de fora da casa do tio Mahmoud e nos despedimos. Prometi voltar em poucos dias. Eu temia que me tomassem por um nadador tímido que mergulha no rio, mas logo se retira. A culpa é a eterna companheira do exilado. Macula todas as partidas. A desculpa — pois deve sempre haver uma desculpa — é que eu tinha a obrigação de visitar outros parentes em Bengasi. Partimos.

A última luz alongava-se, ainda clara como a casca de uma laranja madura. O inverno havia sido excepcionalmente chuvoso. A primavera era das mais frondosas, o que foi tido como sinal de um futuro melhor por vir. Uma vegetação cobria tenuemente o solo do deserto em ambos os lados da estrada. Pedacinhos de plástico colorido se agarravam a ela, o lixo enrolando-se às cercas e postes. Desde a guerra, praticamente não existia coleta de lixo. Só mais adiante, na estrada aberta, a terra sacudia todos os detritos e se mostrava como todas as paisagens despovoadas da Líbia: uma testemunha silenciosa e limpa. As árvores, espalhadas esporadicamente pelo deserto, inclinavam-se na direção do vento, mantendo distância entre si. Pareciam frágeis e débeis na imensidão, tal como eu as via na minha infância quando meu pai nos levava de carro de Trípoli para visitar sua família em Ajdabiya. A viagem de doze horas, que ao fim nos deixava cansados e rígidos, parecia parte de um tortuoso esforço cujo objetivo era tornar o mundo monocromático. Como me parecia sem cor a paisagem! E agora, por mais que eu evite reprovar um lugar que meu pai amava, também aprecio a familiaridade desse velho anseio infantil pelas cores e pelas distrações da capital e do mar. Como é estranho apreciar uma saudade hoje suplantada por outros lugares e pela frágil vida que construí para mim mesmo a quase 3 mil quilômetros ao norte, numa terra onde nenhuma das palavras que cresci ouvindo são ditas, onde meu avô, caso estivesse vivo, não conseguiria ler uma só palavra do que escrevi, e onde as cores contradizem, quase deliberadamente, aquelas do sul do Mediterrâneo. E, embora com o tempo eu tenha me acostumado afetuosamente à paleta de cores do clima de Londres — chegando mesmo a apreciar sua beleza severa —, suas cores permaneceram para mim tão antinaturais quanto a película invisível posta nas janelas para conter a luz. No carro, afastando-se de Ajdabiya rumo a Bengasi e sua costa, percebi que, por todos aqueles anos, eu vinha carregando comigo a criança que fui, sua linguagem e detalhes particulares, seus dentes sedentos e impacientes desejando cavar a polpa fresca de uma melancia, o menino que acordava com apenas um pensamento na cabeça: «E o mar, como estará hoje? Uniforme como o óleo ou branco e revolto com a espuma das ondas?»

*

Quando chegamos a Bengasi encontrei meu primo Marwan al-Tashani esperando-me no hotel. Estava sentado em uma das mesas redondas da cafeteria, curvado sobre o laptop, uma xícara de café vazia a seu lado e um cigarro ardendo entre os dedos. Andava empolgado com a resposta positiva que sua ONG jurídica vinha recebendo de advogados e juízes de todo o país. Encorajamento e apoio vinham também de colegas na Tunísia, Egito e Marrocos. A revolução havia transformado Marwan. Promotor famoso pela incapacidade de acordar antes do meio-dia, Marwan tornou-se um dos ativistas mais energéticos e articulados, lutando em prol dos direitos humanos e da importância e inviolabilidade das instituições de direito. Na revolução ele viu uma oportunidade para livrar os tribunais da interferência política. Também queria proteger o devido processo legal do fervor revolucionário.

— O que acha? — perguntou sob o ruído da televisão que pendia sobre nossas cabeças, fixada à parede.

Era o logotipo que tinha acabado de receber do designer. A imagem exibia a linha sinuosa da costa mediterrânea na Líbia e, pairando acima dela, balanças gigantes. Embaixo liam-se as palavras: ORGANIZAÇÃO DOS JUÍZES DA LÍBIA, escritas em uma fonte moderna simples.

Quando criança, Marwan gostava de impressionar as pessoas. Lembro dele como uma criança sensível, não raro tentando prever as opiniões dos outros. Sou um ano mais velho, e isso, quando tínhamos sete ou oito, parecia uma eternidade. Só nos reencontramos em 1992, quando eu tinha vinte e dois e Marwan, vinte e um. Meu irmão, Ziad, apenas quatro anos mais velho, ia se casar. A data coincidiu com melhorias nas relações entre o Egito e a Líbia. O ditador líbio tinha suspenso as restrições de viagens ao Egito, o que permitiu que Marwan e vários outros parentes comparecessem ao casamento no Cairo. Fazia treze anos que eu não via meus parentes e dois anos desde que perdemos nosso pai. Não contei à mamãe o horário de chegada do meu voo. Não queria que ninguém fosse me buscar. Eu precisava me recompor no trajeto de táxi. Na porta do nosso apartamento parei e, antes de tocar a campainha, escutei as vozes familiares dos meus parentes, todos crescidos, mas a criança em cada um deles ainda era perceptível. Baixei os olhos e olhei para os meus próprios sapatos — sapatos de gente grande. Não pareciam me pertencer.

Durante aqueles dias em torno do casamento de Ziad, todos voltamos a ser uma família de novo. O passado, como um membro amputado, tentava se fixar ao corpo do presente. Diferentemente da minha família paterna, minhas tias e primos maternos não paravam de se buscar e se tocar, como se algum deles pudesse desaparecer subitamente. Ao contrário da austeridade de Ajdabiya, onde desconfiam do bate-papo desimportante, a paisagem da minha mãe, as Montanhas Verdes, é repleta de vegetação e conversa. Lembro como, nas nossas viagens até lá, a paisagem vívida gradualmente se impunha, com a terra se elevando. Montanhas subitamente nos encerravam. Olhando para baixo, eu avistava ocasionalmente um riacho ou uma cachoeira. Por fim, a estrada sinuosa nos entregava ao mar aberto. Nessa região, a luz e a sombra não eram bem definidas como em Ajdabiya, antes movimentavam-se de acordo com as folhas e a brisa. As conversas aqui, pelo menos no seio da minha família materna, refletiam essa variedade. Tinham um talento especial para a fofoca, uma boa memória para canções, deliciavam-se com uma conversa e sabiam como desfrutar do tempo. Por tudo isso era difícil ir embora do Cairo e deixá-los.

No voo de volta para Londres depois do casamento, tentei ficar acordado. Viajei pela KLM, parando brevemente em Amsterdã antes de seguirmos para Londres. O avião ia repleto de famílias holandesas. Mas, mesmo com meus olhos bem abertos, continuei convencido de que todos falavam árabe e num sotaque mais autenticamente líbio do que o meu. Senti as sombras das mãos das minhas tias e primos, ora pegando-me pelo pulso, ora afagando-me o ombro, alisando meu cabelo, depois um toque suave roçando meu tornozelo. Eu tinha vinte e dois anos, e meu pequeno apartamento em

Londres estava abarrotado de velhas perguntas, mais severas do que nunca.

No começo dos anos 1990, depois que a fronteira foi aberta, ninguém visitava mamãe no Cairo com mais frequência do que Marwan. Muitas vezes o encontrei por lá nos feriados. Uma distância crescera entre nós, e não apenas por conta do tempo separados. Como meus demais primos, Marwan havia sofrido as restrições e as interferências da Líbia de Kadhafi. Testemunhara a militarização das escolas: quando menino, tinha de comparecer de uniforme militar e rastejar no chão com um rifle antes das aulas da manhã. Viu livros, filmes e discos serem banidos, o fechamento de teatros e cinemas, a proibição ao futebol e todas as outras iniciativas pelas quais o regime, como um amante ciumento enlouquecido, infiltrava-se em cada aspecto da vida pública e privada. Meu primo tinha um certo ar de intranquilidade, fortificado tanto pelo orgulho quanto pela ansiedade.

Durante o jantar em nossa casa, se alguém criticasse o ditador, Marwan guardava silêncio ou se retirava. Eu entendia por quê. Todos conhecíamos pessoas que tinham sido presas só por estarem presentes em ocasiões em que a ditadura havia sido criticada. No entanto, aquilo criava uma névoa entre nós. Eu queria que ele condenasse o regime. Sempre que meus olhos caíam no retrato do meu pai na sala de jantar, meu coração ficava pequeno e duro. Eu era um jovem cheio de raiva. Pisávamos em ovos, esforçando-nos ao máximo para não confrontar as formas pelas quais a realidade política penetrava intimidades, corrompendo tudo com anseios e acusações não ditas.

Em janeiro de 2011, quando a ditadura líbia tentava prevenir sublevações como as vistas na Tunísia e no Egito, o regime não apenas libertou presos políticos, como meus tios e primos, como prometeu empréstimos sem juros para jovens e um aumento dramático nas bolsas de estudo no estrangeiro para estudantes universitários. Ao mesmo tempo, intensificavam-se as repressões violentas a jornalistas e ativistas de direitos humanos. Fathi Terbil, advogado que defendera parentes de mais de mil presos políticos mortos na prisão de Abu Salim, foi preso. Foi em resposta a isso que, na noite de 15 de fevereiro de 2011, dois dias antes da data acertada para o começo da revolução líbia, Marwan, junto com quase uma dúzia de juízes e advogados, articulou um protesto que mesmo o seu grupo, à época, encarou como mero gesto simbólico. Eles fincaram pé nas escadarias do Tribunal de Bengasi, onde, muitos anos antes, o pai de Marwan, Sidi Ahmed, havia sido juiz e por cujos corredores Marwan, seu irmão Nafa e eu costumávamos correr, excitados pela necessidade de fazer silêncio, tomando cuidado para que a bola de tênis que lançávamos de uma ponta a outra não batesse em nenhuma das portas fechadas. Telefonei para Marwan naquela noite, enquanto ele fazia seu protesto junto a seus colegas nas escadarias do tribunal, na brisa fria do inverno, com o mar, invisível à noite, murmurando ao fundo.

— Consegue ouvir? — ele perguntou, e eu o imaginei erguendo o telefone na direção da massa de água escura.

— Todo bom tribunal tinha de ser de frente para o mar — eu disse.

— Exatamente! — Ele ria. — Assim não tem para onde fugir.

Na noite seguinte, 16 de fevereiro, Marwan e seus colegas retomaram seus lugares em frente ao tribunal.

— Era como escalar um despenhadeiro — ele contou. — Deu mais medo do que na primeira noite. Tínhamos ouvido falar sobre o que fizeram com os manifestantes em Al-Bayda e outros lugares.

Naquela noite, os advogados e juízes esperavam alguma repressão. Em vez disso, o que emergiu das ruas escuras do entorno foram os familiares dos mortos, aqueles cujas defesas

Fathi Terbil havia assumido. Centenas de pessoas compareceram, e no dia seguinte eram milhares. No dia 17 de fevereiro, data que empresta o nome à revolução, as autoridades atacaram, matando vários manifestantes. Em vez de amedrontar as pessoas, o efeito foi o oposto. Telefonei para Marwan. Sua voz fazia parecer que ele andava discutindo. Sua esposa vinha tentando convencê-lo a ficar em casa.

— Ela disse «Você não pensa na sua filha?», e eu disse que era exatamente por conta do futuro das minhas filhas que eu não vou ficar em casa.

As revoluções têm seu ritmo, e uma vez que você se junta ao fluxo é muito difícil escapar da correnteza. Revoluções não são portões sólidos por onde as nações passam, mas uma força comparável a uma tempestade que arrasta tudo em seu caminho. Um dos personagens mais comoventes de Turgueniev não está nos seus romances mais famosos. Alexei Dmitrievich Nezhdanov, herói de *Solo Virgem*, último romance do autor, é filho ilegítimo de um aristocrata. É um jovem preso entre dois poderosos impulsos: uma sensibilidade romântica que o torna incapaz de certezas absolutas e um coração revolucionário que anseia por essa certeza. Essas forças opostas de sua natureza, no fim, o destroem. Nezhdanov sempre me interessou, e agora me parecia que Marwan e eu e quase todas as pessoas que conhecíamos estávamos enfrentando o mesmo dilema.

*

Marwan me levou para conhecer o autor e editor Ahmed al-Faitouri. Nos primeiros dias da revolução, Ahmed conseguira meu número com um conhecido em comum e me telefonou em Londres. Ele pretendia resgatar o *Al-Haqiqah*, jornal que Kadhafi fechou ainda no começo dos anos 1970. Para escritores da geração de Ahmed, nascidos nos anos 1950 e 1960, *Al-Haqiqah* era uma fonte valiosa de jornalismo independente e elevado discurso literário. Quando não conseguiu os direitos do nome com a editora, optou por *Al-Mayadin*. O nome significa «praças». Queria chamar o jornal assim, pois, como me explicou pelo telefone, «as revoluções, na Tunísia, no Egito e aqui, todas se deflagraram em praças públicas». A missão do *Al-Mayadin* era «documentar a revolução de 17 de fevereiro nos níveis político, econômico, social, cultural e jurídico». Tratava-se, claro, de um homem de imensa energia e capacidade, pois, no meio dos embates e da instabilidade da época, ele conseguiu trazer a primeira edição à luz três meses depois do início da revolução, quando o regime ainda não havia caído. E não estava sozinho. O jornalismo líbio, essa instituição frágil e sofrida, vinha experimentando um renascimento. Por quatro décadas sob a ditadura de Kadhafi, jornalistas foram censurados, encarcerados e, por vezes, mortos. Em poucos meses depois da sublevação, a Líbia, que até então produzia um punhado de periódicos administrados pelo governo, alcançou a marca de duzentos jornais, revistas e panfletos. Já sem espaço, os jornaleiros começaram a estender os periódicos nas calçadas em frente a suas bancas. A maioria das publicações era trabalho de amadores, mas expressava o apetite do país por uma imprensa livre e plural. Folheando esse material, sentia-se a urgência não apenas de monitorar o presente, mas também de engajar-se com o passado, publicando relatos e testemunhos pessoais sobre a vida sob a ditadura. Quando Ahmed al-Faitouri me telefonou em 2011, ele não o fez apenas para me contar de seu sonho, «um sonho que, até aqui, era um pecado», mas para me persuadir a escrever para o *Al-Mayadin*, «sobre qualquer assunto: política, literatura, arte, qualquer coisa». Não foi difícil me convencer. Até então, meus livros e meu jornalismo estavam banidos na Líbia. Lembro vividamente do dia em que descobri que as autoridades haviam censurado meu trabalho e até proibido os editores de publicarem meu nome. Foi em julho de 2006, um mês depois da publicação do meu primeiro romance. Eu tinha acabado de fazer uma leitura no Poetry Café na Betterton Street, em Covent Garden, e, para acalmar os nervos, fui fumar um cigarro do lado de fora. Um homem veio atrás de mim. Era um jornalista líbio que vivia em Londres. Trabalhava como freelancer para muitas das principais publicações e vinha planejando escrever uma resenha sobre o meu romance. Quando mencionou a ideia ao seu editor em Trípoli, o editor respondeu: «Por favor, nada sobre Hisham Matar. Temos ordens diretas.» Mas a essa altura meu livro já havia sido contrabandeado. Fotocópias circulavam pelo país. Meus artigos também eram traduzidos, muitas vezes sem meu conhecimento, e postados na internet.

— Fora algumas pessoas do meio literário, ninguém conhece você aqui. — Marwan disse, levando-me para a casa de Ahmed. — Decidi me tornar seu agente na Líbia. — Ele vinha telefonando para jornalistas, informando-os sobre o meu retorno.

— Estou aqui para ver minha família. Não quero dar entrevistas.

— Problema seu — ele disse, o volante competindo com um cigarro numa das mãos e um celular na outra.

A rua, ladeada de árvores, era estreita e calma. A maior parte das casas ali era projetada no estilo italiano de inícios do século XX: estruturas simétricas, simples, de um andar. Só ocasionalmente se permitia um detalhe clássico ornamental: um friso envernizado ou um modilhão floreado soerguendo uma cornija. Acima da porta da casa de Ahmed, víamos um triângulo esmaecido de um frontão pintado. Passando da entrada larga, modesta e pavimentada, a casa era composta de dois flats idênticos. Ahmed e a esposa viviam num deles; o outro era dedicado à redação do jornal e, à noite, a reuniões literárias. «Nos anos 1920 e 1930», contou Ahmed, apresentando-nos o lugar, «a casa serviu de residência para o chefe do partido italiano fascista em Bengasi.»

Sentamos na redação. As paredes estavam tomadas por livros. Um retrato de Ahmed Rafiq al-Mahdawi repousava numa das prateleiras: jovem e determinado, parecia menos o poeta nacional que ele foi e mais um autor indeciso. Sob a ocupação italiana, al-Mahdawi foi obrigado a fugir para a Turquia. Depois da independência, retornou e foi indicado para o Senado pelo rei Idris, tornando-se o centro da vida literária e cultural do país. Dizia-se que, à tarde, ele sempre podia ser encontrado no Arrudi Café de Bengasi, que à época ficava numa esquina da Praça Baladiya, no coração da cidade. Jovens escritores, artistas e intelectuais do período — figuras como Mohammad Faraj Hemmi, acadêmico e advogado esquerdista que foi mais tarde preso por Kadhafi, morrendo sob tortura em 1981, e Basili Shafik Khouzam, autor que mais tarde relataria a vida em Bengasi numa série de romances e contos escritos em italiano sob o pseudônimo de Alessandro Spina — frequentavam o Arrudi, atraídos pela mesa de al--Mahdawi. Alguns dos nomes que encontrei nas prateleiras de Ahmed eram William Faulkner e Ernest Hemingway, Italo Calvino e Alberto Camus, Milan Kundera e Mario Vargas Llosa.

— As coisas agora podem acontecer, finalmente — disse Ahmed ao me ver observando sua prateleira. — Com certeza você encontrará lacunas. Mas você não imagina as acrobacias que tivemos de fazer para conseguir esses livros. E, quando conseguimos, a notícia corre solta, e os amigos vêm pedi-los emprestado. Tentamos construir uma biblioteca, mas nem os censores nem nossos amigos deixam! — ele disse, rindo.

Perguntei se ele temia que as autoridades descobrissem seus livros antes da revolução.

— Não, a decisão de banir certos livros nunca foi uma decisão apaixonada; antes fosse. Era pura indiferença e despeito. Uma espécie de reflexo natural.

O problema não era apenas os censores, Ahmed explicou; os repetidos ataques do regime contra as livrarias — confiscando estoques e fechando algumas — tornava muito difícil encontrar livros na Líbia, mesmo os que os censores permitiam. Eu sabia disso porque o editor e livreiro mais antigo e famoso da Líbia, Al-Fergiani, precisou transferir seu escritório para Londres.

Ahmed fumava sem parar, o que me preocupava, pois, sempre que ria, o que era frequente, seu rosto se enchia de sangue, e ele perdia o fôlego. Eu o alertei. Sua disposição era alegre, e, apesar da conclusão de que «a Líbia havia aperfeiçoado a arte do desprezo aos livros», ele próprio era um otimista e um defensor incansável da literatura e da vida da mente. Ser um artista líbio na Líbia era heroico. O país, sua política e dogmas sociais abafam todos os instintos artísticos. A perseverança de homens como Ahmed é impressionante. Em 1978, quando tinha vinte e poucos anos, ele contava-se entre o grande grupo de autores que foram encarcerados. O regime havia preparado uma armadilha: convidara jovens talentos literários para participar de um festival, aproveitando a ocasião para prender todos eles. Como a maioria dos integrantes do grupo, Ahmed passou dez anos no cárcere.

— Kadhafi pensava que, com isso, me atacava. Mas o que fez foi me dar uma dúzia de amigos escritores. Eu agora tenho casa em todas as vilas e cidades do país.

Depois de um silêncio, ele disse: — Tudo está pronto para o seu evento. Vai acontecer em dois dias.

— Mas não é possível. Não quero fazer nenhum evento. Estou aqui para visitar minha família.

— É sua família que quer que você faça o evento — intercedeu Marwan, rindo.

— Por que não fazemos algo aqui, algo pequeno, com outros escritores? — sugeri.

— Já imprimimos os cartazes. — Ahmed explicou. — O auditório da biblioteca já foi reservado.

Marwan achou aquilo tudo hilário. «Você não tem saída», ele disse, enquanto nos afastávamos da casa de Ahmed. Depois, cheio de orgulho, acrescentou: «Nada acontece por aqui. Mas, quando acontece, acontece na velocidade da luz. Dá para mudar o mundo em um só dia. Pode ser que esse dia demore quarenta e dois anos, mas quando ele chega...»

Bengasi

No dia seguinte encontrei mais parentes. É estranho estar com pessoas de quem nos lembramos apenas vagamente. No momento menos esperado, eu, de súbito, reconhecia a forma de um pescoço, uma expressão no olhar, certa entonação na voz. Alguém me contava uma anedota, e lá pela metade eu me dava conta de que já ouvira aquilo antes. Era como se o desenvolvimento de todos os outros tivesse sido linear, progredindo naturalmente em um ambiente conhecido, de forma que todos tinham permanecido conectados ao ponto de partida original, mesmo que a contragosto ou cheios de discordâncias. Por vezes eu experimentava uma espécie de vertigem da distância, estado no qual não apenas o solo se tornava instável, mas também o tempo e o espaço. Os únicos indivíduos que conheci que pareciam afligidos por uma condição semelhante eram ex-prisioneiros:

> Eu jamais seria parte de nada. Jamais pertenceria de verdade a lugar algum, e eu sabia disso, e toda a minha vida seria sempre a mesma coisa, sempre tentando pertencer, e fracassando. Algo sempre daria errado. Sou uma estrangeira e sempre serei, e, no fim das contas, eu não me importava.

Quando li pela primeira vez essas linhas de Jean Rhys, pensei, é isso, mas logo lamentei a conexão que senti. Por isso retornar àquela pré-vida era como topar com o seu reflexo em um lugar público. Nossa primeira reação, antes de perceber que é apenas o nosso reflexo, é de suspeita. Vacilamos, mas logo restabelecemos nosso equilíbrio. Entendo agora que minhas caminhadas, fossem para passar o tempo ou melhor conhecer a cidade estrangeira, ou ditadas pela pressa — para colocar uma carta no correio, pegar um trem ou quando atrasado para uma reunião —, todas se davam sob a vaga suspeita de que eu poderia de alguma forma me deparar comigo mesmo, quer dizer: com meu outro eu, o eu que vive harmoniosamente em seu entorno, que existe, como um capítulo num livro, no lugar certo, não arrancado e esquecido, tendo que dar sentido a tudo sozinho.

Todas as ferramentas que eu tinha para me conectar com o meu país pertenciam ao passado. A raiva, como um rio envenenado, corria por minha vida desde que deixamos a Líbia. Penetrou minha anatomia, minhas minúcias. Era o luto enquanto vírus. Mas agora eu podia ver os muros, tão antigos que eu nunca me apercebera deles, entre mim e todas as outras pessoas que conheci na vida, todos os livros e quadros e sinfonias e obras de arte que me impactaram e que agora me pareciam, subitamente, impermanentes. Essa libertação me assustava — afinal, até ali, como homem, eu me sentia bem encaminhado. Vagueei pelas ruas de Bengasi. A cidade nunca se entusiasmou com o regime de Kadhafi— e pagou o preço. A negligência aqui tinha um ar de punição. Deixei o cais e me meti pelo labirinto do centro velho, pela rua Omar al-Mukhtar, sob a sombra de sua colunata, dobrando em vias estreitas que conduziam a becos sem saída e praças silenciosas onde, eu imaginava, mesmo com as janelas abertas ao meio-dia era possível sentir-se tranquilo o suficiente para trabalhar. A todo tempo eu remoía a possibilidade, nova, de fazer dessa cidade meu lar. A ideia me empolgava, mas eu também resistia a ela. Talvez minha escolha de entrar na Líbia por Bengasi — era um pensamento que me ocorria agora — não tivesse sido tão acidental quanto supus. Embora tivéssemos vivido em Trípoli e minha mãe fosse de Derna e meu pai de Ajdabiya, Bengasi, pelo menos hoje, parecia ser a minha cidade. Encontrei-me com Diana no Café Vittoria, perto da água. Era nossa oportunidade de estar longe dos demais e muito nos agradava. Em segredo, comecei a nos imaginar transportando nossos livros, nossos quadros e discos, depositando tudo dentro de um contêiner rumo àquela cidade à beira-mar, uma cidade feita para que as coisas cheguem a ela.

O centro de Bengasi corre em formato de L ao longo da costa. O trecho mais longo volta-se para o norte. Os nativos chamam esse ponto de Passeio Arábico. Com bom vento, chega-se a Creta em um dia. A torre quadrada do farol é peculiarmente recuada, como se tivesse receio do mar — ou talvez não receio, pelo contrário: acena à distância, desafiando o Mediterrâneo a aproximar-se. Espalhados pelo entorno, vestígios de antigas cidades enterradas: um muro grego datado de 2.300 anos atrás, ruínas de um povoado romano, uma igreja bizantina; se conduzissem escavações, tenho certeza de que encontrariam pistas de ocupação fenícia. Aqui a cidade viva começa, as casas e mercados da cidade árabe medieval, junto com os acréscimos otomanos. Mas o que predomina é o presente: blocos de concreto de poucos andares, com suas antenas e parabólicas. Bengasi, mais do que a maioria das outras cidades, é um espaço contestado, uma cidade em progresso, aberta à interpretação. Poucos meses depois, a energia que agora se expressava em esperança e otimismo infinitos se voltaria sombriamente contra si mesma, buscando expressão no sangue e na carnificina.

O Café Vittoria fica do outro lado do L, que os mais antigos costumavam chamar de Lungomare — «orla», em italiano — e que agora todos chamam de Passeio Italiano. O café ocupa o ponto onde Mussolini desembarcou. Para que os olhos do Duce não se ofendessem, fez-se de tudo para apagar qualquer sinal de que aquela fosse uma cidade árabe e muçulmana. Nenhum minarete, casa, colunata ou domo otomano ou arábico podia ser visto por aquele ângulo. Era um grande feito de camuflagem arquitetural. De fato, os edifícios neoclássicos que se enfileiram à orla são tão básicos que quase podiam ser parte de um cenário cenográfico, ainda que velho e decrépito. Pontuando esse disfarce italiano temos a Catedral de Bengasi, uma das maiores igrejas católicas no norte da África. Paira à beira da água, como se buscando informação sobre como chegar a certo endereço. Seus domos gêmeos não exibem cruzes.

No dia 7 de abril de 1977, como resposta às demandas da União Estudantil, que buscava proteger o meio acadêmico da crescente interferência política, dois estudantes, Omar Ali Dabboub e Mohammad bin Saud, foram enforcados nos jardins da catedral. No dia 7 de abril de 1992, quando eu era estudante de arquitetura em Londres, mais por tédio e curiosidade do que por um desejo consciente de marcar o décimo quinto aniversário do acontecimento, passei algumas horas na biblioteca estudando a vida do arquiteto que projetou a catedral. Guido Ferrazza, como vim a descobrir, tinha tido uma vida aventurosa. Nasceu bem longe de Bengasi, em Bocenago, pequeno vilarejo alpino perto de Trento. Não muito depois daquela tarde na biblioteca universitária, encontrei-me vagando pelas ruas de Bocenago. Na época da minha visita, a população local mal passava de trezentas pessoas. Em 1887, ano em que Guido Ferrazza nasceu, o vilarejo tinha o dobro do tamanho. Montanhas erguiam-se no entorno. A neve, as rochas e a vegetação faziam o céu parecer estranhamente imenso e próximo. O sol tinha saído, e a luz não parecia tanto incidir sobre o vale quanto derramar-se como um líquido e enchê-lo. Enquanto caminhava pelas ruas do vilarejo, todas as construções pareciam vazias. Daqui, Ferrazza foi para a universidade em Milão. Era um homem que padecia de certa inquietude. Graduando-se, foi para a Bulgária, onde pesquisou trabalhos sobre a Catedral de Alexandre Nevsky, em Sofia, seguindo, então, para as distantes Cingapura e Bangkok, onde trabalhou na residência real. Projetou e coordenou inúmeras construções na América do Sul e parece que pensou em se estabelecer por lá. Trabalhou no parlamento de Montevideo, estrutura monumental projetada por Vittorio Meano. Imagino que Ferrazza viu em Vittorio Meano um modelo. Vittorio pertencia à geração anterior, também vinha de uma pequena vila no norte da Itália, e agora desenvolvia uma carreira de sucesso como arquiteto na Argentina. Ao concluir o trabalho em Montevideo, Ferrazza retornou com seu mentor para Buenos Aires. Mas uma grande infelicidade aguardava Vittorio Meano. Ao chegar em casa, encontrou a esposa na cama com outro homem. Testemunhas ouviram um disparo, seguido pela voz do arquiteto, que gritava: «Eles me mataram!» Pouco depois disso, Ferrazza retornou para a Itália.

Em 1927, quando Ferrazza tinha quarenta anos, Attilio Teruzzi, então governador da Cirenaica, convidou-o a preparar um novo plano urbanístico para Bengasi. Teruzzi não era um burocrata indiferente; em 1922, como um dos comandantes dos Camisas Negras, tomou parte na Marcha sobre Roma dos fascistas. A Líbia deu a Ferrazza uma oportunidade de ouro para implementar suas ideias, lançando-o como grande arquiteto no mundo colonial. Sob sua supervisão, Bengasi se tornaria uma nova cidade italiana. Ferrazza mudou-se para lá e começou a trabalhar imediatamente, com grande êxito. O projeto o mantinha tão ocupado que, dois anos depois, quando convidado a apresentar projetos para a capital, Trípoli, ele aceitou, mas delegou a nova comissão para os seus sócios. Em 1935, ele se muda para a Eritrea, onde é nomeado arquiteto-chefe de Asmara. Mais tarde, projetaria os distritos inteiros de Harrar e Addis Ababa.

Mas em Bengasi, ou Bengasi Italiana, como a chamavam os residentes italianos da cidade — que, à época de Ferrazza, representavam um terço da população —, uma expressão arquitetônica única havia ocorrido. Enquanto a arquitetura colonial em Trípoli é sóbria e decididamente neoclássica — há ruas em Trípoli que bem poderiam estar na Itália —, em Bengasi, pode-se sempre ver camadas e cruzamentos. Esse coquetel de influências — dos árabes, dos otomanos, dos italianos e do modernismo europeu — combina com a natureza relaxada, eclética e rebelde da cidade. Mas há algo mais, um material que não pertence a nenhuma outra cultura ou período. É atemporal e próprio de Bengasi. É talvez o material arquitetônico mais importante que há, mais importante do que a pedra: a luz. A luz de Bengasi é um material em si. Quase se pode sentir seu peso, o modo como cai e envolve seu tema.

Mesmo dessa distância no tempo, depois de toda a negligência e do planejamento precário que se seguiram, posso captar a empolgação que homens como Ferrazza devem ter sentido aqui: o otimismo superior, a um só tempo inconsequente e equivocado, que pulsava nele e em seus contemporâneos milaneses caminhando para lá e para cá pela orla de Bengasi, transformando a África, como diz um coronel italiano de um dos romances de Alessandro Spina, «num bordel oferecido a jovens rapazes para que desafoguem todo o espectro de suas emoções humanas, heroicas, sádicas e estéticas».

Em julho de 1943, com a Itália devastada pela guerra, Ferrazza demonstrou grande instinto de preservação e mudou-se para a Inglaterra. Lá, juntou-se à resistência exilada. Foi assim que, em 1945, enquanto o regime facista se desintegrava completamente e Attilio Teruzzi — o homem que primeiro levou Ferrazza para Bengasi — se via obrigado a fugir para o sul, temendo a resistência italiana —, Ferrazza pôde desfrutar de um retorno honroso ao seu país. Pelos próximos quatro anos, participou de inúmeros comitês dedicados à reconstrução no pós-guerra. Na primavera de 1949, tomado de um súbito anseio por aventura, ou talvez por desejo de emular seu infeliz mentor, Vittorio Meano, Ferrazza decidiu imigrar para a Argentina. Não está claro por que, dois anos depois, ele retorna a Milão. Vive uma aposentadoria tranquila até que, no dia 1º de fevereiro de 1961, talvez pela nostalgia que na velhice parece inescapável, Guido Ferrazza embarcou num trem para Bocenago, sua cidade natal nos Alpes. O comboio descarrilou e colidiu nas redondezas de Milão. Ele tinha setenta e quatro anos.

Sentado com Diana no Café Vittoria, onde tínhamos uma boa vista da orla, da extensão do passeio e da catedral, tentei imaginar o rosto de Guido Ferrazza. Por mais que tentasse, não encontrei uma fotografia sua na biblioteca da universidade. Talvez minha velha hipótese que via conexões entre as fachadas dos edifícios e os rostos de seus arquitetos não fosse totalmente ridícula. A julgar pela simetria excessivamente circunspecta da Catedral de Bengasi, eu imaginava um rosto marcado por uma expressão parecida, uma expressão de confiança incerta, assombrada pela história, um rosto largo e esquisito, fazendo de tudo para não se perder demais em introspecção, espreitando a distância com olhos inquisitivos e algo cautelosos.

Bebemos nosso café e falamos sobre viver aqui durante parte do ano. A luz aos poucos se retirava do céu. O mar estava calmo, mas não imóvel. Sua superfície era mapeada por correntezas seguindo diferentes direções, tão tênues quanto as marcas do sono na pele. Era como se eu não estivesse observando aquelas coisas, mas lembrando, como se Diana e eu já tivéssemos vivido ali e agora voltássemos com o mesmo espírito com que visitávamos as cidades onde já havíamos vivido, parando juntos em frente a um edifício que costumávamos chamar de nossa casa, com aquela curiosa sensação que se sente quando as mudanças em nós mesmos se justapõem à constância de uma geografia familiar. No fundo desses pensamentos, eu podia detectar um eco de um velho poder: aquela convicção da minha infância de que o mar da Líbia era uma porta aberta e que esse apetite por uma intimidade verdadeira com a natureza, que se tornara menos consistente ao longo dos anos, me retornava agora, desimpedido, renovado. Não me refiro a um desejo casual de viajar, à curiosidade do turista por lugares, monumentos, idiomas e novos rostos, mas uma convicção precisa e descomplicada de que o mundo estava disponível para mim. Mas não era algo estranho de pensar, justo agora que eu estava, finalmente, em casa? Ou será que estar em casa era precisamente isto: o lar como um lugar onde o mundo inteiro parece, subitamente, possível?

★

Na manhã seguinte, Maher Bushrayda, primo com quem eu não falava desde que deixei a Líbia ainda criança, veio nos visitar. Maher é uma geração mais velho do que eu, e só lembro vagamente de suas visitas à nossa casa em Trípoli. Nessa época ele parecia interessante e misterioso, provavelmente por ser membro da União Estudantil da Universidade de Bengasi. Participou do protesto em 1976. Um ano depois, quando Omar Ali Dabboub e Mohammad bin Saud, amigos próximos seus, foram enforcados, Maher, junto com vários outros estudantes, foi preso, permanecendo no cárcere de 1977 a 1986. Foi o primeiro da nossa família a enfrentar as consequências de criticar a ditadura, e isso, nos anos depois de nossa partida da Líbia, na minha mente adolescente ingênua, lhe emprestava uma aura romântica. Nós havíamos nos conhecido um dia antes, em uma grande reunião de família, e marcamos um momento para uma conversa em particular. Bebemos um café no meu hotel. Ele confirmou o que havia me dito, que havia se juntado ao novo serviço secreto, o qual, em suas palavras, «sofria para preencher as lacunas».

Suas duas principais preocupações eram «a segurança e os oportunistas», os grupos armados em busca de poder.

— E os islâmicos?

— Não vão conseguir. — Maher contou de um rapper tunisiano que, ameaçado por um grupo islâmico, se viu forçado a cancelar uma apresentação. — Essas pessoas querem um país sem arte, sem conferências, sem cinemas. Um buraco vazio.

— Conseguiram isso na Tunísia.

— Sim, mas é um caminho sem futuro.

Por fim, a conversa se voltou ao propósito principal do nosso encontro: como, em sua nova posição, ele poderia me ajudar a descobrir o que aconteceu com meu pai. Maher tinha arregaçado as mangas, descansando os cotovelos sobre a mesa. Ele deu um beliscão no próprio braço e falou, baixinho:

— Tio Jaballa está na minha pele. Eu era muito próximo dele. Você era novo, talvez não se lembre. — Depois, seguiu por um caminho que já não deveria me surpreender, quando, por meio de um discurso velado, esperam que eu compreenda o óbvio: que meu pai está morto.

— Eu não tenho dúvidas disso — menti. — O que queremos descobrir é como e quando aconteceu, onde o corpo pode estar.

Nesse momento aconteceu uma coisa estranha, algo que nunca ocorrera antes. Senti a presença do meu pai, logo atrás do meu ombro direito, chamando-me. E eu intuía o que ele pretendia dizer; de alguma forma eu sabia o estava na ponta da sua língua: «Pare. Já basta.»

Não consegui me mexer ou falar. Felizmente, Maher se levantou e disse que precisava ir. Eu o acompanhei até a saída e o vi saltar a poça de água na base da escadaria do hotel. Reconheci o cárcere no seu corpo. Aquele passo levemente travado que todos os presos políticos têm. Como se a opressão fosse um sedimento tóxico que se acumula nos músculos, expressando-se por meio de certa reticência, uma queixa que não parecia dizer respeito ao destino ou à ideologia, mas à própria humanidade. Acenei para ele no carro. Ele ergueu o dedão num gesto de boa sorte. Suas últimas palavras: «Estou aqui para qualquer coisa que você precisar, até o fim dos tempos. Quanto ao além», ele disse, rindo, «você fica por sua conta.»

★

Fui caminhar pela orla. Um garoto gorducho, de no máximo dez anos de idade, rodava num grande quadriciclo entre as famílias. Alguns se sentavam na mureta, olhando o mar, outros preferiam observar o passeio. A água estava calma, refletindo o céu. Para além das rochas que separavam o raso do fundo, a água se estendia, imensa, mas inofensiva, à espera, convicta. O garoto gorducho agora desenhava círculos, as rodas dianteiras suspensas no ar. Quase atropela um casal, mas o casal, como ele, não parece se assustar. Com as dianteiras ainda suspensas do ladrilho, ele segue reto na direção de um dos cabeços de amarração dispostos ao longo do passeio. O intervalo que separava os cabeços era pensado exatamente para evitar aquele tipo de coisa. O menino diminuiu a velocidade, fez uma curva apertada e continuou, demonstrando um controle excepcional. Depois parou, como se esperando aplausos, que, de fato, merecia. Um rapazote ainda mais jovem correu até ele e saltou na garupa do quadriciclo. Partiram em alta velocidade. Ali perto, um menino e uma menina jogavam futebol com copos de plástico. O pai perguntou: «O que estão fazendo?» «Brincando», respondeu a menina, que parou e olhou para o pai. «Brincando com lixo?» «É o que tem», respondeu o menino, puxando a irmã. Poucos passos adiante uma criança pequena começou a chorar, enterrando-se no colo do pai. «Não tenha medo», ele dizia. «Não precisa ter medo de tudo.» Os dois garotos no quadriciclo passaram por eles de raspão, ganhando velocidade. Eu me virei. Crianças corriam pela calçada. O irmão e a irmã que jogavam futebol com os copos de plástico agora olhavam para o mar e contavam em voz alta. Ao fim da contagem, vendo um garotinho que procurava abrigo atrás de um dos cabeços, explodiram em risadas.

Outra vida

A notícia do evento se espalhou. O estacionamento que circundava a biblioteca estava quase lotado quando mamãe, Diana e eu chegamos. O ar do edifício era de estrutura abandonada. No estacionamento, o piso era coberto por um ladrilho muito comum no sul do Mediterrâneo, feito de pedaços de mármore e outras pedras em resina. Uma escolha equivocada, própria de interiores. O ataque implacável do sol e o peso dos carros rachavam as pedras em vários pontos. O mato crescia nessas falhas. Subindo poucos degraus, estávamos no foyer. Não havia um único livro à vista, e até as gavetas de fichários estavam vazias. Não tive acesso aos andares superiores, mas, a julgar pelo térreo, a biblioteca mantinha-se vazia e fechada há muitos anos. Nas janelas, as persianas verticais estavam tortas, com várias tiras faltando.

Homens de mais idade, vestidos de terno e gravata, conversavam, aglomerados. Um deles me chamou. Embora eu não soubesse quem eram individualmente, compreendi que eram amigos do meu pai. É essa idade que ele teria hoje, pensei. Estendi a mão ao primeiro. Ele me puxou e me deu um abraço. Tremia, as bochechas perfeitamente barbeadas. Todos cheiravam a água de colônia. Não falavam muito, pelo que me lembro.

Mais pessoas começaram a chegar.

Do lado oposto do foyer, um homem, talvez dez anos mais velho do que eu, tinha levado a mão da minha mãe ao peito. Ela ria, claramente feliz por vê-lo.

Encontrei homens e mulheres da minha idade que me conheciam da escola e das férias de verão. Não paravam de perguntar: «Sério, não lembra?» Por fim, falei: «Vocês todos cresceram juntos. Você viu como o rosto dele foi mudando, e você viu como o corpo dela se desenvolveu. Já eu não vejo vocês há trinta e três anos. É claro que eu não lembro.» Não foi bem o que eu disse, mas como eu disse, que me entregou.

Diana estava do outro lado do foyer, cercado por vários primos meus.

Uma borboleta tinha ficado presa entre as persianas e o vidro. As janelas não eram lavadas há muito tempo. Eu me imaginei esfregando cada uma delas até que todas ficassem limpas. A todo momento eu conferia se a borboleta havia escapado, mas ela continuava se agitando, sem conseguir encontrar uma saída entre as tiras.

Embora a biblioteca parecesse devassada e sem uso, o auditório era inteiramente novo. Os assentos eram de couro branco, e nas paredes havia painéis de madeira. Obviamente, reuniões tinham sido mais importantes do que livros. Um homem mais ou menos da idade do meu pai sentou-se na primeira fileira, olhando-me atentamente, com olhos doces, levemente vermelhos, como se lacrimosos. Em seu colo um grosso volume com encadernação de couro. Suas mãos descansavam sobre o livro, tremendo um pouco, não sei dizer se por nervosismo ou velhice. O auditório estava lotado: já não havia assentos vagos, e várias pessoas ficaram de pé, no fundo. Contudo, como esse homem sentava-se na primeira fileira, compartilhávamos uma estranha intimidade: eu era o único que podia ver sua expressão, que parecia endereçada somente a mim.

Marwan levou a sério seu papel como «agente literário». Apareceu no auditório com um projetor. A iluminação na plateia diminuiu, e por mais de cinco minutos exibimos fotografias do meu avô Hamed, do meu pai, de Izzo, depois fotos minhas e dos meus livros, tudo isso acompanhado por uma gravação de Naseer Shamma, tocando oud. O público assistia em completo silêncio. Depois começou o evento propriamente dito: uma conversa entre mim e Ahmed al-Faitouri, com meu primo Nafa al-Tashani sentado ao meu lado, caso eu precisasse de um intérprete. Embora eu seja fluente em árabe, não estou acostumado a dar palestras no idioma. O evento durou três horas; na metade, fizemos um intervalo.

Nesse intervalo, o senhor da primeira fila se levantou e caminhou até mim. Apertamos as mãos. Claramente lhe custava muito falar.

— Eu era amigo de Jaballa — ele disse. — Fizemos faculdade juntos. — Ele me entregou o volume que tinha nas mãos. — Ele e eu editávamos o jornal literário.

Seu filho, um dos que tentaram me lembrar dos verões que passamos juntos, disse: —Essas são as edições completas. Encadernei todas em um só volume.

Abri. *The Scholar*, dizia, era uma revista literária dedicada a ficções curtas. A capa da edição de junho de 1957, quando meu pai tinha dezoito anos, exibia uma ilustração de uma pilha de livros, um tinteiro, uma luminária e um transferidor semicircular. A primeira página descrevia a publicação como «uma revista publicada pelos estudantes do Teachers' College da Cirenaica». O lema da revista era: «A educação dá à nação sua dignidade, sua soberania e seu orgulho. Onde o conhecimento se espalha, prosperidade, felicidade e segurança prevalecem. A educação é necessária como a água e o oxigênio.» Esse era o sentimento à época. A Líbia tentava se arrastar para a modernidade. As políticas do governo colonial italiano não promoviam a educação da população nativa. A universidade mais antiga da Líbia só se estabeleceu em 1955, dois anos antes da publicação da primeira edição de *The Scholar*, por decreto do rei Idris, como forma de comemorar o quarto aniversário da independência. O petróleo ainda não havia sido descoberto. Provavelmente por conta de sua associação com o letramento, a Faculdade de Literatura foi a primeira academia a ser estabelecida. Mesmo um começo tão modesto dependeu de doações estrangeiras. O Egito contribuiu com quatro professores, bancando seus salários por quatro anos; os Estados Unidos remuneraram o erudito iraquiano Majid Khadduri, que veio a ser o reitor. Um ano depois, em 1956, a Faculdade de Ciências se estabeleceu; em 1957, economia; direito em 1962; em 1966, agricultura; por fim, em 1970, medicina. Isso explica a seriedade do lema do jornal. Meu pai foi um de seus três editores, que claramente viam a arte da ficção como parte do esforço nacional para estimular o letramento e a educação.

Tentei folhear o livro, mas o senhor me fez voltar ao sumário. Meus olhos por alguma razão não conseguiam focar. Com um dedo que tremia de leve, ele me apontou dois contos. E o nome do autor: «Jaballa Matar.» Eu sabia das tentativas do meu pai no campo da poesia, mas não tinha ideia de que, em sua época de estudante, ele se arriscou como escritor de ficção em prosa. Minha mãe agora estava de pé ao meu lado, olhando o livro.

— Sabia disso?
— Eu não tinha ideia.

Passamos às histórias. Havia uma fotografia do meu pai. Vestia terno e gravata e tinha uma expressão séria e confiante. Parecia um jovem Albert Camus.

Um dos contos se chamava «Na Calmaria da Noite: Um Relato da Líbia»; o outro, «Uma Luta contra o Destino».

Perguntei de novo à minha mãe: — Tem certeza de que ele nunca mencionou isso?

— Não, nem uma palavra.

Decidimos abrir a segunda metade do evento com a leitura de «Na Calmaria da Noite». Meu primo Nafa ficou de pé e leu:

> O vento rugia contra a tenda solitária no deserto. As estacas estavam firmemente plantadas na areia. Era meia-noite. A escuridão empoleirava-se sobre o mundo. A lua, tendo acabado de se despir de suas vestes rubras, movia-se, estendendo-se através dos céus espaçosos. A quietude cobria tudo com seus mantos. Os únicos sons que se ouviam eram os camelos pastando e a melodia preguiçosa do balido das ovelhas. O maravilhamento dominava o universo. Mas o medo havia se enraizado na vida dos que habitavam essas partes. Todos tinham medo, exceto o homem na tenda: Ahmed, o único filho de sua mãe, e seu tio materno. A família do tio os acompanhava. Apesar do espectro do inimigo, que ameaçava a todos naquela terra, Ahmed e seu tio haviam se aventurado naquelas planícies para cuidar de seu rebanho. Nada lhes importava mais do que o bem-estar de seus animais. O medo era mantido à distância, pois eles tinham armas e munição suficientes, arrebatadas ao inimigo em um confronto anterior.

O «inimigo» era a unidade do exército italiano que andava invadindo o acampamento para roubar ovelhas. «Os olhos do inimigo», segue a história, «nunca dormem.» Quando cercado, o tio, que é um homem velho,

> escuta dentro de seu coração o grito desafiador de um jovem rebelde. Ele se transforma, sente uma força amarga e é encorajado por um vigor juvenil que, a qualquer momento, pode desaparecer, e pela autodisciplina conquistada pela velhice e por uma vida dura. [...] «Não, não fugirei», ele murmurava para si mesmo. «Não tentarei fugir. [...] Ficarei até que esses cabelos brancos se encharquem de sangue, o

sangue profundamente rubro que jorrará das incontáveis rugas da minha pele. Não deixarei que a desonra manche minha testa. Que comece a resistência.»

O velho e o sobrinho vencem bravamente os «invasores italianos». Mas, então, Ahmed não consegue encontrar Aisha, sua amada sobrinha:

> Ele ficou aterrorizado, seus músculos contraídos e seu coração estremecendo em confusão e ansiedade. Foi dominado pelo pressentimento desolador que um daqueles homens ímpios havia se imiscuído na tenda para sequestrá-la. Ahmed se apressou a buscar o encalço do restante das tropas inimigas, mas o velho o segurou pela manta. Aisha se aproximava. Com a ânsia de um sedento, Ahmed correu até ela. «Onde esteve? O que fazia?», ele perguntou, num tom de branda admoestação. Mas compreendeu tudo ao ver o rosto de Aisha e a arma em seu ombro. Continuou, contudo, com as perguntas: «O que é isso em sua mão?» Com o orgulho das moças do continente africano, ela respondeu: «Isso é uma medalha que encontrei no peito do comandante que matei com minhas próprias mãos.» Ahmed estava prestes a abraçá-la, mas a presença de seu tio o impediu.

A história era assinada por «Jaballa Matar, terceiro ano». As palavras do velho — «Não vou deixar que a desonra manche minha testa» — ecoam trinta e seis anos depois na primeira carta que meu pai enviou da prisão, onde escreve: «Minha testa não sabe se curvar.» Quando meu pai foi sequestrado, eu contava quase a mesma idade que ele tinha quando escreveu esse conto. Fora da escola, eu só lia poesia. Só aos dezenove anos comecei a ler ficção no tempo livre — a bem dizer, poucos dias depois de perder meu pai.

Na parte final do evento, o público fez perguntas relacionadas ao desafio que o país enfrentava depois da revolução, o lugar da literatura e das ideias na Líbia, o papel da educação e da sociedade civil, os direitos humanos e a importância de passar a limpo as atrocidades cometidas. «Para garantir que jamais voltem a acontecer.» Respondi essas perguntas, embora de forma inadequada, mas o ponto, de certa forma, não era esse. Que tais perguntas pudessem ser feitas em um evento literário público e bem organizado era o principal objetivo. Por mais que eu sinta uma aversão natural a esse tipo de atenção, eu sabia que qualquer sentimento de orgulho ou otimismo que eu porventura despertasse naqueles ali presentes não diziam respeito à minha figura, mas, dito de forma simples, diziam respeito à possibilidade de uma realidade diferente, uma realidade que todos vislumbramos durante a pequena janela de tempo entre a revolução e a devastação da guerra civil que se seguiu. Várias das pessoas que se levantaram para falar não fizeram nenhuma pergunta, queriam apenas compartilhar com os demais alguma informação sobre meu avô ou meu pai. Era como se eu fosse um passageiro clandestino sendo agora reivindicado pela minha pátria. Os trinta e três anos que me perturbavam também os perturbavam. Quando esses sentimentos se apaziguaram, o homem que eu vira antes segurando a mão da minha mãe no foyer ergueu-se para falar.

— Boa tarde. Fico muito contente em tomar parte nesta celebração de Hisham Matar e de seu trabalho. Mas preciso ser honesto. Eu, infelizmente, não tive a chance de ler os livros de Hisham, mas conheço bem, claro, os esforços de resistência de seu pai e o sacrifício máximo que esse homem fez por seu país. Contudo, o que as pessoas aqui talvez não conheçam, não tendo sido mencionados nesta noite, são os sacrifícios silenciosos da mãe de Hisham, Fawzia Tarbah.

Minha mãe estava sentada ao lado de Diana na primeira fileira. Parecia constrangida. Olhou para mim, depois sussurrou alguma coisa para Diana, e as duas deram-se as mãos.

Acho que toda criança nasce com um pequeno dispositivo implantado no peito que sinaliza o momento que sua mãe está prestes a chorar.

— Nos anos 1970, eu participei do protesto dos universitários aqui em Bengasi — continuou o homem. — Fui preso e levado para uma prisão em Trípoli. Minha mãe — sou seu único filho — quase enlouquece. Procurando alguém com quem ficar em Trípoli, contaram-lhe de uma mulher que abrigava mães de presos políticos, conhecida por abrir a própria casa para essas mães que viajavam longas distâncias para visitar seus filhos. Eu nunca conheci essa mulher, pois, quando fui solto, contaram-me que ela havia deixado o país. Mas minha mãe, que faleceu recentemente — caso contrário ela estaria aqui, dizendo estas mesmas palavras — me falou dessa doce mulher em Trípoli, em cuja residência ela se hospedou por vários meses. E essa mulher, minha mãe me contou, pensava em milhões de truques para distraí-la. Toda semana as duas cozinhavam para a ala inteira da prisão, 150 homens. Enviavam-nos pratos bem servidos da comida mais saborosa. E nos mandavam também livros, canetas e blocos de notas. Os guardas roubavam boa parte, mas uma parte disso também nos chegava, e o que nos chegava era suficiente.

No momento que ele terminou de pronunciar a última frase, minha mãe cobriu o rosto.

— Todos sabemos o que Jaballa Matar fez. Mas eu vim aqui hoje não tanto por Jaballa ou Hisham, mas para dizer-lhes tudo que sei dessa mulher compassiva e agradecer a ela, embora gratidão nenhuma baste.

Todos se levantaram. Quando os aplausos finalmente cessaram, a única palavra que minha mãe foi capaz de balbuciar, quase inaudível, foi: «Obrigada.»

★

Naquela mesma noite, já de volta ao hotel, perguntei à mamãe se era verdade que ela havia abrigado mães de prisioneiros.

— Sim, mas ele exagerou um pouco. Fiz isso algumas vezes.
— O suficiente para angariar uma reputação.
— Pra ser sincera, eu não me lembro. Faz tanto tempo. Foi em outra vida.

A bala

Os dias complicavam as minhas noites. Eu rolava na cama. Muitas vezes levava horas para adormecer. Na escuridão certa verdade parecia vir à tona. Os ruídos de Bengasi, o mar murmurando mais além, chegavam-me pela janela como se fossem formas físicas sólidas. A noite transformava a cidade numa ideia cujos sons eram tão materiais quanto o pão e a pedra. Eu nunca tinha estado num lugar tão atulhado de memórias e, ao mesmo tempo, tão repleto de possibilidades futuras, positivas e negativas, e cada uma delas tão potente e provável quanto as outras. O país inteiro estava com a faca no pescoço. Em menos de dois anos, as ruas do centro de Bengasi, no entorno do hotel onde eu me deitava agora, encarando fixamente o teto, virariam um campo de batalha. Os edifícios, agora ocupados por famílias e seus segredos, restariam como esqueletos fantasmagóricos, carbonizados e vazios. Muitas pessoas que conheci — só do evento na livraria conto três — seriam assassinadas. Naquele momento ainda não sabíamos, mas aquela era uma janela de tempo preciosa, quando a justiça, a democracia e o império da lei estavam ao nosso alcance. Na ausência de um exército forte e de uma força policial, grupos armados não tardariam a dar as cartas, buscando apenas aumentar seu poder. Facções políticas marcariam trincheiras, e, no meio da confusão, milícias e governos estrangeiros aportariam, buscando oportunidades. A pilha de mortos cresceria. Universidades e escolas seriam fechadas. Hospitais só continuariam operando parcialmente. A situação ficaria tão tenebrosa que o inimaginável viria a acontecer: as pessoas começariam a sentir saudades dos tempos de Kadhafi. Era, claro, impossível imaginar tamanho pesadelo em março de 2012, mas, naquelas horas noturnas, deitado na cama a ouvir a cidade no escuro, eu pressentia a possibilidade do horror.

Incapaz de dormir, li o segundo conto do meu pai na antologia, intitulado «Uma Luta contra o Destino». A abertura é enigmática:

> Eu o conhecia. Tudo parece um passado longínquo, mas também é como se tivesse sido ontem. Foi quando a família dele ainda vivia em nossa vila. Seu pai era dono do restaurante na rua principal. Os velhos tijolos de barro do interior assemelhavam-se a crânios, todos estampando um sorriso sarcástico. Eu era um dos frequentadores habituais. Entrava e sentava em qualquer uma das cadeiras de madeira espalhadas desordenadamente pelo estabelecimento.

O narrador sem nome e o homem a quem ele se refere, o tempo não especificado, os tijolos fantasmagóricos, a mobília disposta sem critério — tudo exacerbava minha desorientação. A história tratava das infelicidades terríveis de um garoto. Nunca ficamos sabendo seu nome, e isso, paradoxalmente, o tornava mais íntimo para mim. Talvez ele fosse uma projeção fictícia na qual o escritor de dezoito anos depositava seus piores medos. A «luta contra o destino» do garoto o leva a perder tudo — sua família, seu lar. Ele resta abandonado: «Eu vagava sem rumo e não encontrava quem me acolhesse senão aquele único lugar que absorvera milhares de almas miseráveis antes de mim: a rua.» Mas, então, acossado pelo medo e pela humilhação, ele retorna ao local onde seu pai está enterrado para «derramar as mesmas lágrimas uma vez mais». Depois de fazê-lo, parte mundo afora. A história termina com ele dizendo: «Decidi trabalhar e sobreviver.»

Essa última frase me acertou em cheio. As palavras do garoto correspondiam a uma velha instrução misteriosa que sempre me retornava, nos momentos mais sombrios e ao longo do quarto de século desde que perdi meu pai, ecoando com o impacto duro de um sino que me alertava, badalando urgentemente: *Trabalhar e sobreviver, trabalhar e sobreviver.* Eu ouvia isso na universidade. Ouvia isso quando trabalhei como pedreiro após a graduação. Ouvia quando virei desenhista e, depois, arquiteto. Ouvia quando, tendo me devotado à escrita, passei a trabalhar na construção civil, pintando casas e fazendo todo tipo de serviço em uma pequena cidade mercante em Bedfordshire. Ouvia aquilo na dúvida daqueles dias. Ouvia quando eu me encostei ao parapeito da Pont d'Arcole, uma ponte em Paris, contemplando fixamente a água. E ainda hoje ouço essa frase. Nunca me abandonou e, no entanto, nunca me pareceu inteiramente minha. Pertence a outra presença implantada em mim, uma presença que sabe melhor do que ninguém, talvez melhor do que eu mesmo, que estou muito mais perto do precipício do que posso imaginar.

Deparando-me com essa convocação familiar, que há muito representava para mim uma tábua de salvação, e encontrando-a na forma da frase de encerramento de um dos únicos dois contos que meu pai publicou na vida, era um acontecimento estranhamente consolador e inquietante. Virava o tempo do avesso. As palavras não me vinham de uma autoridade parental, mas de um rapaz de dezoito anos que viria ainda a ser meu pai, um rapaz jovem o suficiente para ser meu filho, quem sabe um estudante talentoso e ambicioso que talvez buscasse minha opinião sobre a carreira de escritor. Reli os contos várias vezes e, embora tentasse não ceder a fantasias, eu me via parabenizando-o por suas habilidades e instintos, sugerindo a ele como os contos poderiam ser lapidados, fechando nossa conversa talvez com recomendações de leitura, anotando seu endereço para lhe enviar alguns livros, talvez lhe oferecendo uma assinatura de boas revistas literárias, e então, no momento da despedida, eu é que lhe comunicaria aquele chamado: «Trabalhar e sobreviver.»

Os contos foram uma descoberta profunda. Um presente do passado, abrindo uma janela para a paisagem interior do jovem que viria a ser meu pai. Eram contos inovadores, interessados em encontrar uma forma contemporânea de escrever sobre a Líbia, mas que também se engajavam com o passado. Os jovens protagonistas estavam sujeitos às consequências do colonialismo e seus desdobramentos: a violência e a pobreza trazidas pela invasão italiana. Fiquei de pé à janela do meu quarto de hotel, contemplando o passeio à beira-mar que se estendia para ambos os lados, os postes de luz fazendo o possível para iluminá-lo, e o mar se desdobrando, puxando a si mesmo para dentro da escuridão. Era impossível não ler naqueles contos uma expressão latente da ansiedade do meu pai. Ele quase perdera o próprio pai. Os riscos extraordinários que meu avô Hamed havia corrido ao combater a ocupação italiana, as muitas experiências de quase morte pelas quais ele passara, coloridamente relatadas em histórias que se tornaram parte da mitologia da nossa família, devem ter representado para o jovem autor uma introdução formativa à injustiça. Mas imagino também, lendo essas narrativas sobre idosos vulneráveis, que elas tornavam vívidas ao adolescente o fato universal de que cada um de nós, em demasiadas ocasiões, estivemos perigosamente perto de nunca ter nascido. Em outras palavras, tratava-se de um escritor respondendo a fantasmas e à história. Mais tarde, a certa altura, uma rachadura se abriu, e a política imiscuiu-se. Lembro das grandes farras quando, entre as viagens incessantes e as reuniões políticas, papai me levava com ele à livraria na praça Talaat Harb, no centro do

Cairo. O livreiro o conhecia e nos conduzia para seu apartamento no andar de cima, onde guardava todos os livros banidos. Saíamos de lá com várias sacolas de plástico preto, cheias de romances que a censura egípcia, por alguma razão, considerava impróprios. Pelos próximos dois ou três dias, meu pai mal saía do quarto, lendo um livro depois do outro.

★

Nosso avô Hamed viveu uma vida excepcionalmente longa. Há estimativas diferentes sobre a idade que tinha ao falecer. A maioria concorda que ele contava entre 103 e 109 anos, embora certa vez tenham me dito enfaticamente que ele viveu 112. Isso significa que ele nasceu em algum momento entre 1876 e 1885.

O *Royal Relief Atlas* «de todas as Partes do Mundo», publicado em Londres em outubro de 1880, celebra em seu prefácio o «grande avanço» do «ensino científico da Geografia» em anos recentes, ecoando a máxima do pedagogo suíço Johann Pestalozzi: «Pelos olhos da mente.» De acordo com o *Atlas*, por essa época a Líbia não existia sequer aos olhos da mente: «Os países nos quais o norte da África se divide são Marrocos, governado por um sultão, *cap.* Marrocos; Argélia, colônia francesa, *cap.* Argel; Tunísia, governada por um bei, *cap.* Túnis; Trípoli, governada por um paxá, *cap.* Trípoli; Egito, governada por um quediva, *cap.* Cairo.» Em seguida, a título de esclarecimento, os autores nos informam que «Todas essas localidades, com exceção de Argel, são tributárias do Império Otomano ou Turco». O mais próximo que chegamos de uma menção à Líbia está nas letras em arco estendendo-se de Fezã ao Delta do Nilo, que soletram: «DESERTO DA LÍBIA.»

O primeiro censo na Líbia se deu em 1931. A população, à época, era de 700 mil habitantes. Assim, a julgar pelo crescimento populacional depois de 1931, seria razoável supor que, em 1880, a população do território que hoje conhecemos como Líbia ficava entre 250 mil e 500 mil. Quando meu avô Hamed nasceu, Trípoli era um estado, mas o restante do país uma paisagem vasta e quase vazia, com vilarejos e povoados salpicados aqui e ali, servindo às rotas de comércio e viagem que seguiam para o norte do continente e para o leste, na direção de Meca. Blo'thaah, o lar ancestral do meu avô, pairava quase exatamente a meia distância entre Trípoli e Alexandria, a uma viagem de três semanas para qualquer uma das duas.

Ele era filho único, nascido na Líbia Otomana. Testemunhou a invasão dos italianos, o reinado do rei Idris e viu as duas décadas que se seguiram ao golpe de estado de Kadhafi em 1969. Tinha quarenta e tantos ou cinquenta e poucos quando meu pai nasceu e quase setenta quando do nascimento de seu caçula, tio Mahmoud. Numa época em que a expectativa de vida para um homem líbio oscilava em torno de sessenta e cinco anos, as pessoas o consideravam um irresponsável. «Você não estará vivo nem para vê-lo caminhar», disseram-lhe. Mas ele viu tio Mahmoud graduar-se na universidade, casar-se e ter seus próprios filhos. Morreu em sua casa em Ajdabiya, em 1989.

A casa do meu avô Hamed combinava com ele. Ajdabiya era então um aglomerado de construções em uma imensidão desolada. Naquela época ele nunca viajava, exceto pelos trinta e poucos quilômetros até Blo'thaah, onde gostava de passar os meses de primavera, mais exposto ao que ele chamava de «a vastidão».

— Ali ele se sentia livre — disse-me meu pai certa vez. — E, como um homem que valorizava o silêncio, era o lugar perfeito.

Mas, mesmo na época em que viajava para visitar parentes, vovô Hamed era conhecido por fazer de tudo para não passar a noite na casa de ninguém. Talvez venha daí meu desconforto com a condição de hóspede. No entanto, uma vez, quando eu era menino, e depois de muita insistência, meus pais o convenceram a nos visitar em Trípoli. Finalmente ele conheceria nossa casa. Nunca vi meu pai tão nervoso ou animado. As preparações se intensificaram. Vovô chegou com o espírito elevado. Ele e mamãe nutriam uma afeição mútua muito especial. E meu avô parecia feliz por ter feito a viagem. Contudo, à medida que o dia foi passando, ele caiu no silêncio mais profundo. Meus pobres pais não conseguiam entender a causa de uma mudança tão súbita. No dia seguinte ele fez a mala e quis partir. Todos subimos no carro e fizemos a longa viagem para Ajdabiya. Meu pai foi dirigindo, vovô no assento do passageiro ao seu lado, minha mãe, Ziad e eu todos apertados no banco de trás. O silêncio do nosso avô era particularmente inquietante. Era como se ele estivesse prendendo a respiração. Sentava-se ereto, sem tocar o encosto. Quando deixamos a capital e as planícies desertas se abriram ao nosso redor, ele suspirou, recostando-se.

— Finalmente, o horizonte.

Meus pais riram, e nosso avô contou histórias por todo o trajeto.

A casa do meu avô ficava no centro da vila. Para a minha mente de criança, era o ponto a partir do qual não apenas Ajdabiya, mas todo o mapa do mundo se expandia. E a arquitetura da casa alimentava essa ideia. Para um jovenzinho, era um labirinto misterioso e mágico. E não posso separar suas muitas curvas surpreendentes, sua aparente infinitude, sua estética modesta e um tanto austera, da vida e do caráter do meu avô. Eu muitas vezes me perdia em seus cômodos infinitos, seus corredores e pátios. Algumas janelas abriam-se para a rua, outras para os pátios, e outras, estranhamente, para outros quartos. Nunca tínhamos certeza se estávamos dentro ou fora da casa. Alguns de seus corredores e salas não tinham teto ou contavam com uma abertura pela qual um raio de sol se inclinava, mudando de posição com as horas. Algumas escadas nos levavam para fora, sob o céu aberto, antes de retornar para o interior da casa. A decoração era simples. As paredes eram de gesso, pintadas com duas cores: a parte de baixo era escura, geralmente um azul, um verde ou um roxo forte; a parte de cima era branca, rosa claro ou pastel. Alguns andares eram ladrilhados, outros eram cobertos de maneira irregular — como *cream cheese* numa torrada, como eu imaginava à época — por um material semelhante ao concreto. Onde havia muito trânsito, como na entrada, esse piso era escuro e liso. Lâmpadas sem lustre pendiam dos tetos, e mal havia mobília. A casa era como um dos longos poemas do meu avô: austera, inacabada, imprevisível, simples, mas habitada. Sempre achei um tanto inquietante o estado inacabado de boa parte da arquitetura da Líbia. Era algo que expressava negligência de uma forma mais convicta do que, digamos, ruínas ou velhas estruturas degradadas. Quando se constrói algo, supomos necessidade, propósito ou desejo. Assim, associamos sua incompletude com uma negligência ou descuido deliberado, ou então com uma impotência súbita. Esses edifícios incompletos parecem mais afrontosos, mais ofensivos e até mais opressivos do que um edifício finalizado que entrou em decadência. Essa epidemia é tamanha — os muros exteriores largados sem uma primeira camada de reboco, jamais pintados — que é difícil não a ler como falta de amor próprio. Nossos lares inacabados, em outras palavras, são um reflexo do nosso presente. Assim como os fizemos, eles também nos definem. Mas talvez eu esteja equivocado, deixando que meu gosto, minha apreciação pela superfície meticulosa e bem acabada, se interponha. Porque eu sei que vovô Hamed via uma grande liberdade em sua casa e em seus poemas. Para ele — na arquitetura, na literatura, como nas boas maneiras —, a grandeza, o bom gosto e coisas do tipo eram mais bem expressas por meio de um modesto minimalismo que dava as costas às superfícies polidas. Ele não gostava de nada cintilante. Jamais fez um autoelogio, nem mesmo obliquamente.

Meu avô deitava-se no canto mais distante do hall de entrada, um grande cômodo retangular repleto de almofadas. Uma das fotografias que guardo dele — cuja cópia enviei à artista forense canandense para ajudá-la a produzir um retrato possível do meu pai hoje — exibe meu avô deitado nesse mesmo canto. Sua figura esbelta e excepcionalmente alta estica-se sobre as almofadas, o rádio e alguns maços de cigarros Kent a seu lado. Seu rosto me olha com suave solenidade. Tem um cigarro entre os dedos longos e escuros, o fino traço de fumaça elevando-se acima de sua cabeça.

A impressão que sempre tive de pertencer a uma família horizontal provavelmente se origina desses antigos encontros com meu avô. É algo em parte literal, associado à nossa tendência de buscar o travesseiro mais próximo, sempre que lemos ou conversamos casualmente, ou ao refletir com cuidado sobre determinado problema. Mas também a forma como nos influenciamos ou como nos dirigimos uns aos outros envolve sempre um movimento um tanto lateral. A imagem que me vem à mente é a do leite derramado, espraiando-se enquanto se gasta. Talvez por isso, em nossas reuniões, sempre houve, além da exuberância e do calor, aquele desespero silencioso dos que correm para recolher os pedaços.

Lembro do meu avô me chamando uma vez, juntando os dedos ao redor de um botão solto na minha camisa e inserindo-o no respectivo buraco, depois aprumando meu colarinho e correndo uma mão trêmula pelo meu cabelo com um toque estranho, um toque de pena, como se ele próprio mal estivesse ali. Perguntei a ele sobre os combates contra os italianos. Não lembro o que ele disse, se é que disse alguma coisa sobre isso. Em outra ocasião, alguém, talvez tio

Mahmoud, recontou a história — um pouco mais alto do que o necessário, pois vovô Hamed já não escutava bem — da vez em que meu avô foi ferido em batalha. Levaram-no para uma casa num vilarejo vizinho. Ninguém conseguia estancar o sangramento. Uma mocinha conhecida pela sua inteligência correu para consultar a feiticeira de um povoado vizinho. A velha deu a ela um saquinho de pó branco e disse à menina que o salpicasse na ferida. O sangramento parou, e poucos dias depois nosso avô estava forte o suficiente para retornar à resistência. Eu tinha ouvido a história antes, mas nunca na presença do protagonista. Vendo como eu o encarava fixamente, meu avô me chamou para sentar perto dele.

— Não precisa ficar com essa cara triste, ele disse.
— Onde eles acertaram você? — perguntei.

Ele fez uma pausa, depois desabotoou a camisa, puxou o tecido sobre o ombro e mostrou onde a bala havia entrado: uma pequena roseta logo abaixo da clavícula.

— Me mostre onde saiu — pedi, puxando sua camisa para ver suas costas, esperando encontrar uma cicatriz idêntica, mas a pele lá estava perfeitamente lisa.

— Onde está?
— Ainda dentro de mim — ele disse.

Lembro de como me senti mal, não imediatamente, mas pouco depois, quando voltei para perguntar se não havia jeito de remover a bala. Para me distrair, ele me levou numa caminhada. As pessoas paravam e o cumprimentavam. Ele me apresentava: «Quero que conheça meu neto Hisham. Ele veio lá de Trípoli especialmente para me ver.»

★

Sorte minha — comunicavam-me de mil formas sem usar uma única palavra — ser neto de Hamed Matar. Quando eu era menino eu via que muitos o idealizavam, e, como esse tipo de idealização serve mais para ocultar do que para revelar uma pessoa, aquilo obscurecia minhas primeiras impressões dele e me deixava ainda mais curioso sobre que tipo de homem ele era. Sempre que mencionavam seu nome, meus ouvidos ficavam atentos. Eu sabia que sua vida havia sido profundamente desestabilizada pela invasão italiana. Por conta da escassez de relatos daquele período, as lacunas na vida do meu avô estão em parte conectadas à história maior da própria ocupação. Essa tendência ao silêncio persistiu. Mesmo hoje, ser líbio é viver envolto em questões.

Todos os livros sobre a história moderna do país cabem em poucas prateleiras. Os melhores volumes são tão finos que deslizariam sem problemas para dentro do meu casaco, sendo possível lê-los em um dia ou dois. Há muitas outras histórias, claro, tratando daqueles que, nos últimos três milênios, ocuparam a Líbia: fenícios, gregos, romanos, otomanos e, mais recentemente, italianos. Um líbio que pretenda vislumbrar algo daquele passado precisa adentrar esses livros como um penetra numa festa particular, sabendo que a maior parte não foi para escrita por ou para ele, sendo, no fundo, relatos sobre as vidas dos outros, suas aventuras e desventuras na Líbia, como se nosso país representasse apenas uma oportunidade para estrangeiros exorcizarem seus demônios e perseguirem suas ambições.

Essa carência de relatos históricos é, em parte, resultado do nascimento doloroso da Líbia moderna. O país experimentou uma das campanhas mais violentas na história da repressão colonial. Os italianos chegaram em 1911. Eles haviam calculado corretamente que as poucas guarnições otomanas nas vilas costeiras cairiam rapidamente. Só não contavam com a determinação, a disciplina e o vigor da resistência local. Entre 1911 e 1916 — e em retaliação a uma sublevação popular em Trípoli que os italianos denominaram de «Revolta Árabe» —, mais de 5 mil homens foram banidos da cidade e enviados para pequenas ilhas espalhadas em torno da Itália — ilhas como Isole Tremiti, Ponza, Ustica e Favignana —, onde foram mantidos em cativeiro. Cinco mil é um número grande, mas é ainda mais significativo quando consideramos que a população de Trípoli à época era de apenas 30 mil. Em outras palavras, um em cada seis habitantes da capital da Líbia desapareceu. O dano foi ainda mais duradouro pelo fato de que as autoridades italianas selecionaram os homens de maior distinção: eruditos, juristas, comerciantes afluentes e burocratas. As condições no navio eram tão terríveis que, durante a viagem, que não devia levar muito mais do que alguns dias, centenas de prisioneiros morreram. Alguns historiadores alegam que um quarto dos 5 mil homens perderam a vida durante a travessia. A maioria dos que alcançaram as ilhas-presídios morreu no cárcere. Não há registros de sobreviventes entre esses prisioneiros. É um exemplo extraordinário de um poder europeu invasor devastando uma cidade. No entanto, como é comum em se tratando de crimes perpetrados por italianos na Líbia, é um evento pouco conhecido hoje. Foram eclipsados pelos horrores ainda maiores infligidos posteriormente pelos mesmos italianos, horrores que, infelizmente, são apenas um pouco menos obscuros.

Quase imediatamente após a chegada dos italianos, um líder local se destacou. Omar al-Mukhtar, homem que crescemos chamando, afetuosamente, de Sidi Omar, era parte da ordem Senussi, família místico-religiosa que administrava uma variedade de escolas e instituições de caridade, da Cirenaica, no nordeste do país, até a Argélia, a oeste, e mais além, ao sul, penetrando a África Subsaariana. Seu patriarca, Idris, iria se tornar rei e primeiro chefe de Estado da Líbia independente. Apesar dos magros recursos, Omar al-Mukhtar liderou a cavalaria das tribos da Líbia no que se tornou uma campanha bastante efetiva. Contudo, depois de os fascistas marcharem sobre Roma em 1922 e Benito Mussolini tomar o poder, a destruição e a carnificina ganharam uma escala sem precedentes. Poder aéreo foi empregado em ataques com bombas e gases intoxicantes contra vilas inteiras. Era uma política de despovoamento. A história lembra de Mussolini como um bufão fascista, o tolo incompetente que conduziu uma campanha patética na Segunda Guerra Mundial; na Líbia, contudo, Mussolini levou a cabo uma campanha de genocídio.

A população tribal foi conduzida a pé para vários campos de concentração espalhados pelo país. Não houve família que não perdesse parentes nesses campos. Vários dos meus antepassados morreram neles. Relatos de tortura, humilhação e fome foram transmitidos de geração em geração. Até onde sei, o jornalista dinamarquês Knud Holmboe, que viajava pela Líbia à época, é o único repórter europeu que visitou esses centros. Seu livro *Desert Encounter: An Adventurous Journey through Italian Africa* (Encontro no Deserto: Uma Aventura pela África Italiana) é um relato profundamente perturbador — e um documento raro. Seu anfitrião italiano, um oficial do exército, o leva a um desses campos:

> O campo era imenso. Continha pelo menos 1.500 tendas, com uma população de 6 mil a 8 mil pessoas. Era cercado por arame farpado e havia guardas com metralhadoras em todas as entradas. Quando passávamos de carro entre as tendas, as crianças corriam até nós. Vestiam-se com trapos, estavam famintas, quase a morrer de inanição, mas claramente acostumadas a ganhar dinheiro do Comandante em suas visitas, pois esticavam as mãos e gritavam em italiano: «*Un soldo, signore, un soldo!*» [...] Os beduínos se aglomeravam ao nosso redor. Tinham um aspecto incrivelmente estropiado. Nos pés tinham peles amarradas com cordas; seus albornozes eram colchas de retalhos multicoloridos. Muitos pareciam doentes e acabados, mancavam, tinham a coluna torta ou pernas e braços terrivelmente deformados.

Holmboe fica revoltado, mas, para não perder o acesso que seus anfitriões italianos lhe ofereciam, cala-se. Em certo momento, contudo, ele conversa discretamente com um prisioneiro num árabe perfeito:

Perguntei a um dos beduínos:
— Onde está Ahmar Moktar [Omar al-Mukhtar]?
O beduíno mostrou-me os dentes brancos, sorrindo.
— Ahmar Moktar — ele disse, apontando as montanhas num gesto largo dos braços — está em toda parte nas montanhas e nos vales.

O livro enfureceu os italianos e foi banido. O autor foi preso. Poucos meses depois de Holmboe ser libertado, o dinamarquês foi encontrado ao sul de Aqaba, na Jordânia, assassinado. A suspeita de que a inteligência italiana foi responsável pelo crime ainda permanece.

Não está claro quantos pereceram nos campos de concentração. Os registros do censo italiano oficial mostram que a população da Cirenaica desabou de 225 mil para 142 mil. Os órfãos, que chegavam aos milhares, eram enviados para campos fascistas para serem «reeducados». Aviões novinhos em folha metralhavam rebanhos inteiros. Um general italiano se vangloriou de que, entre 1930 e 1931, o exército reduziu o número de cabras e ovelhas de 270 mil para 67 mil. Como consequência, muitas pessoas morreram de fome.

O poeta líbio Rajab Abuhweish, erudito e professor e, mais tarde, jurista na Argélia e no Chade, voltou para a Líbia em 1911 para se juntar à resistência. Quando atacaram sua vila, os italianos incendiaram as casas e derramaram concreto no poço. Conduziram-no a pé, junto com sua família e os demais habitantes do local, por quatrocentos quilômetros até o infame campo de concentração El-Agheila. Sem acesso a papel e caneta, Rajab compôs e memorizou um poema de trinta estrofes. O poema foi memorizado por outros, espalhando-se pelo país. Os versos estimulavam tanto o espírito de resistência que, quando os italianos descobriram a identidade do autor, açoitaram-no. O poema se chama «Não tenho enfermidades, exceto». A abertura diz assim:

> Não tenho enfermidades, exceto El-Agheila,
> o aprisionamento da tribo
> e estar longe das planícies abertas.
>
> Não tenho enfermidades, exceto esse desespero sem fim,
> a escassez das coisas e a perda da minha égua vermelha,
> de patas dianteiras pretas até os cascos.
>
> Quando o desastre nos abateu,
> ela se pôs a galope, esticando o longo pescoço
> com uma beleza incomparável.

O poema de Rajab Abuhweish foi um dos primeiros com que me deparei. Era ensinado na escola como parte da história dos esforços de resistência da Líbia. O impacto em mim foi enorme. Quando menino, me assombrava sobretudo a estrofe vinte e um, com a imagem da criança envelhecida:

> Não tenho enfermidades, exceto a perda daquela boa gente
> e os ímpios que agora
> nos governam com rostos descarados, calamitosos.
>
> Quantas crianças sequestraram e açoitaram?
> As pobres flores jovens voltam confusas,
> envelhecidas antes de viver.

Depois da independência, Rajab Abuhweish voltou a lecionar e serviu como conselheiro no senado do rei Idris. Morreu em 1952.

★

Meu avô Hamed também se juntara à resistência no leste do país, sob a liderança de Omar al-Mukhtar, imediatamente depois da invasão de 1911. Mas, oito anos depois, em 1919, súbita e apressadamente, ele fugiu para Alexandria com sua jovem família. Isso me deixava confuso, pois líbios que lutavam com Omar al-Mukhtar e que, como meu avô, tinham recursos — em seu caso, terras — para bancar uma retirada só começaram a imigrar para o Egito doze anos mais tarde. Para ser mais preciso, só em 11 de setembro de 1931 a resistência recebeu o golpe fatal. Omar al-Mukhtar, que nessa altura contava setenta e três anos, foi ferido num recuo apressado e caiu do cavalo. Cinco dias depois, seguindo-se a um julgamento de fachada, o grande homem foi enforcado nas redondezas de Bengasi. Tal como o regime de Kadhafi faria meio século depois, quando o trânsito era desviado para que os motoristas não tivessem como não testemunhar os corpos dos estudantes pendendo no jardim da Catedral de Bengasi, a administração colonial italiana fez questão de que a execução de Sidi Omar fosse presenciada pelo maior número possível de líbios. Aquilo destruiu o espírito do país. Durante os dois anos seguintes, a resistência — uma força formidável que havia inspirado movimentos de independência por todo o mundo — desintegrou-se. Foi então que muitos de seus membros fugiram para Alexandria. Uma geração depois, meu pai, vendo como a ditadura de Kadhafi dizimara a oposição, também imigrou para o vizinho Egito na esperança de reconstruir o dissenso, operando do estrangeiro. Mas o que terá levado meu avô a partir apressadamente em

1919, quando a cavalaria das tribos da Líbia, armadas com velhos rifles otomanos e tudo mais que conseguiam arrebatar ao inimigo, parecia perto de derrotar um poder europeu?

Uma explicação — com muitas versões diferentes, a depender de quem a conta — é que, certa noite, pouco antes da fuga para Alexandria, meu avô se esconeu num beco no centro de Bengasi. Um oficial italiano de alta patente resolvera-se por uma ida à padaria já tarde da noite, antes que ela fechasse. Voltava para casa com o saco de pão, mastigando a ponta de uma baguete. Meu avô puxou o oficial para o beco escuro e o esfaqueou no pescoço. Poucos dias depois já estava em Alexandria.

Não consigo crer que o ataque tenha sido aleatório, em resposta a uma oportunidade de ferir o inimigo — ou provocado pela fome. Na resistência, meu avô era conhecido por ser bom de tiro, cavaleiro exemplar e estrategista eficiente, que raramente corria riscos desnecessários. A guerra se desenrolava em batalhas longe dos centros populosos. Os homens de Omar al-Mukhtar estavam determinados a não se rebaixar às táticas do inimigo, que perseguia mulheres, crianças e a população civil. Não operavam em cidades e vilas. Quando preparavam emboscadas, faziam-no contra colunas e guarnições militares, não contra um oficial voltando da padaria. Isso aumenta a credibilidade de outros relatos da história, que alegam que meu avô não matou o italiano por conta do pão; foi, antes, um acerto de contas com um homem em particular, um homem que ele vinha monitorando há dias. Talvez, como a família no conto do meu pai, «Na Quietude da Noite», a família e os rebanhos do meu avô tenham sido atacados por tropas italianas e talvez as coisas não tenham terminado bem para ele como terminaram para Ahmed, seu tio e sua prima Aisha. Suspeito que outros sabiam dessa rixa e, portanto, poderiam deduzir quem havia assassinado o italiano, o que explicaria por que meu avô achou que era necessário partir com toda a família da Líbia, país que ele quase morreu defendendo.

Mas, claro, é possível que toda essa história não seja verdadeira. Talvez ele não tenha matado o oficial, mudando-se simplesmente por estar cansado da guerra e querer cuidar de sua jovem família em paz, na cidade civilizada, de grandes oportunidades, que era Alexandria naquela época. Qual seja a razão, ele se estabeleceu em Alexandria e lá permaneceu pelos vinte anos seguintes. Não tendo demonstrado interesse algum pelo mundo dos negócios até então, tornou-se comerciante de sucesso, dono de uma grande casa em um dos melhores bairros. Dizia-se que, quando se desgastavam os anéis em torno dos ilhós de suas botas de couro feitas à mão, ele os substituía com platina na esperança de não precisar retornar ao sapateiro. Mas, então, no auge de seu sucesso, no começo dos anos 1930, depois da execução de Sidi Omar, quando o cerco se fechava, meu avô, como seu filho muitos anos depois, foi preso no Egito e entregue às autoridades italianas, sendo enviado para a Itália. Não se sabe ao certo se ele foi para Bolonha ou Pádua. Sempre que as autoridades coloniais levavam um membro da resistência líbia para a Itália, o desfecho era o mesmo: execução. E os corpos dos mortos jamais eram devolvidos para as famílias. No dia seguinte à prisão do meu avô, levas de pessoas vieram à casa da família para prestar condolências. Minha avó vestiu preto, alugou duzentas cadeiras e contratou um estudante da Universidade de Alazar que, durante os três dias seguintes, sentou-se de pernas cruzadas no hall principal e recitou o Alcorão inteiro.

O que ninguém sabia era que, passados poucos dias de cativeiro, meu avô escapou, foi para o porto mais próximo e convenceu um pescador a levá-lo a um navio que acabara de zarpar para Alexandria. O barco do pescador aproximou-se de uma escada na traseira da embarcação, por onde meu avô conseguiu subir sem ser notado, escondendo-se na casa das máquinas. Quando a noite caía, ele vasculhava as lixeiras em busca de restos. Poucos dias depois, o navio aportou em Alexandria. Várias semanas depois da captura do meu avô e depois de todos os parentes enlutados terem retornado a suas casas, minha mãe foi despertada no meio da noite por fortes batidas na porta. Ela se assustou, mas, quando abriu a porta, quase desmaiou. Não parava de apertar a mão do marido para se assegurar de que não era um fantasma. Ele fechou o comércio, e em poucos dias a família estava de volta à Líbia. Esse ponto eu não entendi. Por que voltar tão rápido e correr riscos ainda maiores?

Recentemente, contatei o historiador Nicola Labanca, uma autoridade no período colonial italiano na Líbia. Eu tinha esperanças de que ele pudesse me dizer onde encontrar um registro da prisão do meu pai. Labanca disse que esse tipo de registro não existia, que os italianos à época mantinham poucos arquivos, e desses a maior parte havia sido destruída durante a guerra. Eu estava de volta àquele lugar tão familiar, um lugar de sombras onde a única forma de se engajar com o que aconteceu é pela imaginação, uma atividade que só serve para excitar o passado, multiplicando suas possibilidades, como uma casa com infinitos quartos, inescapável e assombrada. De acordo com Labanca, que se mostrou muito solícito, era altamente improvável que meu avô tivesse sido levado à Itália para julgamento. «Os líbios», ele disse, «eram trazidos para Itália apenas com dois propósitos: para serem torturados em busca de informação e, depois, assassinados. Não havia julgamento para líbios.» Por outro lado, o timing de seu retorno à Líbia faz sentido. Nos anos após a execução de Omar al-Mukhtar, Mussolini estava muito interessado em trazer líbios afluentes que viviam no exterior de volta para a Líbia. Por duas razões: ajudar a economia, particularmente na Cirenaica, a região que mais sofreu durante os últimos anos de guerra; e para ter esses homens perigosos, que provavelmente despejavam muito dinheiro nos esforços para o restabelecimento da resistência, de volta no país, onde poderiam ser monitorados. Isso, disse Labanca, poderia explicar o retorno do meu avô. «Não havia escapatória. Ele provavelmente se viu confrontado com as duas opções — duras — que as autoridades italianas davam aos líbios afluentes no exílio: morrer ou voltar para a Líbia.»

*

Quando minha avó morreu, meu pai, no Cairo, impossibilitado de comparecer ao funeral, caiu num grande silêncio. Por vários dias tornou-se terrivelmente distante, como se o luto fosse um país longínquo. Quando, muitos anos depois, meu avô morreu, meu pai caiu num desespero ainda mais profundo, embora vovô fosse extremamente velho, e sua morte, já esperada.

Foi no fim de 1989. Ziad e eu estávamos na universidade em Londres, e nossos pais tinham ido nos visitar. Minha mãe, sempre ansiosa quanto às más notícias, contou-me de manhã, depois que eu a flagrei chorando, que vovô Hamed não estava bem.

— Talvez ele não sobreviva.

Fui para a aula, mas voltei ao lembrar que, quando tinha sete anos, minha mãe foi até o jardim nos fundos da nossa casa em Trípoli e disse a mesma coisa sobre o pai dela. Ele veio a morrer naquele mesmo dia.

Ziad, mamãe e eu esperamos meu pai voltar de seus afazeres daquela manhã. Mamãe o fez sentar e tentou comunicar as más notícias da forma mais doce possível. Ela e Ziad estavam visivelmente comovidos, mas eu só lembro do terror que senti. Sem dizer uma palavra, papai se levantou e foi para o quarto. Nós fomos atrás dele. Ele sentou na beirada da cama e cobriu o rosto. Eu nunca tinha visto meu pai chorando. Ele manteve as palmas pressionadas fortemente contra o rosto. Eu podia ouvir uma espécie de uivo abafado, como se ele estivesse gritando de muito longe.

Poucos meses depois meu pai desapareceu.

Esses dois eventos — a morte de vovô Hamed e meu pai engolido pelo abismo dos porões de Kadhafi — conectam-se na minha mente também porque, nos dias que se seguiram à morte do meu avô, um novo desespero se apoderou do meu pai. Lembro de pensar, sempre que o encontrava sentado sozinho: eis aí um homem terrivelmente impaciente. Eu também detectava isso nas fotografias ocasionais que mamãe incluía em suas cartas, mostrando-o sozinho ou os dois lado a lado. Meu pai sempre foi a própria encarnação da paciência. Sempre que eu demonstrava certa frustração, ele repetia aquela palavra, «Paciência», como se fosse um voto, acrescentando o apelido que ele me dera, «Sharh el-Bal», «O Apaziguador da Mente»; o objetivo do apelido, sem dúvida, era me curar da minha própria impaciência. Ele muitas vezes mencionava o verso, que se repetia, do capítulo «Apaziguamento» do Alcorão: «Das dificuldades nasce a paz. Das dificuldades nasce a paz.» Mas a morte do meu avô o perturbou — e de modo irrevogável. Ele perdeu o rumo. E se tornou menos cuidadoso.

Três anos depois de sua abdução — três anos de silêncio absoluto — uma carta em fita cassete chegou até nós, com sua voz gravada por cima de uma leitura do Alcorão oferecida aos prisioneiros. Depois de quarenta minutos de discurso equilibrado, depois de ter se despedido e, portanto, já podendo apertar o botão de «parar», ouvi como se de dentro de mim aquele mesmo uivo abafado, agora vindo de um poço ainda mais profundo. Por razões que jamais conhecerei, meu pai escolheu não apagar o registro do choro. Ele queria que ouvíssemos.

★

Pouco antes de seu desaparecimento, meu pai me confiou um segredo. Nos anos que se seguiram à morte da minha avó, meu pai, em mais de uma ocasião, vestiu-se de agricultor egípcio e, de passaporte falso, atravessou a fronteira entre o Egito e a Líbia. Ele ia até Ajdabiya para ver o pai.

— Breves visitas noturnas que não duravam mais de uma hora ou duas — ele me contou.

Estávamos os dois deitados na minha cama estreita em Londres, voltados um para o outro. Por respeito, eu afastava meus pés, mas os dele ficavam bem do meu lado, de forma que eu podia pressionar meus dedões contra suas solas com a força que, como eu sabia, ele gostava.

— Ele ficou surpreso quando viu você?

— Não, ele de alguma forma estava esperando por aquilo.

Os dois sentavam-se no canto do grande quarto do meu avô, sussurrando no escuro, depois papai beijava a mão e a testa do seu pai e começava a viagem, longa e perigosa, de volta.

— Você não via seus irmãos e irmãs?

— Perigoso demais.

Meu pai também tinha um pai que sabia guardar segredos. No total, ele havia feito aquilo «mais ou menos» três vezes.

— Pura inconsequência — eu disse.

— Agora que ele se foi, não há mais com o que se preocupar — ele disse, como forma de me reconfortar.

E agora, depois de um quarto de século sem ver meu pai, eu correria os mesmos riscos para vê-lo, mesmo que por uma ou duas horas.

Sempre me perguntei sobre o momento que meu pai escolheu para me contar sobre suas visitas secretas a Ajdabiya. Sempre supus que era por conta da morte recente do meu avô, mas agora não tenho certeza. Na mesma fita, que ao longo de vinte e cinco anos só consegui ouvir cinco vezes, ele diz: «Não venham me procurar.» Essa frase sempre me traz à mente aquela tarde em que ele e eu nos estiramos, lado a lado, na minha cama estreita em Londres, voltados um para o outro. Suas palavras — «Agora que ele se foi, não há mais com o que se preocupar» —, que até então eu encarava como uma espécie de garantia, passei a ver como um alerta — um alerta que me passou despercebido. O que ele realmente queria dizer era que, agora que seu pai se fora, ele podia correr riscos ainda maiores.

Maximiliano

Não saber quando meu pai deixou de existir borrava ainda mais os limites entre vida e morte. Mas isso só em parte explica por que, por muito tempo, mesmo antes do desaparecimento do meu pai, o gesto banal de apontar para um calendário e dizer que foi precisamente em tal dia que a vida de tal pessoa chegou ao fim sempre me pareceu inexato. Talvez devêssemos nos colocar ao lado dos enlutados e tapar nossos ouvidos, insistindo: «Não, ele não está morto.» Talvez nisso não haja apenas negação de notícias terríveis, mas também um reconhecimento momentâneo de uma verdade, uma verdade que passa e é enterrada junto com o falecido. A incredulidade é o instinto correto, pois como os mortos poderiam estar, de fato, mortos? Penso assim, pois a ausência nunca me pareceu vazia ou passiva; é antes um lugar cheio de atividades, ruidoso e insistente. Como escreveu Aristóteles: «A teoria de que o vazio existe necessita da existência do lugar: pois definiríamos o vazio como um lugar carente de corpo.» Aqui nada se diz do tempo, e o tempo é certamente parte de tudo isso — de como tentamos acomodar a ausência. Talvez seja por isso que, em incontáveis culturas, as pessoas em luto embalam-se de um lado para o outro — não apenas para evocar a infância e a batida do coração da mãe, mas para marcar o tempo. Só o tempo pode vir a preencher o vazio. O corpo do meu pai se foi, mas seu lugar está aqui, ocupado por algo que não podemos chamar apenas de memória.

É algo vivo e corrente. Como as complexidades do ser, a mecânica da nossa anatomia, a inteligência da nossa biologia, o firmamento infinito da nossa interioridade — as perguntas e respostas e anseios e esperanças e fomes e desejos e as mil e uma contradições que nos habitam a cada momento — como tudo isso poderia ter um fecho, um fim que pode ser marcado por uma data no calendário? E não foi sempre assim? Acaso não detectei desde sempre a confusão dos funerais, a incerteza dos cemitérios, a perplexidade de uma lápide? Talvez os serviços fúnebres e todos os rituais sagrados e seculares que permeiam nossa história humana não sejam senão gestos fracassados. Os mortos vivem conosco. O luto não é uma história de detetives, não é um quebra-cabeça por resolver; é um empreendimento ativo e vibrante. É trabalho duro e honesto. Pode acabar com suas costas. É parte de nossa iniciação na morte e — não sei bem como, e não posso justificá-lo — é uma parte esperançosa desse processo. O que é extraordinário é que, dado tudo o que aconteceu, o alinhamento natural do coração permanece voltado para a luz. É para essa direção que encontramos a menor resistência. Nunca entendi isso. Não de forma intelectual. Mas é, de alguma forma, no corpo, no conhecimento físico da eternidade de cada momento, na natureza expansiva do tempo e do espaço que enunciados declarativos como «Ele está morto» não são precisos. Meu pai está morto e está vivo. Não tenho uma gramática que o apreenda. Ele está no passado, no presente e no futuro. Mesmo que eu tivesse segurado sua mão, sentindo-a desfalecer no momento do seu último suspiro, creio que, a cada menção a ele, eu ainda faria uma pausa e buscaria o tempo verbal correto. E suspeito que muitos que enterraram seus pais sentem o mesmo. Não sou um caso especial. Eu vivo, como todos vivemos, sob esse impacto.

Poucos dias depois do meu retorno à Líbia, fui a Roma e parei em frente à pintura *O Martírio de São Lourenço*, de

Ticiano. Eu tinha ido a Roma especialmente para ver a exposição. Várias obras-primas do artista italiano estavam reunidas no mesmo lugar. A maioria nunca compartilhara a mesma sala de exposição. Eu tinha visto O *Martírio de São Lourenço* em muitas reproduções — em livros e cartões-postais e, certa vez, num grande pôster na parede da casa de um amigo —, mas nada disso me preparou para a coisa em si. É gigantesco, medindo pouco menos de cinco metros de altura por três de comprimento. É impossível ignorar o sofrimento de Lourenço. Fiquei ali de pé até que fechassem a galeria. Observei o corpo de um homem robusto, um corpo ainda em boas condições, preso a um estrado de madeira. Pensei no carpinteiro que havia construído a peça. Vi sua filha entregando-lhe um copo de água. O estrado foi cuidadosamente construído para desempenhar seu papel de modo eficiente: sustentar o corpo até que, no momento certo, ele próprio ardesse e desabasse. Mas aqui estamos ainda numa etapa inicial. A estrutura ainda se sustenta bem. O fogo é alimentado por uma figura semidesnuda. Como o carpinteiro — quem sabe essa figura seja o carpinteiro —, o homem faz seu trabalho de forma diligente. Não há fim para o tormento de Lourenço. Está cercado por homens eficientes. Atrás dele há outro, de braços fortes, esforçando-se para manter a vítima no lugar. A agonia faz o corpo de Lourenço se retorcer. Sua cabeça tomba para trás. O bruto que o segura, talvez por cansaço ou vergonha, vira o rosto. Enquanto isso, outro homem, sem timidez alguma, enfia uma lança nas costelas de Lourenço, como o faria com um animal acorrentado, certo de que o bicho jamais o alcançaria. A luz vem das chamas: as chamas debaixo de Lourenço e as chamas das tochas das testemunhas. A única outra fonte de luz vem de um rasgo no céu, as bordas espumando de nuvens, como se o céu exibisse uma ferida infeccionada. O brilho da lua se derrama de lá. Toca a mão estendida de Lourenço e ilumina as pontas dos seus dedos. Há um detalhe estranho:

o pé esquerdo de Lourenço aparece numa posição curiosa, pendendo para fora do banco, flutuando nas chamas, como se desfrutando do fogo.

Alguns quadros me parecem misteriosos. Sinto-me atraído por eles como por certos indivíduos. Sempre me interessei por arte, arquitetura e música, mas a fascinação com os quadros mudou quando eu tinha dezenove anos, o ano em que perdi meu pai. A forma habitual de visitar galerias, gastando-se algumas horas indo de um quadro para o outro, até que se chega ao fim, já não funcionava. Era demais para mim. Mais de uma vez senti vontade de gritar. Ainda assim, eu voltava, por vontade própria. Foi quando comecei o que seria, a princípio, uma solução temporária para o problema, mas que, com os anos, tornou-se parte integral da minha vida. Eu vivia perto da National Gallery e a entrada era gratuita, então decidi escolher um único quadro e dedicar a ele uma visita breve, de quinze minutos, fazendo isso cinco dias por semana. Mudaria de quadro quando sentisse que havia esgotado meu interesse. Nessa época, isso levava, geralmente, uma semana; hoje, em parte porque só consigo visitar o museu uma ou duas vezes por semana, o procedimento pode demorar bem mais; às vezes só mudo de quadro depois de um ano. Pelos últimos vinte e cinco anos mantive essa vigília em todos os lugares onde vivi. Naquele dia, em Roma, depois de ter visto meu país pela primeira vez em trinta e três anos, depois de descobrir tudo o que era possível descobrir sobre o que havia acontecido com meu pai, sentei no chão da galeria que se esvaziava, contemplando *O Martírio de São Lourenço*, rabiscando um esboço no meu caderno de notas — em parte para me ajudar a olhar, mas sobretudo para justificar minha presença prolongada diante do quadro. E então, sem notar que me entregava a eles, fui cercado por sons e imagens, aparecendo-me em fragmentos estilhaçados cortantes, dos últimos momentos do meu pai: o que podem ter dito a ele, quais podem ter sido suas últimas palavras, o que ele pensou ali do seu passado.

★

Como o carpinteiro do estrado de Lourenço, o arquiteto de Abu Salim se valeu do pensamento prático para projetar a cela do meu pai, o quarto ao qual meu pai, em sua carta, se referira ironicamente como «nobre palácio». Em geral, a humanidade não discorda sobre quais devem ser o aspecto e a função das prisões. O projeto de Abu Salim adere a esse código universal. O homem que projetou a cela jamais a ocupou; na verdade, jamais viu a construção ao vivo. Sentou-se numa mesa de desenho em outro país e, entre intervalos para refeições, idas ao banheiro e outras obrigações, considerou as medidas oficiais, a capacidade prevista, os materiais e a planta. Optou por paredes de concreto pré-fabricado, que foram então embarcadas e transportadas a Trípoli de navio. Aos trabalhadores estrangeiros que montaram o edifício foi designada uma carga horária correta. Havia almoço. A construção foi finalizada em tempo recorde. Residentes das redondezas comentaram como tudo aconteceu de um dia para o outro. O arquiteto orientou o fabricante a fazer um buraco redondo bem no centro de cada peça pré-fabricada, de forma que, quando o guindaste erguesse a laje, ela ascendesse num equilíbrio perfeito, reta como uma guilhotina. Os buracos foram então ocultos com gesso. Mas, mais tarde, quando as celas foram preenchidas, os prisioneiros localizaram esses vãos, percebendo que, raspando o gesso, podiam abrir um canal para a cela ao lado, um canal por onde se podia, por exemplo, repassar um livro. Sei disso porque meu pai descreve um desses buracos em sua carta e escreve: «Todo tipo de artigo passa por essa entrada. Nenhum mais precioso do que os livros.» E acrescenta: «A prisão é uma ótima biblioteca», o que acho difícil de acreditar. Todo fevereiro, retornando da Feira do Livro do Cairo, nós sofríamos para colocar todos os livros que papai comprava no bagageiro e muitas vezes era preciso chamar um táxi. Sempre que ousava ler as cartas que meu pai mandou da prisão, minha mente buscava sinais de como ele poderia ter sido transformado, afetado ou abatido pelo encarceramento. Independentemente da qualidade, livros corriam por essas aberturas, que eram ocultas durante o dia e abertas à noite. Criavam uma rede conectando quase todas as celas. Foi uma consequência imprevista da decisão do arquiteto. A planta era feita de alas construídas em ângulos retos, agrupadas em torno de espaços retangulares a céu aberto. Esses pátios eram os únicos lugares onde os prisioneiros podiam caminhar sob o sol. Foi neles que, no dia 29 de junho de 1996, 1.270 prisioneiros foram executados. Nunca acreditei, mas é possível que meu pai estivesse entre eles.

Um ex-prisioneiro que encontrei em 2004 me disse que, em abril de 1996, dois meses antes do massacre, meu pai foi levado de sua cela. Seus pertences foram deixados para trás e vendidos pelos guardas para outros prisioneiros. Meu pai foi então transferido para outra ala ou para outra prisão, ou então foi executado de imediato, ou trazido de volta para morrer dois meses depois com os demais, ou, ainda, assassinado em outro momento, em dia e lugar desconhecidos.

Ao longo das últimas duas décadas e meia, busquei cada mínima informação sobre a vida em Abu Salim. Li todos os relatos que encontrei e, sempre que ouvia falar de algum ex-prisioneiro que havia deixado o país, eu tentava contatá-lo. Em uma ocasião, voei até Oklahoma. Sempre ia para esses encontros com um misto de medo e esperança cansada. Havia modéstia nesses homens, uma modéstia que se mostrava em não querer revelar todos os fatos de uma só vez, o que me lembrava daquele orgulho deslocado dos que, tendo sido agraciados com uma grande fortuna, tentam minimizar o próprio privilégio. Eu pensava isso de forma crítica, por frustração, pois muitas vezes procurava me conter, limitar minhas perguntas, que eu tentava articular com o menor senso de urgência possível. Encontrei tantas pessoas, tantos nomes. Sei muitos, muitos nomes. Às vezes me deito de costas e fecho os olhos e os vejo flutuando sobre mim como mariposas.

Em uma dessas ocasiões, encontrei-me com um homem num café vazio em Londres. Sentamos numa mesa dos fundos, de onde podíamos ver todo o local. Ele sentou-se de costas para a entrada, e eu tomei nota de quem entrava. Isso foi nos anos depois de 2004, quando Tony Blair foi à Líbia e posou apertando a mão de Muammar Kadhafi. Ziad me telefonou naquela tarde. «Agora perdemos tudo», ele disse. A ditadura tornou-se mais forte do que nunca. Alguns de seus piores criminosos começaram a comprar casas em Londres. O espião-chefe de Kadhafi, Moussa Koussa — que, em 1980, havia sido expulso da Grã-Bretanha por defender, numa entrevista ao *The Times*, a política da Líbia de assassinar opositores no estrangeiro —, era agora um visitante frequente. Depois da visita de Tony Blair, a capital britânica tornou-se o principal ponto de monitoramento de expatriados do serviço secreto líbio. A Inglaterra ajudou a entregar dissidentes a Trípoli. A Autoridade de Investimento da Líbia, instituição corrupta que alegava administrar a riqueza nacional, tinha sua base em Londres. A Autoridade comprou hotéis, terrenos e vários investimentos, muitas vezes no nome de indivíduos do círculo íntimo de Kadhafi. Financistas britânicos famosos e poderosos eram membros do conselho. O filho e sucessor natural do ditador, Seif el-Islam Kadhafi, tornou-se queridinho do establishment britânico. A London School of Economics lhe outorgou um PHD, que mais tarde se revelou fraudulento. Vários acadêmicos, políticos, advogados e agências de publicidade britânicas começaram a trabalhar duro para purificar a imagem sangrenta do regime líbio. Nenhum de nós se sentia seguro. Oficiais da embaixada da Líbia compareceram à primeira leitura pública que fiz do meu primeiro romance. Um relatório foi enviado para Trípoli, e passei a ser monitorado. Já não era seguro visitar minha família no Egito, o que representou um segundo exílio na minha vida. Quando amigos e parentes visitavam Londres, muitos não achavam prudente encontrar-se comigo. Sempre que eu dava uma entrevista criticando o ditador, passava dias andando com o peso do regime nas minhas costas. Foi nesse contexto que esse ex-prisioneiro e eu nos encontramos no café em Londres.

Ele me contou que, embora as autoridades na prisão não permitissem que Jaballa Matar se relacionasse com os outros prisioneiros, ele tinha conseguido estabelecer contato com meu pai.

— Trocamos mensagens pelos buracos.

— Então você nunca chegou a vê-lo?

— Só de longe. Ele contou que costumava subir nos ombros de um colega de cela para olhar pelas janelas da parte de cima meu pai caminhando pelo pátio.

Enquanto me contava isso, eu fitava seu rosto, sentindo um desejo poderoso não tanto de saber como ele lembrava do meu pai, mas de possuir literalmente seus olhos, os olhos com os quais ele vira meu pai — minha vontade era arrancá-los de seu crânio e inseri-los no meu.

Em outra ocasião nessa mesma época, conversei com um ex-prisioneiro que havia trabalhado como cozinheiro na prisão durante o período em que ocorreu o massacre. Depois dos fuzilamentos, que duraram horas e eram como «uma broca dentro da nossa cabeça», os guardas lhe deram uma caixa cheia de relógios e anéis sujos de sangue e pediram que ele lavasse tudo. Alguém claramente esquecera de pedir aos prisioneiros para retirarem seus relógios e anéis de casamento — ou, mais provável, os carcereiros, que administravam a economia local de artigos confiscados e roubados, não podendo fazê-lo na frente de seus superiores, foram depois discretamente de corpo em corpo, rapidamente desatando relógios e puxando anéis. O cozinheiro anotou mentalmente o número de relógios. Foi assim que seu testemunho, naqueles anos em que todas as notícias sobre o massacre eram suprimidas, deram às organizações e aos defensores dos direitos humanos uma estimativa inicial do número de mortos.

★

Em sua primeira carta, que recebemos em 1993, meu pai nos alerta que ninguém deve saber da correspondência: «caso contrário», ele escreve, «cairei num abismo sem fundo. Prefiro morrer sob tortura do que revelar os nomes daqueles que entregaram esta carta.»
Mamãe, Ziad e eu estávamos no meu quarto no Cairo, agachados no chão ao pé da minha cama. Não lembro por que acabamos lendo nessa posição curiosa. Era como se a carta contivesse um dispositivo explosivo que quiséssemos neutralizar. Essa não foi a primeira vez que lemos a carta, mas a primeira vez que a relemos, um dia depois do choque imediato de a ter recebido e de descobrir que meu pai não estava numa localização secreta no Cairo, como as autoridades egípcias nos levaram a crer, mas na prisão de Abu Salim, em Trípoli. Mamãe começou a reler e parou. Ziad assumiu a leitura. Depois, foi minha vez de continuar. E assim foi até a última linha. Em mais de uma ocasião, Ziad e eu pedimos à mamãe para nos ajudar a entender uma palavra. Ninguém conhece a caligrafia do meu pai melhor do que ela.
Nosso olhar era tão determinado que mal podíamos enxergar. Éramos como figuras movendo-se num nevoeiro. E cada um de nós temia perder-se dos demais. Mas o luto é uma força divisória: ele levava cada um de nós para um

território de sombras particulares onde o tormento era incomunicável, horrivelmente fora do reino da linguagem.

Eu não parava de pensar sobre a palavra «cair». Por que ele disse «cairei num abismo sem fundo», quando certamente queria dizer «serei lançado?». «Cair» sugeria que ele tinha alguma autonomia na questão. Trazia à mente um homem levado às raias da insanidade, e então caindo. E a descrição do abismo como «sem fundo» me enervava ainda mais. A palavra «abismo» já é terrível; por que acrescentam o adjetivo? Isso, por razões que não sei explicar, me perturbou mais do que qualquer outro detalhe na carta. Deslocou algo em mim que continua fora de lugar. Ao definir o tipo de abismo no qual cairia, meu pai revelou, sem querer, uma verdade sombria. Nesse mundo de sombras de onde escrevia, havia claramente uma variedade de abismos. E, quando escreve essa carta, meu pai já se familiarizou com vários deles. Alguns pareciam sem fundo, mas não eram. Já a ameaça que a carta apresentava era do tipo que não ofereceria nenhum alívio.

Uma das frustrações da vida na prisão, que é também uma de suas consequências intencionais, é que o prisioneiro se torna um inútil. Ele não consegue ter valor algum. O objetivo aí é torná-lo impotente. A frustração cresce até que ele se expõe a um risco injustificado. Em outubro de 1995, cinco anos e meio depois de sua abdução, meu pai cruzou essa linha. Ele escreveu uma carta para Saber Majid, rico dissidente líbio que vivia em Londres. Na carta, meu pai explicava que a família de um camarada prisioneiro vinha passando por maus bocados e pedia um empréstimo de 8 mil dólares, a serem entregues ao portador. «Permita-me ser claro», meu pai escreve. «Esse é um empréstimo que lhe pagarei quando estiver livre. Se esse dia jamais vier, então meus filhos, Ziad e Hisham, vão ressarci-lo.» Nessa carta também encontramos o alerta de sempre, enfatizando a importância de manter o documento em segredo. Quando Ziad e eu nos oferecemos para pagar o empréstimo do meu pai, o homem revelou que nunca dera o dinheiro ao portador da carta. Ficamos indignados. Afinal, meu pai e várias outras pessoas arriscaram a vida para entregar aquela mensagem. Em resposta, Saber Majid disse: «Eu não tinha como ter certeza de que a carta era genuína.» Perguntamos se ele saberia como encontrar o tal portador. Ele disse que não sabia e que sequer se lembrava do nome dele. Para piorar, talvez deliberadamente ou por pura estupidez, Saber Majid publicou a carta num jornal de língua árabe. O abismo sem fundo se abriu.

Em 2011, quando Trípoli caiu e todos os prisioneiros de Abu Salim foram soltos, Ziad encontrou-se com um homem que estivera na cela vizinha à do meu pai. O homem lembrava do interrogatório provocado pela publicação da carta; disse a Ziad que, para ouvir, encostou o ouvido na abertura no centro da parede. No encontro, transmitiu o que ouviu ao meu irmão da seguinte maneira:

— O interrogador disse: «Eu quero saber quem entregou a carta.»

— Seu pai respondeu: «Que carta?»

— O interrogador: «A carta no jornal. Quero o nome do prisioneiro a quem você deu a carta e o nome da pessoa lá fora que a entregou.»

— Seu pai respondeu: «Eu vou te dizer. Escrevi essa carta de próprio punho, dobrei o papel várias vezes e o entreguei para você. Se me perguntarem, direi que foi você quem entregou.»

— Depois disso — contou o ex-prisioneiro — o senhor Jaballa foi torturado tão violentamente que não conseguia se levantar para conversar conosco à noite. Isso aconteceu por três dias. Depois o levaram.

★

Eu sempre soube quem nos entregou a carta. Foi meu primo Nasser al-Tashani, irmão mais velho de Marwan e Nafa. Lembro do dia no Cairo quando a campainha tocou. Ele não tinha nos avisado que viria da Líbia. Ficamos surpresos e felizes por vê-lo. Mas, em vez de nos cumprimentar, ele foi diretamente ao nosso aparelho de som estéreo — lembro que tocava uma música de Oum Kalthum — e pôs o volume no máximo. Depois, abraçou minha mãe e sussurrou alguma coisa em seu ouvido. Todos o vimos puxar um pedaço de papel que, de tão dobrado, tinha o tamanho de um selo.

Ao longo dos anos, Nasser nunca nos contou o nome do homem dentro de Abu Salim que lhe entregou as cartas. Tudo que sei é que esse homem era um amigo que Nasser visitava de tempos em tempos. Muitas vezes me perguntei se meu pai, quando foi enviado para o abismo sem fundo, entregou o nome do homem sob tortura. O fato de que as autoridades nunca questionaram Nasser era um bom indicativo, mas também é possível que, tendo extraído do meu pai o nome do prisioneiro, as autoridades não tenham conseguido extrair do prisioneiro, por sua vez, o nome de Nasser. Eu tinha vergonha desses pensamentos, pois quem poderia julgar um homem por confessar sob tortura, ainda mais sendo nosso próprio pai? Mas não era apenas orgulho. Eu precisava saber de alguma forma que ele não cedeu, que preservou o que era dele, que em seu íntimo havia um espaço ao qual o regime nunca conseguiu chegar.

Certa manhã, em Bengasi, o telefone tocou no nosso quarto de hotel. Quando atendi, um homem me disse: «Você não me conhece, mas seu pai era como um pai para mim. Estou aqui embaixo. Adoraria conhecê-lo.»

Quando a porta do elevador se abriu, o homem me esperava no lobby. Era talvez cinco anos mais velho do que eu. Tinha um rosto excepcionalmente saudável. Lembro de pensar isso quando o vi. Olhos limpos, pele limpa. Ele me levou a uma mesa onde encontrei meu primo Nasser com um grande sorriso no rosto.

O nome do homem era Ehlayyel Bejo. Era poeta. Foi preso em 1984, aos dezenove anos de idade, e passou dezessete anos na prisão. Desde a revolução, trabalhava para o Ministério da Cultura. Ele e Nasser eram amigos de infância. Mas, quando foi preso, Ehlayyel não sabia que Nasser tinha um tio na mesma prisão, e Nasser, como todos nós, não tinha ideia de que meu pai estava em Abu Salim.

— Não conhecia seu pai antes da prisão — Ehlayyel disse. — Eu o conheci primeiro por sua voz. Quando um de nós dentre os prisioneiros mais jovens era levado para a sala de interrogatório, seu pai falava: «Garotos, qualquer coisa, digam que foi Jaballa Matar quem deu as ordens.» Eu o amava por isso. Você não tem ideia do efeito daquilo no meu coração. Força no momento de maior fraqueza. Aos poucos, nós começamos a trocar cartas. Ele me escreveu muitas cartas lindas que eu tive de destruir.

Ehlayyel Bejo e Nasser al-Tashani arriscaram a vida para nos trazer a carta que destruiu o mito que as autoridades egípcias haviam construído. E, quando lançado ao abismo sem fundo, meu pai jamais entregou seus nomes.

★

Sempre me perguntei se é possível perder o próprio pai sem pressentir o momento exato de sua morte. Lembro de uma entrevista no rádio com um poeta sírio cujo nome esqueci. Ele veio a Londres para uma conferência. Estava hospedado em um hotel na Grosvenor. Certa tarde, sentiu um impulso súbito de caminhar até a praça.

«Caminhei debaixo das árvores. Era um dia lindo. Mas eu não conseguia me livrar de uma tristeza desesperada. Senti saudade da minha mãe. Quando voltei para o meu quarto encontrei uma mensagem dizendo que ela tinha acabado de morrer.»

Lembro de ouvir isso no rádio e pensar que fazia todo sentido. Claro, eu disse a mim mesmo, era impossível não detectar o momento em que alguém que amo morre. E esse pensamento sempre me reconfortou, sobretudo quando a esperança era escassa. E, agora que é impensável que meu pai esteja vivo, esse fracasso me perturba. Tanta coisa acontece nesse mundo sem que sequer pisquemos o olho.

O mais provável é que meu pai tenha morrido no massacre de Abu Salim. Vários prisioneiros me contaram que, embora não o tenham visto, ouviram dizer que Jaballa Matar estava entre aqueles que foram levados ao pátio naquele dia. Ehlayyel Bejo chegou a ficar surpreso com a minha dúvida, mas, quando perguntei se ele ou qualquer outra pessoa que ele conhecia viu meu pai naquele dia, ele disse que não, acrescentando: «Mas era óbvio.» Outro prisioneiro, que ficava numa cela voltada para a passagem que levava ao pátio, me disse: «Posso quase jurar que o vi, mas não posso ter certeza, pois não tinha muita luz. Era de manhã bem cedo.» É possível que esses relatos me fossem apresentados de forma deliberadamente ambígua, para suavizar o golpe. Então, embora nunca tenha se confirmado, o mais provável é que a vida do meu pai tenha chegado ao fim no dia 29 de junho de 1996, quando ele tinha 57 anos, e eu, 25.

★

Ao longo de todos esses anos, de todas as pesquisas e investigações que fiz, nunca conferi meu diário daquele ano. Não sou um diarista regular. Há anos em que fiz apenas um punhado de notas. Recentemente, ao voltar da exposição de Ticiano em Roma, procurei meus cadernos de anotações e encontrei um de 1996. E lá estava: uma entrada feita no dia

29 de junho, o dia do massacre. Era um sábado. Eu vivia no West End, a uns vinte minutos de caminhada da National Gallery, e não tinha dinheiro. Por semanas a fio tudo que comi foi arroz e lentilhas. Eu vivia terrivelmente preocupado com dinheiro. Preocupações eram como ácido durante o dia. Mas eu me esforçava para me apresentar de forma elegante e decretei a mim mesmo que jamais contaria a ninguém o quão desesperado eu estava. Na entrada, lê-se:

«Não consegui levantar da cama antes do meio-dia. Caminhei até a NG. Cansei do Velázquez. Mudei para o *Maximiliano*, de Manet. Nunca mais falar de preocupações financeiras de novo. Amanhã, desenhar.»

No dia seguinte, há outra entrada. Uma linha só:
«Não desenhei.»

Li as entradas de novo. Algo naquela distância me deixava tonto. Eu claramente havia burlado minha própria regra, reclamando de dinheiro na noite anterior. Mas só isso não explica por que não consegui sair da cama antes do meio--dia, considerando que costumo levantar cedo. Mas, acima de tudo, o que me provocou arrepios foi o fato de que, no dia em que 1.270 homens foram executados na prisão onde meu pai se encontrava preso, decidi trocar de vigília — uma vigília que, naquela altura, eu mantinha há seis anos —, passando a um quadro de Édouard Manet intitulado *A Execução de Maximiliano*: uma representação de uma execução política.

O pintor espanhol do século XVII Diego Velázquez, que me fascinava naquele tempo, conta-se entre as influências do pintor francês Manet. Foi provavelmente essa cronologia de influências que organizou minha decisão. Entretanto, é tão apropriada que chega a ser inquietante. Manet respondia ali a um dos eventos políticos mais controversos da sua época. A intervenção francesa no México havia chegado a um fim desastroso com a execução do regente que os europeus haviam instaurado, o imperador Maximiliano, em 1867.

Não há fotografias do incidente. Manet precisou se amparar nas histórias que ouviu e nos relatos que leu nos jornais. No mesmo ano, começou a trabalhar em várias recriações do evento. Durante os dois anos seguintes, completaria três grandes pinturas, um esboço a óleo e uma litografia exibindo a queda de Maximiliano. Essas obras estão espalhadas pelo mundo. A que está na National Gallery acontece de ser a mais pungente, não menos porque, após a morte do artista, o quadro foi retalhado e vendido em fragmentos. O artista impressionista Edgar Degas comprou as partes de que ainda se tinha notícia, e só em 1992, dois anos depois do desaparecimento do meu pai, a National Gallery as reuniu numa única tela. Grandes porções da pintura continuam desaparecidas. Não podemos ver Maximiliano — apenas sua mão, que um de seus generais segura com firmeza. Os oficiais do pelotão de fuzilamento mostram-se tão implacavelmente focados e indiferentes quanto os homens ao redor de São Lourenço. Seria difícil imaginar um quadro que melhor evocasse o destino inconcluso do meu pai e dos homens que morreram em Abu Salim. Descobrir que meu eu de 25 anos foi guiado, sem nada saber, seja por razão ou instinto, para essa pintura específica no mesmo dia do massacre me perturbou e desde então mudou minha relação com todas as obras desse artista francês que, em algum momento dos romances de Proust, é descrito como um pintor de incontáveis retratos de modelos desaparecidos, «modelos que já pertencem ao esquecimento ou à história». Hoje, sempre que vejo um Manet, o branco, o seu branco, que não se parece com nenhum outro branco, não pode ser uma nuvem, uma toalha de mesa ou um vestido de mulher; será sempre os cintos de couro branco do pelotão de fuzilamento na *Execução de Maximiliano*.

A campanha

Ao longo de tudo que aconteceu nas últimas duas décadas e meia desde que perdi meu pai, todos os sucessos e fracassos, todas as mais variadas tarefas que me foi preciso cumprir para dar um passo nessa ou naquela direção, todas as descobertas e oportunidades perdidas, todos os desentendimentos, os novos amores e os novos amigos, agradando alguns e decepcionando outros, com cada descoberta regendo seu ajuste particular, além de todas as minhas horas ruidosas e silenciosas, durante tudo isso, a engrenagem dos meus esforços para descobrir o paradeiro do meu pai seguia em operação. Abria caminho no escuro, nada alcançando e parecendo sempre mais, a cada ano, um produto de seu próprio desejo. Por um quarto de século, a esperança vem se esvaindo de mim. Agora posso dizer que estou quase livre dela. Tudo o que resta são uns poucos grãos dispersos.

Em 2009, estando há dezenove anos dentro desse nevoeiro, um homem me telefonou. Era fevereiro, o mês mais sombrio no calendário inglês, quando os rolos de nuvem chegam em duas ou três camadas. Ele me contou que estivera preso por oito anos e que só recentemente havia sido solto.

— Eu vi seu pai. Na Boca do Inferno — ele disse. — Muitos anos atrás.

— Quando exatamente?

— Lá em 2002.

— Você viu meu pai em 2002?

— Sim, 2002.
Se fosse verdade, teria sido a única vez que alguém viu meu pai depois de 1996 — depois do massacre.
Eu disse que não podia falar livremente e perguntei se eu poderia telefonar para ele em mais ou menos uma hora. Ele me deu seu número. Tudo parou. Tudo que eu estava fazendo antes daquele momento e tudo que eu estava planejando fazer desapareceu. Conferi os antecedentes do homem. Ele havia sido, sim, prisioneiro político, e a prisão de nome macabro realmente existia. Era uma prisão de segurança máxima em Trípoli. Disquei o número que ele me dera. Ele atendeu imediatamente.
— Como ele estava? — perguntei.
— Como assim?
— Que aspecto ele tinha? Seu rosto, sua saúde?
— Eu só o vi uma vez, e muito brevemente. Parecia debilitado, mas bem.
As palavras «debilitado» e «bem» prolongaram-se silenciosamente na minha boca. A esperança, como água numa terra ressecada, ressurgiu em mim, pesada, como se me afogasse. Era uma notícia tremenda. Tremenda como uma tempestade ou uma enchente podem ser tremendas. Quando seu pai está desaparecido há dezenove anos, seu desejo de encontrá-lo iguala-se ao medo de encontrá-lo. Você é o cenário de uma vergonhosa batalha privada.

*

A Human Rights Watch anunciou o avistamento no relatório que veio a público no dia 12 de dezembro de 2009. A mídia que o relatório atraiu revigorou minha busca. Junto com vários jornalistas, escritores e organizações de direitos humanos, lançamos uma campanha focada no caso do meu pai e, de modo geral, na questão dos direitos humanos na

Líbia. Buscávamos condicionar os laços diplomáticos que a Inglaterra à época cultivava com o regime de Kadhafi à implementação de reformas substanciais na Líbia. Uma carta aberta ao ministro das Relações Exteriores, David Miliband, foi organizada pelo comitê inglês da Pen International, a associação internacional de escritores. A carta instava o governo britânico a:

> valer-se de sua nova relação com o governo líbio para demandar melhorias sinceras e significativas no que diz respeito aos direitos humanos na Líbia. Perguntamos, portanto, ao Ministério das Relações Exteriores, em atenção ao último relatório da Human Rights Watch [...] em que o caso de Jaballa [Matar] é documentado, se ele buscará informações junto ao governo líbio a respeito do paradeiro de Jaballa e de outros presos políticos.

A carta foi publicada no *The Times*, no dia 15 de janeiro de 2010. Os nomes mais notáveis entre seus 270 signatários eram mencionados no jornal. Naquele dia, a embaixada líbia em Londres «tremia», como me contou um membro da equipe de funcionários. «Você provocou um terremoto», ele disse. O embaixador foi visto aos gritos: «De onde diabos me aparece esse Hisham Matar?» Meu celular começou a exibir um funcionamento estranho. Ligava e desligava sozinho. Fiquei paranoico. Poucos anos antes, um homem que alegava ser membro do serviço secreto líbio — que também alegava «ter meus interesses em mente» — havia me dito que eu tinha uma «luz vermelha» sobre a cabeça, por isso desejava me alertar, pois «você precisa parar. Eu me preocupo com você». Agora, eu imaginava aquela luz vermelha ainda mais intensa. Pateticamente, passei a levar uma faca no bolso sempre que saía do apartamento. Uma sombra demorava-se sobre as nossas horas, penetrando cada cômodo da nossa casa.

David Miliband respondeu imediatamente. A resposta foi publicada no *The Times*:

— Hisham e sua família precisam saber a verdade agora — ele escreveu. — [O desaparecimento de Jaballa Matar] é uma das muitas preocupações que temos quanto à situação dos direitos humanos na Líbia.

Amigos me envolviam como uma floresta. Um deles fez um website, outro cuidava das redes sociais, e todos deixaram seus contatos à disposição. Um amigo em particular, Paul van Zyl, que tinha larga experiência com regimes opressores graças a seu trabalho com o International Center for Transitional Justice, tornou-se meu aliado e conselheiro mais próximo. Eu me consultava com ele a todo momento. Fiquei obcecado. Perdi toda reticência. Estava preparado para contatar qualquer pessoa, se eu achasse que ela poderia me ajudar. Por três meses não escrevi uma única linha. Mal dormia. A única coisa que conseguia ler era poesia, e apenas poucos versos por vez, o sangue quente correndo o tempo todo em minhas veias. Minha mente se tornou um motor em intensa aceleração, voltado apenas para a próxima tarefa. Em raros momentos de calma, quando o motor silenciava, vinha-me um sabor de inautenticidade, que eu não conseguia compreender. Por acaso eu não estava fazendo tudo que podia? Um filho não tem o direito de saber o que aconteceu com seu pai? O caso é que, quando estamos procurando nosso pai, também estamos procurando outras coisas. Era por isso que, quanto mais o buscava, menos presente ele se tornava em meus pensamentos. É um paradoxo, mas meu pai nunca me pareceu tão distante quanto naqueles dias quando eu dedicava cada minuto da minha vida a encontrá-lo. Toda semana seu nome era mencionado pelo menos uma vez em jornais, programas de rádio ou na televisão. Eu me mantinha acordado por dois ou três dias seguidos, depois colapsava por doze horas ou mais, acordando inquieto e confuso, sem saber direito onde eu estava. Foi dentro de um desses estados de profunda inconsciência que sonhei com ele. Meu pai caminhava pelo apartamento. A sala estava exatamente como naquele dia: o mesmo arranjo de papéis na mesa, as mesmas flores murchas, a mesma xícara de chá, vazia, no chão perto da lareira. Ele parou na porta do quarto, me observando. Por alguma razão, não quis entrar. Estava chateado com alguma coisa. Por fim, disse:

— Você não tem me dado atenção.

Uma das injustiças na abdução de alguém é difícil de descrever. O desaparecido se torna uma abstração, e, como a possibilidade de que siga existindo sob o mesmo sol e a mesma lua é real, fica difícil reter dele uma imagem clara. Na morte, os traços distintivos vão desaparecendo, e não há serviço fúnebre no mundo capaz de rechaçar a maré do esquecimento. Mas, em vida, o desaparecido muda das formas mais ativas e elaboradas.

*

Poucos dias depois da carta aberta e da resposta de David Miliband, a romancista Kamila Shamsie e Philipe Sands, respeitada autoridade em direito internacional, coescreveram artigo em que concluíam o seguinte:

> O desaparecimento inicial de [Jaballa] Matar violou as leis do direito internacional; a persistência de seu encarceramento, sem comunicação com o mundo exterior, viola as leis do direito internacional; seu desaparecimento por quase duas décadas viola as leis do direito internacional; o fracasso do governo líbio em investigar efetivamente seu caso viola as leis do direito internacional. Tais violações expõem indivíduos dentro do governo líbio ao risco de ação criminal. Em suma, os direitos de Hisham Matar estão sendo violados.

Como cidadão britânico, ele tem o direito de esperar que o governo do país intervenha diretamente junto à Líbia para pôr fim a essa tortura.

No dia seguinte, Ziad, que viajou a Londres com esse propósito, Diana e eu, além de um grupo de amigos, sentamos na galeria da Câmara dos Lordes. Às 14h44, o advogado e ativista de direitos humanos Lorde Lester se ergueu e indagou se o governo de Sua Majestade, em atenção ao relatório da Human Rights Watch, buscaria «informações junto ao governo da Líbia sobre o paradeiro de Jaballa Hamed Matar».
Ouvir o nome do meu pai na câmara mais alta do meu país de adoção teve em mim um efeito vertiginoso. Sempre que era repetido, o sentimento voltava. Não era bem orgulho, mas um vazio vertiginoso. Tenho certeza de que Ziad sentiu o mesmo. Seu olhar se mantinha perfeitamente imóvel, e seu rosto se retorcia um pouco. Senti uma vontade irresistível de pegá-lo pelo braço, fugir daquele edifício neogótico e correr até o limite de nossas forças.
A ministra de Estado, baronesa Kinnock, respondeu. Citou a resposta de David Miliband à carta aberta e acrescentou: «Nossa embaixada em Trípoli levou a questão aos líbios e solicitou mais investigações.»
Vários outros membros da Câmara se posicionaram.
A baronesa Kennedy disse: — Eu também agradeceria se a ministra pudesse nos informar se o governo [britânico] propôs uma investigação sobre o massacre que ocorreu na prisão de Abu Salim em 1996. [...] Até que ponto o governo vem silenciando críticas sobre abusos dos direitos humanos na Líbia para proteger relações comerciais, particularmente em relação ao petróleo?
A ministra refutou a sugestão de que «interesses comerciais motivassem nossas ações».

A baronesa D'Souza, então, ergueu-se. — Senhores, a ministra poderia confirmar quando se deu a última vez em que o caso de Jaballa Matar foi mencionado nas discussões diretas entre os governos da Líbia e do Reino Unido?

— Posso dizer à nobre baronesa que as últimas discussões sobre o caso de Jaballa Matar se deram neste fim de semana.

Outro membro, Lorde Hunt, expandiu ainda mais as demandas, sugerindo que o apoio do Reino Unido a uma proposta recente da União Europeia no sentido de fortalecer relações comerciais teria de ser atrelado à implementação de reformas na Líbia. «A Ministra poderia, por favor, responder esta simples pergunta: ela concorda que o acordo-quadro entre o Reino Unido e a Líbia deve se basear no avanço significativo das reformas no campo da política e dos direitos humanos? Se concorda, podemos simplesmente ouvir uma resposta afirmativa?»

— A resposta é sim — disse a ministra de Estado.

Outro membro, Lorde Avebury, se posicionou. «Meus senhores, nós também somos gratos ao ministro das Relações Exteriores por seu posicionamento a respeito de Jaballa Matar. [...] O ministro poderia agora publicar uma lista completa de todas as representações individuais que foram feitas ao governo líbio junto com o texto das possíveis respostas recebidas?»

Peter Mandelson, que, junto com Tony Blair, era o outro membro sênior do Partido Trabalhista que mantinha relações próximas com o filho de Kadhafi, Seif el-Islam, estava presente. Durante toda a sessão, ele manteve os olhos em mim. Sua expressão era teatralmente dura e parecia ocultar deliberadamente qualquer emoção. Sintetizava o cinismo com o qual alguns membros do establishment britânico vinham conduzindo suas relações com a ditadura líbia.

Quando a sessão terminou, sentimo-nos revigorados e otimistas. Nenhum de nós esperava que o apoio fosse tão amplo e tão apaixonado. Lorde Lester veio nos dizer que não era comum que perguntas do tipo, que só dispõem de alguns minutos para discussão, provocassem tantas declarações de apoio. Nós nos retiramos e, por alguns momentos daquela tarde, eu me senti útil.

★

Mais artigos foram publicados. O serviço de rádio da BBC World preparava um documentário sobre o desaparecimento do meu pai. Dei inúmeras entrevistas a canais de televisão. E então algo sem precedentes aconteceu. O vencedor do Nobel da Paz e antigo arcebispo da Cidade do Cabo, Desmond Tutu, publicou um comunicado, convocando Muammar Kadhafi

> a esclarecer urgentemente o destino e o paradeiro de Jaballa Matar [...]. A passagem da Líbia do isolamento à aceitação só se completará quando o país oferecer às vítimas de violações dos direitos humanos as reparações que elas merecem. O caso de Jaballa Matar pode ser um ótimo início.

Jamais uma personalidade africana da estatura de Tutu criticara publicamente Kadhafi. A maioria dos líderes africanos, dependentes de doações líbias, era vergonhosamente servil. Um dos raros gestos honrados de Kadhafi foi seu apoio longevo e inabalável ao Congresso Nacional da África, o que tornava os membros do movimento anti-apartheid da África do Sul ainda menos dispostos a se posicionar contra os abusos aos direitos humanos na Líbia. Ainda em 2002, eu havia enviado uma carta a Nelson Mandela por meio de um amigo que desempenhara um papel de destaque no movimento antiapartheid e que conhecia o presidente sul-africano pessoalmente. Na carta, perguntei ao senhor Mandela se ele poderia, dada a sua proximidade com

Kadhafi, investigar o paradeiro e o estado do meu pai. A resposta que meu amigo recebeu foi inequívoca: «Mandela diz para nunca mais pedirem isso de novo.» Como a frase me chegou de segunda mão, é impossível estar certo da escolha das palavras; o que estava claro é que mesmo um grande homem como Nelson Mandela sentia-se demasiadamente em dívida com Kadhafi para correr o risco de indispô-lo. Tais preocupações eram claramente indiferentes ao arcebispo. Seu comunicado deu à nossa campanha um impulso extraordinário.

Tornei-me um tormento tanto para o governo britânico quanto para o governo líbio. Depois de vários pedidos para encontrar-me com David Miliband, fui finalmente atendido. Levei um amigo, que era um dos organizadores mais antigos e mais ativos da campanha, e Lorde Lester, que a essa altura se tornara figura central em nossos esforços para condicionar a cooperação entre a Líbia e o Reino Unido às reformas no campo da política e dos direitos humanos. Graças a uma série de influências conflitantes, a sede do Ministério das Relações Exteriores e da Commonwealth é arquitetonicamente interessante. O arquiteto, George Gilbert Scott, era um dos expoentes do renascimento gótico, movimento arquitetônico que dominou o Reino Unido entre meados do século XVIII e meados do século XIX. Augustus Pugin, uma das principais estrelas do movimento, responsável pela arquitetura delirante do Palácio de Westminster, que abriga a Câmara dos Lordes, foi uma das inspirações de George Gilbert Scott. Contudo, as instruções para a sede do Ministério tiveram um efeito restritivo sobre Scott. Demandava-se um design italiano, com influências da arquitetura renascentista italiana do século XVI. O resultado é um edifício estranhamente contraditório: esqueleto italianado, decorações ecléticas que evocam certo ar do romantismo colonial britânico e — na prepotência dos interiores e na determinação de controlar a luz — o temperamento e a atmosfera da arquitetura do renascimento gótico. Tal como o ministério que ele abriga, o edifício também quer estar em outro lugar. Caminhando por seus longos corredores, Lorde Lester começou a nos falar das muitas idiossincrasias da instituição. Ele caminhava ao meu lado e tinha um ar ansioso.

— Uma das coisas que ele vai perguntar é por que você não o procurou antes. O governo não está nada feliz com toda essa cobertura midiática — disse Lorde Lester. — Poucos passos depois, acrescentou: — Lembre-se de elogiá-lo. Você pode elogiá-lo em relação ao histórico de defesa dos direitos humanos do Partido Trabalhista.

— Não tenho como fazer isso — expliquei.

— Bem, pois pense em alguma coisa.

— Na verdade, já pensei. Eu pretendia elogiar a obra de seu pai. — Eu havia lido o livro *O Estado na Sociedade Capitalista*, do proeminente sociólogo Ralph Miliband.

— Quê? O marxista? E se ele odiar o pai?

— Mesmo assim, um homem que odeia o pai gosta de outros o elogiando.

— Acho que você tem que pensar em outra coisa.

Fomos levados a uma sala de espera e, poucos minutos depois, fomos conduzidos ao escritório de David Miliband. Ele nos recebeu à porta, com uma atitude acolhedora e jovial. Fez uma piada da qual não me lembro agora. O escritório era grande, com janelas em arco, teto alto dourado, as paredes forradas com papel verde escuro, com um motivo contínuo em ouro. Havia um grande quadro sobre a lareira de um homem indiano de aspecto régio segurando uma espada. Também estava presente o funcionário do Ministério encarregado de coordenar as operações na Líbia, Declan Byrne. Sentamos em poltronas de couro vermelho. David Miliband pediu que eu sentasse ao seu lado. Notei suas mãos excepcionalmente sem pelos. Lorde Lester estava certo. A primeira coisa que ele me perguntou foi por que não o procurei antes.

— Antes de toda essa barulheira — ele disse, fazendo um gesto com a mão e sorrindo de modo afável.

Achei que não valia a pena recordá-lo das muitas solicitações que fiz para uma reunião como aquela. Tudo o que disse foi: «Mas só estou aqui por conta da barulheira.»

Ele era, claro, um homem obviamente inteligente e carismático, mas, a essa altura, em parte talvez provocado pela conversa com Lorde Lester, decidi não me dar ao trabalho de mencionar seu pai.

Saímos de lá apenas com a promessa de que o embaixador britânico na Líbia faria intervenções quinzenais ao governo líbio relacionadas ao meu pai. Isso era importante. A pressão se manteria. Na saída, David Miliband pôs a mão em meu ombro.

— Então, me diga, você é cidadão britânico agora?
— Sim.
— Ótimo. Excelente. Então você é um dos nossos.

Aquilo era condescendência de sua parte? Talvez não. Talvez fosse o acolhimento genuíno de um compatriota. Ou, sabe-se lá, talvez fosse o pragmatismo impaciente, político, intimidante do poder para com uma pessoa de identidade mista, um homem cujas preocupações não cabem perfeitamente dentro das fronteiras de um único país. Ou talvez o que Miliband queria de fato dizia com aquilo era: «Vamos lá, agora você é britânico; esqueça a Líbia.»

★

A cada duas semanas eu contatava o funcionário encarregado da Líbia no Ministério das Relações Exteriores. Várias vezes fui lá, identifiquei-me na entrada, fui conduzido pelos corredores até uma sala de conferências no último andar para encontrar Declan Byrne e seus colegas. Quando os conservadores venceram as eleições, o novo ministro, William

Hague, decidiu, de acordo com o Ministério, «manter a atual política», confirmando o compromisso de Hague com aquelas intervenções quinzenais. A cada reunião eu perguntava se tais intervenções tinham alcançado algum resultado, e a resposta era sempre a mesma: «Não.» Na minha cabeça, aceitando aquilo que um parceiro relutante me oferecia, mesmo que de modo insincero, eu conseguiria sustentar o ânimo inicial. Quando ficasse óbvio que essas intervenções eram inúteis, eu poderia buscar uma estratégia diferente. Foi assim que meu cérebro raciocinou à época; hoje eu penso diferente.

★

Além de Tony Blair e Peter Mandelson, havia muitas outras figuras influentes dentro do establishment britânico muito próximas do regime líbio. Nosso objetivo era que aqueles envolvidos em negócios com a ditadura líbia tomassem conhecimento do nosso caso. O financista Nathaniel Rothschild era amigo de Seif el-Islam. Um amigo meu conhecia seu pai, Jacob Rothschild, e disse que poderia me apresentá-lo. Eu nunca conhecera alguém com tamanho poder. Era possível sentir esse poder emanando das paredes de seu escritório. Lorde Rothschild, que, como descobri em nosso encontro, servira por dois anos como conselheiro à Autoridade de Investimentos da Líbia, começou me falando das muitas pessoas que ele conhecia que estavam associadas à ditadura líbia. Ele falava sobre elas com interesse e curiosidade. Para homens como ele, pensei comigo, o mundo deve ser uma grande comédia. Entreguei a ele um arquivo com o caso do meu pai.

— Dadas as relações que o governo e o empresariado britânicos têm com o regime líbio — eu disse a ele — é uma oportunidade de ouro. O Reino Unido pode desempenhar um papel construtivo para melhorar a vida do povo líbio. Esse caso é um bom começo.

Lorde Rothschild disse que estava disposto a ajudar. Disse que havia encontrado Seif el-Islam em mais de uma ocasião. «Vou pedir que Nat fale com Seif.»

Saí de seu escritório, segui pela rota mais rápida para a National Gallery e parei em frente à *Oficina de Mármores no Campo de São Vidal*, de Canaletto.

Dias depois Jacob Rothschild me escreveu para dizer que Seif el-Islam encontrava-se em Londres. Na mensagem ele incluía um número de celular e dizia que Seif estava esperando minha ligação.

O filho do ditador

Desde 2004, quando Tony Blair foi à Líbia e as relações com o regime foram normalizadas, alguns amigos líbios insistiam para que eu entrasse em contato com Seif al-Islam. Com a ditadura realizando pequenas intervenções cirúrgicas para melhorar a imagem da Líbia, sabia-se que, em mais de uma ocasião, Seif havia libertado prisioneiros políticos. Ao mesmo tempo, recentemente, em 2009, ele havia feito o impossível: conseguiu extrair Abdelbaset al-Megrahi — oficial do serviço de inteligência líbio, condenado pelas 270 mortes no caso da explosão do Pan Am Flight 103 sobre Lockerbie — das garras do sistema judiciário escocês. Quando o avião pousou em Trípoli, Seif, erguendo a mão de al-Megrahi, desembarcou triunfante, o vento insuflando sua roupa. Pouco depois disso, Seif comprou uma casa em Hampstead. Por vários dias desde que ouvi a notícia, tive de me esforçar para expulsar da cabeça a ideia de bater à sua porta e matá-lo a tiros.

Em 2003, quando eu vivia em Paris, e pouco dias depois de quase pular de uma ponte, sentei e escrevi a Seif el-Islam o tipo de carta que eu vinha escrevendo às autoridades líbias e egípcias por anos a fio, detalhando os fatos conhecidos sobre o caso do meu pai e pedindo que esclarecessem qual teria sido seu desfecho. Ao longo dos anos escrevi quase trezentas dessas cartas. Jamais recebi resposta. Um dia, organizamos uma manifestação em frente à embaixada egípcia em Londres. Os policiais entregaram nossa carta ao jovem diplomata egípcio parado na entrada da embaixada. Para que víssemos tudo claramente, o diplomata ergueu o envelope bem acima da cabeça e o rasgou lentamente. Não foi bem o gesto que ficou na minha memória, mas a expressão em seu rosto, uma veemência que indicava uma curiosa mistura de desprezo e vergonha. Essa se tornou a face de todos os que jamais responderam minhas cartas. Jamais voltei a escrever para Seif. Mas agora, sete anos depois e no ápice de nossa campanha, eu estava desesperado, disposto a conversar até com o diabo para descobrir se meu pai estava vivo ou morto. Era meu estado à época; já não é hoje.

*

Disquei o número que Lorde Rothschild me enviou. Não houve resposta. Deixei uma mensagem. Dez minutos depois, o telefone tocou — o número era diferente. Ouvi a voz de um homem destilar o típico desfile de platitudes vazias, ainda mais sem sentido do que o normal, pois não deixava tempo para respostas. Até que ele disse: «Sou Seif.»

Eu me apresentei e solicitei uma reunião.

Ele disse que me enviariam hora e local.

À noite, um homem telefonou e disse: «Me chamo Rajab el-Laiyas.» Disse isso como se esperasse que eu o conhecesse. «Nós nos encontraremos amanhã às cinco da tarde no Jumeirah. Conhece?»

Quando desliguei, pensei: qualquer coisa pode acontecer. Talvez eu descobrisse o paradeiro do meu pai ou terminasse sequestrado. E lembrei daqueles minutos sombrios na borda da Pont d'Arcole em Paris. O que me levou até lá foi descobrir que, embora estivesse vivendo com a mulher que eu amava e, pela primeira vez, pudesse dedicar a maior parte do meu tempo à escrita, e embora o sol brilhasse na maior parte dos dias, e nós comêssemos bem, o único alívio que eu podia imaginar para a dor que me habitava a cada segundo era me encontrar naquele mesmo «nobre palácio» em Abu Salim, junto do meu pai.

Telefonei para Ziad no Cairo, perguntando em quanto tempo ele conseguiria chegar aqui. Ele pegou o voo noturno e, na manhã seguinte, estava na minha porta. Fumamos muito, bebemos infinitas xícaras de café e tentamos nos preparar. Repassamos todos os cenários possíveis: vamos ser convidados a uma sala ou nos encontraremos no saguão? Será que vão pedir para que os acompanhemos a algum outro lugar? E qual será a estratégia deles, e como responder? Notifiquei algumas figuras-chave da nossa campanha sobre a hora e o local da reunião. Diana esperaria em um café das redondezas com uma lista de telefones para ligar caso não retornássemos.

O Jumeirah Carlon Tower Hotel fica em Knightsbridge. A única coisa que sei sobre ele é que, muito tempo atrás, quando tinha um nome diferente, o romancista peruano Mario Vargas Llosa e o poeta mexicano Octávio Paz costumavam se encontrar por lá. Chegamos dez minutos mais cedo e ocupamos uma das mesas redondas para quatro pessoas no café do lobby. Ficava numa lateral, com uma boa vista da entrada. Não sei se minhas lembranças do lobby daquele hotel são precisas ou se foram afetadas pelo meu estado mental no momento. De todo modo, minha lembrança é a seguinte: no saguão, gordos empresários árabes sentavam-se em poltronas gigantes. Arquitetos e empreiteiros ingleses de terno inclinavam-se, mostrando-lhes planilhas e projetos arquitetônicos. Quanto mais esses ingleses se dobravam, mais apertadas ficavam suas gravatas, e mais vermelhas suas faces.

Embora não tivéssemos a menor vontade, Ziad e eu pedimos chá.

Uma mulher parecendo um tanto envergonhada ocupava o centro do lobby, dedilhando uma harpa. Seu talento era inquestionável, mas ela claramente fora instruída a só tocar versões instrumentais de canções pop famosas. Agora estava nos primeiros compassos de «Yesterday», dos Beatles. Vimos o pastor televisivo Amr Khaled sentado com um grupo de admiradores. Em várias outras mesas ao redor do lobby, prostitutas de luxo sentavam-se aos pares, bebericando vinho. Pareciam flores artificiais. Depois de uma maratona de temas populares, a harpista permitiu-se um pequeno desvio: uma das *Variações Goldberg*, de Bach. Número 7, acho. Durou um minuto.

Uma hora depois do horário marcado, um grupo de homens de jeans e camiseta, parecendo mais um conjunto de hip hop do que uma equipe de segurança, aproximou-se rapidamente de nossa mesa. Seif selecionava seu séquito com cuidado. Com ele vinha Mohammad al-Hawni, advogado de 65 anos, radicado em Roma, de onde servia aos interesses comerciais entre Líbia e Itália. Nós o chamávamos de «o Intelectual», já que seu objetivo principal era nos transmitir a ideia de que alguns dos ajudantes de Seif liam livros. Os demais eram guarda-costas — um dos quais, como Seif mesmo quis apontar, era membro da nossa tribo. Seif sentou-se à minha frente, e o intelectual, à frente de Ziad. Os guarda-costas ficaram na mesa atrás de nós.

Ziad, como costumava fazer, adotou um ar de confiança e afabilidade. Tive receio de que esse papel lhe custasse mais do que me custava o papel que eu próprio desempenharia. Ele perguntou o que os homens gostariam de beber e se costumavam frequentar aquele lugar.

— Imagino que você venha aqui para relaxar — disse Ziad em inglês, com um sorriso.

Seif perguntou: — Quem é o escritor?

Ziad me apontou.

— Você é o escritor? — Seif voltou a perguntar.

— Sim.

— É tudo o que você faz?

— Receio que sim.
— Quer dizer que você só escreve?
— Precisamente.
— Não faz mais nada?
— Tento não fazer.
— Você é um grande escritor — interviu Mohammad al--Hawni. — Um grande talento. Temos muito orgulho de você.
— Fico surpreso que você tenha lido meus livros, já que eles estão banidos na Líbia.
— Não, não, não — disse o Intelectual. — *No País dos Homens*, certo? Eu li. Li em italiano. Livro excelente. Você tem outro no forno? Apresse-se, estamos esperando.

Todo esse *nonsense* tedioso tinha um propósito sério: descobrir como esse mero escritor foi capaz de fazer tamanha «barulheira», como Miliband colocou. Como conseguiu arregimentar membros de destaque da Câmara dos Lordes, do Ministério das Relações Exteriores, laureados do Nobel e autoridades jurídicas internacionais, além de grupos e organizações não governamentais de direitos humanos? É um espião? Por que o dinheiro não o seduz? Como — é a pergunta que o poder sempre faz — podemos controlá-lo?

Um dos guarda-costas de Seif entregou-lhe um telefone.
— Com licença — Seif disse, atendendo a ligação.
— Livro excelente — sussurrou Mohammad al-Hawni. E repetiu, pouco depois: — *No País dos Homens*.

Bem quando Seif encerrava sua ligação, Ziad olhou para mim com seu típico sorriso malicioso e disse, em voz alta, para todos ouvirem: — Veem só que rapaz excelente?
— O que disse? — perguntou Seif tão logo desligou.
— Que você é um rapaz excelente, só isso.

Apesar desses diálogos bizarros, a reunião começou bem. Ziad apresentou os fatos brutos do caso e repassou uma breve história de nossa longa busca por informações. Seif abandonou o discurso oficial. Em vez de negar o sequestro e o encarceramento do nosso pai, confirmou que ele havia sido, sim, levado para a Líbia.

— É um caso altamente complicado — ele disse. — Envolve o serviço secreto egípcio e o serviço secreto líbio. Seria um problemão para mim, mas posso dar um jeito. Prometo aos dois que vou averiguar a situação e repassarei a vocês todos os fatos, minuto a minuto, do que aconteceu, sejam as notícias boas ou más.

— Mesmo que ele esteja morto — acrescentou Mohadmmad al-Hawni.

Essa foi a primeira pista.

— Vocês podem fazer como quiserem. — Seif continuou. — Eu mesmo estou disposto a publicar tudo. Compro uma página inteira num jornal e publico. — disse, como se alguém o desafiasse. — Quero encerrar esse assunto.

Depois falou de como meu pai era perigoso para o regime líbio.

— Se tinham tanta certeza — eu disse — deviam tê-lo levado a julgamento.

— O que aconteceu foi estúpido — ele disse, o que sugeria que havia outro modo, «mais inteligente», de fazê-lo desaparecer.

— Olhe — eu disse — você e seu pai podem discordar das posições políticas do meu pai, mas duvidam do patriotismo dele?

— Não — Seif disse.

— Então deviam se envergonhar. — Eu não tinha bem certeza do que estava fazendo. Parte de mim queria testá-lo, para ver se ele, como seu pai, tinha um temperamento feroz. — Vocês pegaram um dos melhores homens da Líbia, e de modo covarde, depois fingiram que ninguém viu. Um homem devotado a seu país e cujo pai lutou para libertar a Líbia dos italianos. Não é uma coisa sequer estúpida, é criminosa.

Ziad, então, baixando o tom da conversa, disse: — Mas, escute, estamos esperançosos. Queremos dar uma chance para vocês limitarem os danos, os danos contínuos que isso representa para nossa família.

— O que você faz no Cairo? — Seif perguntou a Ziad.
— Sou um industrial. Faço roupas.
— Então você tem fábricas?
— Sim.
— Faz roupas — que tipo de roupas?
— Para o mercado americano, principalmente.
— Por que não retorna? Se quer fazer negócios, podemos ajudá-lo. A Líbia é o seu país. Queremos que você rompa essa barreira.
— Não podemos discutir isso agora — Ziad disse. — Além disso, mal consigo fazer meu negócio dar certo estando quieto no meu lugar, imagine só me mudando.

Seif, então, olhou para mim e com um tom impaciente disse: — Caso ele esteja morto, o que você deseja?

Essa foi a segunda pista.

— Queremos saber quando, onde e como aconteceu. Queremos o corpo para enterrá-lo à nossa maneira, para que haja um funeral, e então queremos que alguém seja responsabilizado. Você falou em «encerrar o assunto»: é assim que encerramos o assunto. — Fiquei impressionado com o tom frio e mecânico da minha voz. Era como se eu soubesse que nada daquilo aconteceria.

— Entendido — Seif disse.
— E se ele estiver vivo? — perguntou Ziad.

Seif fez uma pausa, balançando a perna. — Não, não, não — ele disse. — A questão é: e se ele estiver morto?

Essa foi a terceira pista. Nosso pai estava morto.

— Sim, mas e se estiver vivo? — Ziad insistiu.
— Em qualquer caso, repassarei a vocês todos os fatos — Seif disse, repetindo o que viria a ser um refrão das nossas

conversas futuras, que duraram treze meses: — Quero encerrar o assunto.

Insisti para que se comprometesse com uma data específica em que nos apresentaria as informações.

— Não vai demorar.

— Semanas, meses?

— Semanas, semanas — ele disse. E depois repetiu: — Mas retornem. A Líbia é seu país. Queremos que vocês quebrem essa barreira.

— Essa «barreira» de que você fala — disse Ziad — não tem a ver com timidez ou acanhamento. Nós amamos nosso país. Sacrificamos muito por ele. Mas qualquer conversa sobre retornar não pode acontecer antes de três coisas.

— Que são?

— Saber o destino do nosso pai e garantir a soltura de nossos dois tios, Mahmoud Matar e Hmad Khanfore, e nossos dois primos, Ali e Saleh Eshnayquet. Estão presos, por motivação política, pelo mesmo período de tempo. O tribunal já emitiu a ordem de soltura, no entanto eles seguem presos. Tio Mahmoud está muito doente e lhe foi negado atendimento médico apropriado.

— Ok. O que mais desejam?

— Nossa residência em Trípoli foi roubada por um membro do regime. Nós a queremos de volta.

Seif deu um tapa na mesa e disse: — Isso eu garanto.

Quando Seif e os demais levantaram-se para partir, Mohammad al-Hawni demorou-se um pouco. Pôs uma mão no meu ombro e a outra no ombro de Ziad.

— Eu quero que vocês dois tenham fé em Deus. Vocês são adultos agora e devem se preparar para o pior.

— Quando foi? — perguntei.

Ele ergueu as mãos no ar e disse: — Não tenho certeza de nada. Estou só dizendo...

— Não estamos aqui em busca de conselho ou compaixão. Queremos fatos.

— E Seif disse que fatos vocês terão.

★

Ao deixar o hotel, Ziad e eu evitamos a avenida principal e seguimos por ruas paralelas na direção da Sloane Square, para o café onde Diana nos esperava. Era uma noite fria. Caminhamos lentamente.

— Isso foi uma das coisas mais difíceis que tive de fazer na vida. — Ziad me disse.

Eu sentia que a responsabilidade era minha. Tinha sido sábio nos obrigar àquilo — sentar à mesma mesa do filho do homem que matou nosso pai?

— Nosso pai está morto — eu disse.

— Você não sabe.

— É óbvio, porra. Não é?

Qual a necessidade de jogar isso na cara do meu irmão? Era como se meu desejo de que Ziad aceitasse o fato e minha irritação com sua negação insistente fossem a contraparte exata da necessidade e da irritação que eu sentia em relação à minha própria recusa, pois, enquanto nos afastávamos daquele hotel maldito, eu também operava de acordo com meu pequeno e estúpido mecanismo de esperança, buscando uma forma de invalidar a verdade.

Quando nos viu cruzar a rua, Diana correu para fora do café. Não demorou a perceber que a notícia não era boa. Mal conseguíamos ficar de pé. Chamamos um táxi e sentamos todos no banco de trás. Ficamos parados na frente de casa por mais ou menos um minuto, depois decidimos continuar andando. Terminamos num restaurante do bairro. Um dos meus amigos mais próximos me telefonou; minutos depois ele já estava no restaurante, olhando-me com um ar de consolo, com olhos que diziam: «Como posso ajudar?» Deve ser assim, pensei comigo, que olham para o enlutado. Nós fizemos nossos pedidos, e meu telefone voltou a tocar, exibindo agora um número desconhecido. Era Mohammad al-Hawni, ligando exatamente uma hora depois da nossa reunião. Fui atender a ligação do lado de fora do restaurante.

— Estou tão contente que nos conhecemos — ele disse.
— Só quero que você e seu irmão se preparem para o pior.
— Escute, senhor al-Hawni, por favor não se sinta obrigado a nos preparar para nada. Não somos crianças. Passaram-se vinte anos. Mas você não pode esperar que percamos toda a esperança antes de saber todos os fatos. — Enquanto dizia aquilo eu podia ouvir, no ar da noite, o pequeno e exausto mecanismo sibilando ao fundo.
— Você acha que se Seif soubesse que seu pai está vivo ele não diria a vocês?
— Então Seif sabe?
— É claro que sabe.

*

Um mês depois do nosso encontro, Seif me telefonou às sete da noite. Eu estava no ônibus, indo para um concerto no Wigmore Hall.

— Quero que pense em mim como um irmão e amigo — ele disse. Como não respondi nada, ele acrescentou: — Eu vejo você como amigo e irmão.

Desci na parada seguinte e fui para uma rua silenciosa.

— Acho mesmo que podemos ser bons amigos, você e eu — ele insistiu.

— As pessoas não podem escolher sua história — eu disse a ele, retomando de súbito aquele mesmo tom frio e mecânico. — E se dois homens com histórias tão diferentes quanto a minha e a sua podem vir a se enxergar como amigos e, quem sabe, até como irmãos, então isso é algo que sem dúvida fará muito para sanar nosso país.

— Ótimo — ele disse. — Ótimo. Como eu disse a você e a seu irmão, estou determinado a encerrar esse assunto. Mas, para passarmos à etapa seguinte, precisarei que você e seu irmão escrevam aquilo que me disseram. Exatamente como contaram a história quando nos encontramos. Envie-me isso, e em seguida informarei qual será o próximo passo.

— Mas não há nada que você possa me contar agora?

— Não, nada.

— Mas eu sei que você sabe.

— Eu sei. Eu sei o que aconteceu com o seu pai, mas não posso dizer até reunir todos os fatos.

— Isso é muito difícil. Não pode ao menos me dizer se ele está vivo ou morto?

— Espere até que eu tenha todos os fatos.

Voltei pra casa e, naquela mesma noite, enviei a ele as informações por e-mail.

*

Foi por essa época que recebi um telefonema de um conhecido, um diplomata líbio alocado em Nova York, dizendo que um colega dele, Tarek al-Abady, da embaixada líbia em Londres, queria falar comigo. Reconheci o nome. Tarek al-Abady havia comparecido à primeira leitura que fiz do meu primeiro romance, em março de 2006, três meses antes da data de lançamento, quando quase ninguém sabia do livro ou da minha existência. A leitura se deu no Irish Cultural Center, em Hammersmith. Caminhando até lá, pensei em Samuel Beckett. Pensei nele porque o Irish Cultural Center ficava perto do Riverside Studios, onde, em 1980, vindo de Paris, o dramaturgo preparou uma produção de *Esperando Godot*. Meu amigo David Gothard, que na época era o diretor artístico do Riverside Studios, me disse certa vez que, tão logo chegou a Londres, Beckett sentiu-se perigosamente perto de casa e instruiu David a «sob hipótese alguma, nem mesmo por força de um funeral, permitir que ele fosse a Dublin». Eu admirava a inflexibilidade de Beckett. Chegando ao Irish Cultural Center, vi três figuras da embaixada sentadas na primeira fila. Tarek al-Abady era uma delas e se apresentou como adido cultural. Tão logo parei de ler, um deles levantou a mão. «Por que você ambientou o livro na Líbia? Queremos que escreva sobre a vida aqui em Londres.» Poucos dias depois, um relatório foi enviado à Líbia, e meu livro foi banido.

Mais tarde, voltei a encontrar Tarek al-Abady. Eu caminhava na direção oeste pela Knightsbridge e ele vinha na direção oposta, rumo ao Hyde Park Corner e à embaixada da Líbia.

— Senhor Hisham. Que prazer. Por favor, venha nos visitar na embaixada, será uma grande honra. Se precisar de alguma coisa, é só pedir.

Meu humor estava horrível. — Se eu precisar de alguma coisa? — respondi bruscamente. — Bem, vejamos, o que será que preciso de vocês? Ah, lembrei. Uma resposta para a mesma pergunta que venho fazendo desde 1990. O que fizeram com meu pai?

Agora, passados quatro anos, eu me perguntava o que Tarek al-Abady queria. Concordamos em nos encontrar em um clube privado. Escolhi o local, pois isso me permitia solicitar uma lista com os nomes das pessoas que o acompanhariam.

— Vou sozinho — ele disse.

— Não sei como você costuma se vestir, mas o traje recomendado no clube é terno e gravata.

— Sou diplomata — ele respondeu, um pouco irritado. — Estou sempre de terno.

Pedi ao clube que reservasse uma sala no último andar. Em vez de tomarmos o elevador, conduzi-o pelas escadas. Quando chegamos ao topo, ele estava sem fôlego. Sentamos, e, por alguma razão, conferi a hora. Ele começou a me dizer que vinha de «uma boa família». E fez seu solilóquio.

— Quero que você saiba, e Deus é minha testemunha, que minha ambição número um na vida, mais do que qualquer outra coisa, é ser seu amigo. Eu o admiro e sempre me perguntei — se me permite ser franco — o que o impede de voltar para o seu país. A Líbia não pertence a Kadhafi. Não é propriedade dele ou da família dele. Pertence a você. Volte. Deixe que nós o celebremos. Você deixa que outros o celebrem. Países ao redor do mundo lhe outorgaram prêmios; permita que façamos o mesmo. Também queremos premiá--lo. E, se deseja entrar para o mundo dos negócios, parte da riqueza da Líbia é sua... — e por aí vai.

Esses comentários introdutórios duraram mais de vinte minutos, quando finalmente ele disse: — Fui enviado aqui por Seif el-Islam Kadhafi e Abuzed Dorda.

Abuzed Dorda era o diretor da Mukhabarat el-Jamahiriya, o serviço de inteligência de Kadhafi.

— Em primeiro lugar — Tarek continuou, — permita-me elogiar esses dois homens. Eu juro, e que Deus seja minha testemunha, que, quando Seif entra na embaixada, ele se preocupa com cada indivíduo e pergunta a cada um de nós, sem exceção, se estamos bem e se precisamos de alguma coisa, qualquer coisa. Quanto a Abuzed Dorda, é um homem dos mais decentes. E os dois perguntam uma única coisa: «O que Hisham Matar deseja?»

— Engraçado — eu disse. — Eu conversei com Seif não faz muito tempo. Ele poderia ter me perguntado diretamente.

— Bem, para ser honesto — disse Tarek al-Abady, corrigindo-se —, foi mais precisamente Abuzed Dorda quem me enviou. E ele diz que, se houver qualquer coisa de que

você precise, é só pedir. — E repetiu: — Queremos celebrá-lo. Queremos premiá-lo. Venha para a Líbia e permita que façamos como outros países fizeram.
— Dorda enviou você?
— Exatamente.
— Então você é membro da Mukhabarat, certo?
— De modo algum — ele disse, indignado. — Sou diplomata de carreira.
— Ok, tudo bem. Por favor, agradeça ao senhor Dorda. Diga a ele que agradeço a preocupação e que Hisham Matar fica perplexo com a perplexidade de Abuzed Dorda quanto ao que quer Hisham Matar. É o que venho pedindo há vinte anos: quero saber o que vocês fizeram com o meu pai. Quanto a prêmios, não gosto de muita atenção. E também sou péssimo com dinheiro. Se tenho dez libras no bolso, já quero gastar.
— Dou minha palavra que repassarei exatamente o que você disse e perguntarei a ele e também a outras pessoas sobre o seu pai.

Enquanto descíamos as escadas, ele começou a fingir certa autocomiseração.
— Para ser sincero, é muito difícil trabalhar para esse regime. Uma dor de cabeça. Tantos problemas para resolver.

Depois me contou com orgulho que ganhou o posto em Londres graças à «limpeza» que fez na Suíça depois do escândalo que Hannibal, filho de Kadhafi, aprontou por lá. Em um hotel de Genebra, Hannibal espancou seus criados com tanta violência que foi preciso encaminhá-los ao hospital. As autoridades o prenderam. Em retaliação, Kadhafi deteve dois empresários suíços que estavam na Líbia à época. Os suíços retiraram as acusações e permitiram que Hannibal deixasse o país. Kadhafi recusou-se a libertar os dois cidadãos suíços e até aquele momento ainda os mantinha numa prisão em Trípoli.

— Que saga — Tarek disse. — Mas, graças a Deus, terminou tudo bem.

*

Duas semanas depois que enviei as informações que Seif havia requisitado, ele me telefonou à meia-noite.

— Enviarei hoje por e-mail os desenvolvimentos e o próximo passo.

Haviam se passado seis semanas desde o nosso encontro inicial. Na esperança de mantê-lo focado, eu disse: — O vigésimo aniversário da abdução do meu pai é em duas semanas, no dia 12 de março. Compromete-se a nos repassar todas as informações até essa data?

Ele suspirou e disse: — Vou tentar.

— Eu entendo as complexidades envolvidas, mas é algo que precisa ser resolvido urgentemente — eu disse, meu corpo enrijecendo-se.

— Isso tudo é um grande fardo.

— Sim, é um grande fardo aqui deste lado da cerca. Uma resolução final será uma grande dádiva.

— Dou notícia antes do dia 12.

*

Passou-se uma semana sem que ele me contatasse. Então, Mohammed Ismail, secretário pessoal de Seif, me escreveu.

Querido Hisham
Seria melhor se você mesmo tratasse dos fatos em público ou que os publicasse, pois são muito delicados para que nós o façamos. Quando você o fizer, nós responderemos. Você terá acesso às informações referentes ao seu pai depois

de sua chegada à Líbia. Para preservar as aparências, é o melhor caminho.
Atenciosamente,
Mohammed

O e-mail articulava o papel problemático ocupado por Seif el-Islam Kadhafi na vida pública da Líbia. Ele era um representante do regime — a carta era um pronunciamento do regime, e as «aparências» a serem salvas também eram as do regime —, mas ele não tinha um cargo oficial, portanto, sempre que lhe convinha, ele fazia as vezes de reformador independente.

Tão logo recebi o e-mail, telefonei para Mohammed Ismail. Ele disse que seria preciso emitir um comunicado público em um jornal inglês mencionando o papel que o Egito tivera na abdução. «Para preservar as aparências», repetiu.

— Isso já foi feito, em muitas ocasiões, inclusive há uma semana — eu disse.

— Não fiquei sabendo.

— Não viu os jornais?

— Não.

Desconfiei que havia ali dissimulação, e mais tarde minha suspeita se confirmou. Dada a proximidade entre Seif e a embaixada em Londres, e como a embaixada era devassada pela mídia, era impossível que ele e seus secretários não soubessem de nada.

— Vou lhe enviar uma seleção de artigos e entrevistas que detalham o envolvimento do Egito.

★

Três dias depois, na noite do dia 5 de março, sexta-feira, uma semana antes do aniversário de vinte anos do desaparecimento do meu pai, Mohammed Ismail me telefonou.

— Vou a Londres amanhã. Vamos nos encontrar.

Telefonei para meu amigo Paul van Zyl. Repassamos todos os cenários possíveis. «Se em algum momento durante a reunião você quiser me ligar, estarei de prontidão», ele me disse.

Decidi não dizer nada a Ziad. Não queria incomodá-lo e obrigá-lo a outra viagem apressada. Também queria reservar a opção de, em um primeiro momento, guardar só para mim qualquer notícia terrível que Mohammed Ismail viesse a me contar. Depois eu resolveria o problema de como dar a notícia à minha família.

Naquela noite, não consegui dormir. Minha mãe, Ziad e eu tínhamos planejado nos reunir em poucos dias por ocasião da data do desaparecimento do meu pai. Não tínhamos ideia de como nos portar nesse tipo de evento. Para o Cairo eu não podia viajar, pois, desde a publicação do meu primeiro romance, minha presença lá já não era segura. Decidimos então por Nairóbi, a cidade onde mamãe passava parte do ano. Pensar que eu teria de informá-la que papai estava morto era muito difícil. Pronunciei aquelas palavras em voz alta para ver como soariam. Talvez eu não conseguisse. Mas, se eu soubesse com absoluta certeza que ele estava morto, eu não teria outra opção além de contar a ela.

Mohammed Ismail e eu combinamos de nos encontrar no dia seguinte, às três da tarde. Não me pareceu prudente ir sozinho. Chamei um dos meus amigos mais próximos, alguém capaz de se sair bem sob pressão. Ele e eu nos encontramos a meio caminho. Meu amigo, que é inglês, não fala nada de árabe, mas o orientei a fingir que sabia.

— Sempre que eu olhar pra você, balance a cabeça, concordando.

Chegamos na hora marcada, e, como aconteceu na minha primeira reunião com Seif, esperamos por uma hora. Dessa vez era o saguão do InterContinental Park Lane Hotel, um dos muitos hotéis de Londres adquiridos pela Autoridade de Investimentos da Líbia sob o nome de um dos sócios de Seif. Eu não saberia reconhecer Mohammed Ismail. Contudo, a certa altura, uma figura atarracada foi expelida de um dos elevadores e se dirigiu até nós. Apertamos as mãos. Preferi não apresentar meu amigo. Para todos os efeitos, quanto mais misterioso ele parecesse, melhor. Mohammed pôs dois telefones celulares sobre a mesa de centro e começou a falar da família. A esposa e o filho estavam morando em Londres. O nome que escolheu para o filho era Hannibal.

— Em homenagem ao irmão de Seif. Eu adoro o Hannibal. Ah, o Hannibal é demais — ele disse. Mohammed Ismail então começou a me falar de seu falecido sogro. — Ele conhecia seu pai. Estiveram juntos no exército. Depois da revolução meu sogro foi preso, como o seu pai, e só foi solto passados dezoito anos.

Pensei naquilo: um homem que teve de viver seus últimos dias na companhia de um neto cujo nome era uma homenagem ao filho do ditador que o havia encarcerado. Lembro o que me disse certa vez Sarah Hamoud, que antigamente coordenava o escritório da Líbia na Anistia Internacional: «Não há país onde oprimidos e opressores estejam tão entrelaçados quanto a Líbia.»

— Eu vim especialmente para vê-lo — disse Ismail. — Vim de jatinho particular.

— Antes que você me diga o que veio dizer, quero lembrá-lo que nos prometeram todos os detalhes.

— Não, não, não — ele disse. — Não estou aqui para lhe dar notícia alguma. Estou aqui porque Seif solicita que você dê uma entrevista a um jornalista egípcio que escreve para o *Asharq al-Awsat*. Queremos que você conte a ele o que aconteceu. Depois você escreverá uma carta ao presidente Hosni Mubarak, contando a mesma coisa. Quando tiver feito isso, nós lhe daremos todas as informações.

— Mas tudo isso já foi feito. Escrevi incontáveis cartas ao presidente egípcio e, como você deve ter visto no meu e-mail, muitos artigos que escrevi sobre o assunto já foram publicados na imprensa egípcia, afirmando claramente o papel do Egito no crime.

— Eu sei. Mas queremos que você faça isso de novo. Você pode falar com o jornalista agora mesmo. Ele está esperando ao telefone. Faça isso, e amanhã ou mais tardar depois de amanhã você terá tudo em suas mãos.

Senti uma exasperação dentro de mim. — Ok, vamos lá.

Ele procurou em seus dois telefones o número do jornalista. Depois de um longo silêncio, como se fosse um pensamento que lhe ocorre ali por acaso, disse: — Por que não visita a Líbia?

— Um dia.

— Seif quer que você trabalhe conosco. Venha, trabalhe conosco.

Haveria maior confirmação da transformação do regime do que o filho de um dissidente trabalhando com o filho do ditador? Por isso Mohammed contou aquela historieta sobre o sogro, pensei. Seif comprou tantas pessoas que deve ter pensado que poderia me comprar também; eu mudaria de time e quiçá um dia até batizasse um filho em sua homenagem.

— Venha trabalhar conosco — Mohammed repetiu.

— Eu já tenho um emprego.

Como não conseguiu encontrar o número, deixou os dois telefones na mesa de centro e subiu até seu quarto para procurá-lo. Eu tinha certeza de que os telefones estavam ali para gravar tudo. Meu amigo me puxou para longe da mesa.

— O que ele te disse? — Quando contei, meu amigo foi categórico: — Não faça isso. Peça uma hora para pensar. Você não vai perder nada com isso. Fale com o Paul.

Eu disquei o número de Paul, que respondeu de imediato. Eu o inteirei rapidamente do assunto, e ele disse: — Peça um pouco de tempo. Assim você pode investigar quem é esse jornalista, qual o histórico dele e tudo o mais.

Mas eu era um homem sedento. Só conseguia pensar na perspectiva de finalmente ter uma resposta conclusiva para a única pergunta que havia me ocupado nas últimas duas décadas — e tê-la amanhã ou, no mais tardar, um dia depois de amanhã. A palavra «depois» era como um buraco negro nos meus pensamentos.

Quando Ismail retornou, contudo, eu anotei o nome e o telefone do jornalista e disse: — Não sei se posso fazer isso. Tudo que vocês estão pedindo já foi feito. Não entendo por que estou sendo solicitado a expor ainda mais a mim e à minha família no Cairo.

— Seif garante pessoalmente a segurança da sua família. Ninguém encostará um dedo neles no Cairo.

— Você sabe que ele não tem como garantir isso. Escute, me dê algumas horas para pensar. Enquanto isso, explique a Seif minhas reservas e que tudo isso já foi feito inúmeras vezes.

*

Minhas investigações confirmaram que o jornalista egípcio estava no bolso de Seif el-Islam. O chefe da Human Rights Watch no Cairo me disse: «Não dá para confiar que ele publicará o que você disser. É uma armadilha.»

Poucos dias depois, enquanto me preparava para viajar para Nairóbi, enviei um e-mail a Seif, copiando Mohammed. No e-mail eu voltava a mencionar os nomes dos jornais egípcios que republicaram os artigos que escrevi sobre o assunto, detalhando o envolvimento egípcio, e disse que agora qualquer passo adiante deveria vir da parte deles.

— Sofremos injustiças demais para que nos peçam para aceitar mais esse risco. Essa é a sua oportunidade de responder ao nosso sofrimento e reduzir os danos já infligidos. Queremos a verdade.

Eu estava com raiva, mas também aliviado por não ter de dar más notícias à minha mãe.

Os bons modos dos abutres

Meu avião pousou em Nairóbi à noite. Mamãe e eu jantamos em seu pequeno apartamento e conversamos até meia-noite. Ela vivia aqui durante parte do ano porque sempre amou a natureza e também por conta de seu irmão, tio Soleiman, que há décadas fez do Quênia seu lar. O apartamento da minha mãe tinha um ar lúdico, sem comprometimentos, típico das casas de férias. Depois adormecemos. Às duas da manhã, mamãe levantou. Ouvi-a preparando café. Depois começou a assar um pão. Uma hora depois ela foi ao aeroporto buscar Ziad. Por volta das cinco da manhã, estava de volta com Ziad, que veio até minha cama e me deu cinco ou seis beijos na bochecha.

Pouco depois ele deitou comigo na cama. Mamãe ficou com o sofá.

— Mas como você vai dormir desse jeito? — Ziad perguntou.

— Não se preocupe. Precisa de pijamas?

— Não.

Poucos segundos depois ela voltou a perguntar: — Precisa de pijamas?

— Que horário de chegada horrível — Ziad comentou. — Nem de manhã, nem de noite. É o que os ingleses chamam de *the grave hour*.

— Que mórbido — mamãe disse. — Não é assim que eles se referem a certos empregos também? *Graveyard jobs*?

— *Grave hour* — Ziad repetiu.¹

Tentamos, então, dormir. Mas mamãe não conseguia desligar. Fazia mil perguntas sobre o voo, oferecia pijamas, perguntava se estávamos com frio e se seria o caso de buscar outro cobertor. É que ela sente saudade de nós. Nós três sentimos saudade de nós. Talvez um dia voltemos a viver no mesmo país.

Depois de um longo silêncio, eu levantei silenciosamente no escuro e fui até ela.

— Deite ali com Ziad — sussurrei.

— Não.

— Por favor, não vamos discutir e acordá-lo.

— Ok. Tenho uma ideia.

Eu sabia o que ela ia fazer e deixei que fizesse. Fui ao banheiro e, quando voltei, ela tinha se deitado sobre as almofadas no chão. Eu sentei no piso de terracota ao lado dela e disse:

— Não saio daqui enquanto você não for para a cama.

Ela se levantou.

— Eu já virei o travesseiro — avisei.

— Ok, mas não precisava. Quer outro travesseiro?

— Não.

— Vou te dar um — ela disse, e logo senti a forma branca e fria de um travesseiro pousando suavemente perto de mim.

Logo me dei conta de que havia uma corrente de ar no ponto onde deitei. Esperei até que a respiração dos dois ficasse mais lenta e pesada, depois me acomodei com as almofadas um pouco mais para o lado.

★

---

1   Há aqui uma confusão provocada pela proximidade sonora entre *grave hour* — a hora grave — e *graveyard* — cemitério. [N. T.]

Quando senti o sol pressionando as cortinas, levantei. Mamãe e Ziad seguiam em sono profundo. Eu me vesti e saí.

A terra neste país é como um tinteiro: mancha de marrom avermelhado todo pé descalço, pneu de carro e tronco de árvore. Tudo o mais é de um verde luxuriante. O céu é baixo e vívido. O sol é quase audível.

Quando chegaram ao café, os dois sorriam. Passamos o resto da manhã bebericando suco de maracujá à beira da piscina. As árvores ao redor eram mais altas do que minaretes. As copas tinham o efeito de um teto abobadado num teatro. Quando falávamos, era sobre a beleza do Quênia, ou a beleza dos filhos de Ziad, ou nos pirraçávamos por conta de uma camisa nova ou um par de óculos escuros de estilo ousado. Depois tiramos fotos uns dos outros.

Nenhum de nós sabia bem o que fazer — isso era óbvio. Nairóbi era o primeiro lugar para onde fomos depois de fugir da Líbia em 1979. Nosso primeiro exílio. E aqui estávamos nós, mais uma vez, impondo à cidade o fardo de nos consolar.

À tarde, mamãe saiu. Ziad e eu permanecemos na piscina. O sol era forte. Fomos para debaixo da copa exuberante e translúcida de uma das grandes árvores. Uma águia que tínhamos visto pairando nas alturas pousou num dos galhos. Lentamente, dobrou as asas, e a folhagem ao redor, como se em resposta, tremeluziu. O pássaro estava fora de escala, grande demais mesmo para aquela árvore enorme.

De súbito, um galho tombou sobre a mesa de apoio entre a espreguiçadeira de Ziad e a minha. O galho espatifou meu telefone celular, que eu carregava comigo obsessivamente. Enquanto recolhia os pedaços do telefone, eu me perguntei se outro galho estaria acelerando silenciosamente na nossa direção. Um garçom correu até nós, pediu desculpas e se pôs a transferir nossas coisas para outro par de espreguiçadeiras, já fora do campo de influência da árvore, ao sol.

— Esse galho podia ter nos matado — Ziad disse.

Meu foco era a reconstrução do celular. Quando terminei, liguei o aparelho e o observei fixamente até que a tela se iluminasse.

— Não era tão grande assim — respondi.

— Sim, mas foi inesperado. Poucos centímetros para o meu lado ou para o seu... — Como não completei sua frase, ele insistiu. — Não?

— Sim. É possível.

Uma das banhistas, que viu o que aconteceu, estendeu sua toalha debaixo da mesma árvore e ficou deitada lá, seu corpo cintilando, terrivelmente exposto.

— Será que devemos avisá-la? — Ziad perguntou.

— Bem, ela viu tudo.

— Mesmo assim...

Nenhum de nós se mexeu. A águia pesada ainda se movia pela folhagem. Depois de um longo silêncio, e na privacidade de nossos próprios pensamentos, concluímos que alertar uma desconhecida seminua sobre um perigo do qual ela estava consciente parecia intrusivo ou presunçoso. Sua confiança, além do mais, era atraente; isso nós dois registramos. Se as coisas tivessem sido diferentes, talvez Ziad e eu tivéssemos demonstrado a mesma frieza, permanecendo em nossos lugares, certos de que uma ocorrência tão rara — o galho tombando — dificilmente se repetiria.

Fiquei observando a águia, depois disse:

— Não entendo por que as águias são tão reverenciadas. Os americanos a estampam no dólar, nós, árabes, a admiramos. Só que, pensando bem, considerando como as águias vivem, a verdade é que elas são traiçoeiras.

— Elas são fortes e orgulhosas — ponderou Ziad.

— Fortes, orgulhosas e traiçoeiras. Atacam as crias quando a mãe se retira.

— São rápidas, têm uma precisão impressionante e, diferentemente dos abutres, só comem aquilo que caçam.

— Abutres são muito mais admiráveis.
— Como você pode dizer isso?

E bem quando eu estava prestes a falar de novo, para dizer alguma coisa sobre as boas maneiras dos abutres, sobre como eles só atacam se têm certeza de que a vítima está morta, decidi que aquele assunto não me interessava de fato. Minha mente derivou então para um poema que meu pai costumava recitar sobre o orgulho das águias e para uma fotografia em que ele olhava bem nos olhos de uma águia pousada em seu braço. Então me perguntei se aquela águia sobre nós seria nosso pai. Talvez por isso ela havia lançado aquele galho bem em cima do meu telefone maldito. Não disse nada disso a Ziad; eu não queria que ele pensasse que eu acreditava que nosso pai estava morto. Ziad temia que eu soubesse mais do que havia dito, que Mohammed Ismail havia me comunicado algo definitivo, algo que eu estava mantendo em segredo para não partir seu coração e o da nossa mãe. A verdade é que, naquele momento, eu não acreditava que meu pai estivesse morto. Mas também não acreditava que estivesse vivo.

*

No dia seguinte, na véspera do aniversário, perdi uma chamada de um número que começava com o código de área +55. Conferi: +55 era o código do Brasil. Disquei o número, e Mohammed Ismail respondeu.
— Como está o Brasil?
— Como sabe que estamos no Brasil? — ele perguntou, desconfiado.
— O código.
— Ah, ok. Falei com Seif, e ele disse que você tem que fazer aquilo.
— Ele viu meu e-mail?
— Que e-mail?

— Eu enviei um e-mail para vocês explicando melhor minhas razões e informando que essa questão já havia sido abordada no Egito recentemente. O jornal *Al-Dustour* publicou um grande artigo sobre o assunto há poucas semanas.
— Ok, vamos conferir esse e-mail e voltamos a ligar.

*

Na noite do aniversário, nós nos reunimos no apartamento da minha mãe. Tio Soleiman se juntou a nós. Mamãe passara a tarde enrolando charutinhos de folha de parreira, agora dispostos numa travessa circular no centro de uma mesa repleta de pães. Comemos até que ficasse difícil respirar, então fomos para o sofá e acendemos cigarros. Subitamente a razão de nosso encontro se tornou inevitável. A comemoração era esta: contávamos e recontávamos a história de como tudo aconteceu. A cada ocasião, um de nós lembrava de um detalhe novo. Então contávamos outras histórias, tributárias da narrativa central, histórias que se afastavam, mas que sempre retornavam ao mesmo evento. Éramos as testemunhas ao redor da cena de um crime. E como essas narrações não ofereciam nenhum consolo, fomos até as três da manhã. Logo mais cada um de nós estaria em um país diferente. Nas semanas que se seguiram, nós nos ligamos todos os dias, às vezes mais de uma vez.

O discurso

Dez dias depois, Mohammed Ismail me telefonou.
— Seif diz que você tem que fazer aquilo. Precisa fazer. Faça, e veremos se é possível lhe repassar as informações.
— Olha, vocês não podem ficar repetindo o mesmo pedido sem levar em conta minhas preocupações. Eu me recuso a expor ainda mais minha família. Por favor, diga a Seif que peço gentilmente que ele nos poupe de mais infortúnios e nos diga a verdade.
— Vou dizer.

*

Por meses a fio não obtive resposta. Então, na noite do dia 16 de junho, cinco meses depois do meu encontro inicial com Seif, meu primo Hamed, filho de tio Mahmoud, me telefonou.
— Tenho uma mensagem do meu pai para você. «As condições são piores do que nunca. Temos de pagar pela água. Os carcereiros nos tratam como animais. A comida é intragável. Você tem uma semana. Se as condições não melhorarem, daremos início a uma greve de fome.»
Não consegui dormir. Assim que amanheceu, telefonei para Seif. Não tive resposta. Contatei a Anistia Internacional e a Human Rights Watch, perguntando se havia algo que eles pudessem fazer. Tentei Seif de novo. Depois telefonei

para al-Hawni, que atendeu. Ele pareceu se compadecer e disse que falaria com Seif. Disquei de novo o número de Seif, deixei uma mensagem de voz e depois enviei uma versão em texto da mesma mensagem:

«Parentes em Abu Salim não estão bem. Ameaçam fazer greve de fome.» Por dois dias não recebi resposta, quando então, pouco depois da meia noite, recebi a seguinte mensagem de Seif:

«Hoje é meu aniversário J»

★

Dois dias depois ele enviou outra mensagem:
«Por favor telefone amanhã precisamos conversar.»
Eu liguei, e ele disse: — Seus parentes vão ser transferidos para outra prisão para que a soltura deles seja preparada. Em relação ao seu pai, vou lhe dar as diretrizes. Mais coisas precisam acontecer. Você tem que confiar em mim. Não ganho nada com isso. Perco mais do que ganho. Se estivesse no meu lugar, você nem tocaria nesse assunto.

— São as ações que fazem os homens — eu disse.
— Confie em mim.
Minutos depois, recebi esta mensagem:
« Mais importante, não faça nada que você não queira. MOSHE DAYAN»
Respondi:
« Seja a mudança que você quer ver no mundo. MAHATMA GANDHI»
A resposta de Seif:
«;->)»

★

Semanas depois, sem mais notícias, telefonei para ele.

— Acho que você não está levando isso a sério — eu disse. — Você pede que eu confie em você, mas não me diz o que sabe.

Ele começou a gritar ao telefone. — É complicado, tem muita gente envolvida, a Mukhabarat, os egípcios...

Eu o interrompi: — Seif, Seif!

— O quê? — ele rosnou.

— A ligação está falhando. Me ligue de novo — e desliguei imediatamente.

Ele ligou em seguida, repetiu o que disse, mas numa voz muito mais calma. Funcionou.

— Você não está entendendo direito — eu disse. — Eu não preciso de nenhum favor seu. Você não tem como me conceder ou me tirar nada. Meu pai é uma coroa na minha cabeça. O que estou oferecendo a você é uma chance de reduzir os danos. E não por mim, mas por você mesmo, pela história. A História julgará. Então, a partir de agora, pare de pedir que eu me arrisque ainda mais. Não darei nenhum outro passo antes de você me dizer o que sabe.

★

Ele telefonou alguns dias depois à meia-noite. Parecia animado, amigável. Disse que tinha pedido aos britânicos para escreverem diretamente ao Ministério das Relações Exteriores da Líbia, solicitando informações sobre o meu pai.

— Você pode pedir ao Ministério daí que faça isso o mais rápido possível? Tão logo emitam o pedido, poderei cumprir minha promessa. Vai ser uma dor de cabeça danada — ele disse. E acrescentou, sem ironia alguma: — Farei isso de graça.

★

Entrei em contato com o Ministério das Relações Exteriores, e dias depois eu me encontrava sentado com Declan Byrne, funcionário responsável pelas operações na Líbia, e sua colega Philippa Saunders. Eles me contaram que o ministro responsável pelo Oriente Médio, Alistair Burt, recentemente se encontrara com o ministro das Relações Exteriores da Líbia, Abdul Ati al-Obeidi. Declan estava presente na reunião. Quando lhe perguntaram sobre Jaballa Matar, o ministro líbio tomou nota da pergunta, mas não disse nada.

Eles me informaram que o pedido solicitado por Seif havia sido enviado para a embaixada da Líbia naquele mesmo dia pelo escritório do primeiro-ministro.

Depois disso, os dois começaram a falar mais livremente. Declan descreveu a relação do governo britânico com a Líbia como uma relação de «compromisso negociado.»

— O que, no contexto líbio — disse Philippa Saunders —, significa mil incentivos e nenhuma censura.

A frase «compromisso negociado» me lembrou o que Margaret Thatcher dizia ao defender as relações amistosas que mantinha com o regime do apartheid na África do Sul: «compromisso construtivo».

— Mas o que precisamente vocês estão negociando?

Eles se entreolharam, depois Philippa disse: — Não é o que você está pensando. É contraintuitivo. Não é uma questão de negócios, capacidade técnica, educação, mas coisas como o primeiro-ministro David Cameron visitar a Líbia para a Conferência Africana. Mas o que Kadhafi mais deseja da Inglaterra — ela disse, enrubescendo levemente — é ser levado numa carruagem de ouro pela Pall Mall. Ele solicitou um encontro com a rainha diversas vezes.

Declan acrescentou: — Mas, em geral, o que a Líbia quer da Inglaterra é aceitação internacional.

Perguntei o que achavam do fato de que Seif parecia disposto a ajudar.

— Quer ser visto como um reformador — Declan disse. Não tinha como não detectar o tédio na sua voz.

— De todos os filhos — Philippa Saunders disse — ele é o único que tem pouca penetração dentro da Líbia. Suas maiores credenciais são com o Ocidente. Ele está sempre tentando sanar essa distância apresentando-se como se fosse melhor do que os outros, um reformador progressista. Essa é uma boa oportunidade para ele, especialmente porque se relaciona à Abu Salim e, portanto, será visto como um passo para longe desse capítulo sombrio.

— Vocês acham que meu pai morreu naquele massacre?

— Não temos informações sobre isso — Philippa disse.

— Francamente, eu não sei nem se Seif ou alguém na Líbia sabe.

*

Tão logo deixei o edifício, telefonei para Seif.

— O pedido que você solicitou chegou hoje à embaixada da Líbia.

— Ok, excelente, excelente.

Isso foi em agosto de 2010. Não tive contato nem com ele nem com seus ajudantes até 27 de janeiro do ano seguinte. Poucos dias antes, a Tunísia chacoalhou a paisagem política, e as paisagens da imaginação, transformando o que podíamos esperar do futuro e de nós mesmos. Isso acontecia a setecentos quilômetros de Trípoli. Milhares de tunisianos se reuniram na Avenida Habib Bourguiba, a principal via da capital, cantando a plenos pulmões e exigindo democracia. Com isso, conseguiram derrubar pacificamente a ditadura que imperava há 23 anos. Ativistas egípcios também vinham se mobilizando. Dois dias antes do telefonema de Seif, a Praça Tahrir, no Cairo, foi tomada por manifestantes. Os dois vizinhos da Líbia haviam despertado. Algo irreversível tinha sido posto em movimento.

— Tinha uma cópia da *The New Yorker* no avião — disse Seif quando atendi. — Com um conto seu.
— Você leu?
— Era um voo curto. Escute, o arquivo que prometi está pronto agora e será entregue a você por Sheik Sulabi. Você o conhece?
— Não.
— Sheik Sulabi — ele repetiu, como se por si só isso me dissesse alguma coisa. — Não sabe mesmo quem é?
— Não, nunca ouvi falar.
— Ele vai entrar em contato. Entreguei tudo a ele.
— Quando?
— Não vai demorar.
— Por que não me diz agora?
— Espere Sulabi.
Perguntei-lhe então sobre meus parentes encarcerados.
— Estou numa luta, e continuarei lutando. — Ele disse que a ordem de soltura tinha sido emitida pelo promotor, mas foi vetada — por alguém do alto escalão. Estou fazendo tudo que posso. Logo se resolverá.

★

Seis dias depois, ele me telefonou à meia-noite.
— Soube da notícia?
— Não, o quê?
— A soltura dos seus parentes — aconteceu.
— Já estão em casa?
— Ou hoje à noite ou amanhã. Mas já foi.
— Que maravilha, obrigado.
— E sua casa também. Comecei a tratar disso. Falei com as pessoas que se apossaram dela e já pedi que saiam. Logo se resolverá. Fiz tudo isso hoje de manhã. É um dever moral. Só peço que você reze por mim, me deseje o melhor.

— É prova do seu caráter — eu disse. Depois perguntei o que ele achava do que andava se passando no Egito.
— É bom. Já era hora. As pessoas não podem mais viver sem liberdade.

*

Dezoito dias depois, 20 de fevereiro, Seif apareceu na televisão em Trípoli, sentado largadamente numa poltrona. Atrás dele havia um mapa do mundo, tão grande que sua cabeça careca mal conseguia tapar a África do Sul. A pequena ilha conhecida como Terras Austrais e Antárticas Francesas era um ponto considerável ao lado de seu ombro esquerdo. As Ilhas Geórgia do Sul e Sandwich do Sul apontavam para o seu cotovelo direito. Perdido no meio do Oceano Antártico, Seif. Debaixo dele, um cartaz em que se lia: O DISCURSO DO ENENHEIRO: SEIF EL-ISLAM MUAMMAR KADHAFI. O erro ortográfico permaneceu lá por vários minutos, até ser corrigido: ENGENHEIRO.

Seif pôs a culpa pela sublevação nos líbios expatriados.
— Há momentos que exigem que eu seja completamente franco. Sabemos que vários elementos da oposição vivem no estrangeiro. O que podemos dizer? Há líbios que se opõem a nós. Eles têm amigos e parceiros e ajudantes e pessoas alinhadas com eles dentro do país. Essas pessoas querem imitar o que aconteceu no Egito.

De vez em quando ele fazia um pequeno movimento com os quadris, como se suas calças estivessem apertadas demais, depois puxava a lapela do casaco. As longas pausas entre os pronunciamentos eram tão demoradas que parecia que Seif ouvia vozes: a voz do seu pai, com quem ele se reunira antes do discurso, e talvez as vozes daqueles que um dia acreditaram nele. Por trás das formulações mais variadas, a mesma alegação: líbios que residiam no estrangeiro

O discurso

conspiravam contra o país. Repetia tudo inúmeras vezes. O conteúdo de seu discurso, que durou trinta e oito minutos, poderia ter sido comunicado em três. Era a expressão mais apropriada do reinado do seu pai.

A parte mais interessante do discurso foi quando Seif fez suas previsões. Suas ameaças eram de uma precisão inquietante: se as pessoas não fizessem o que ele dizia, veríamos um pesadelo se desenrolar, com guerra civil, destruição e imigração em massa. A carnificina que ele previa ali de fato veio, mas não pelas razões que pareceriam óbvias. Ele sabia, talvez melhor do que qualquer um, que o sistema que seu pai havia construído ao longo de quarenta e dois anos se baseava numa premissa frágil: «Não há outra opção.» Mas o povo se posicionou, demolindo essa falsa barreira. Aqueles que mais tarde lamentariam o destino de Seif e do regime do seu pai são como o homem que olha para as cinzas e diz: «Prefiro muito mais o fogo.» A calamidade que se seguiu à queda de Kadhafi é mais fiel à natureza de sua ditadura do que aos ideais da revolução. A formação que tivemos eram os slogans martelados em nossos ouvidos e que, quando criança, éramos forçados a repetir na escola. Um slogan como «Uma casa pertence a quem nela mora», por exemplo, que legalizava o roubo da propriedade privada, havia inculcado em muitos de nós uma indiferença à lei. «As massas governam. Política representativa não é democracia. A verdadeira democracia dá-se pelo governo das massas, e as massas devem se armar.» Esse era o discurso com que nos bombardearam de 1969 a 2011. Quando, em 2009, Larry King perguntou ao pai de Seif el-Islam de que feito ele mais se orgulhava, Kadhafi respondeu: «O surgimento da autoridade do povo.»

Assistir ao discurso de Seif era como testemunhar o momento em que alguém rasga a própria máscara. Em nenhum momento ele pediu desculpas ou ofereceu condolências às famílias dos manifestantes que haviam sido assassinados recentemente pelas autoridades.

— Em vez de chorar por oitenta e quatro mortes — dizia ele, cheio de desprezo, apontando o dedo para a câmera —, vocês vão chorar por centenas de milhares. Serão rios de sangue. — Ele falava da Líbia como se o país fosse propriedade de sua família: — Esse país é nosso.

Após o discurso, ele se juntou à campanha selvagem do pai para esmagar a dissidência. Poucos dias depois, o colaborador de Seif, al-Hawni, me telefonou de Roma.

— Viu o discurso? — ele perguntou.
— Sim. Você que escreveu?
— Claro que não. Estou muito decepcionado.
— O que aconteceu com Mohammed Ismail?
— Aquele cachorro. Ele liderou o ataque aos manifestantes em Bengasi — ele disse. Depois acrescentou: — Escrevi um artigo sobre Seif. Posso enviá-lo para você?

Eu estava curioso demais para dizer que não. Mais tarde ele voltou a ligar, querendo saber o que eu tinha achado.

— Apesar do timing conveniente, é bom que você tenha finalmente se posicionado. Mas, para ser franco, o artigo é sentimental e se derrama demais sobre a sua decepção pessoal. Você não assume nenhuma responsabilidade.

— Seif era como um filho para mim. Eu acreditava nele.
— Mas essas coisas são estruturais. E você era um dos que o ajudavam a construir todo aquele teatro. Ele representa a ditadura, e disso você sempre soube. Não é desse tipo de lamento que precisamos agora, mas de algo honesto. Você tem que assumir a responsabilidade pelo seu mau juízo. Por exemplo, de onde você acha que vinha o dinheiro?

— Que dinheiro?
— O dinheiro que ele usava para voar por aí de jatinho particular. O dinheiro com que ele comprou todas aquelas propriedades.

— Seif nunca pegou um centavo do povo líbio. Se fez isso, eu nunca soube.

— Esse é o problema. Como você quer que eu acredite nisso? Você não pode se lambuzar no mel, depois fingir que não sabia que o pote era roubado. Você realmente espera que eu acredite que você não sabia nada sobre a Autoridade de Investimentos da Líbia e sobre como Seif a usava para bancar aquele estilo de vida?

— Eu nunca soube de nada disso. — Seu tom era capcioso, ao mesmo tempo decepcionado e decepcionante, traindo uma habilidade admirável tanto para a sinceridade quanto para o engodo. — Sempre pensei que o dinheiro de Seif vinha de sua empresa. Ele tinha uma empresa de pescados na Noruega.

— Uma empresa de pescados na Noruega, claro. — Eu mal conseguia conter minha raiva. — É uma balela tão grande que precisa ser exposta. Se você se importa com a Líbia, entenda que esse tipo de coisa é pior do que os crimes, os assassinatos e os desaparecimentos. Esse dilúvio de mentiras sem fim. É uma coisa que fede. Já chega. — Esforçando-me para não perder o controle, respirei fundo. — Escute, escute — eu disse, embora ele já não falasse nada —, o que você faz ou escreve é problema seu. Eu só quero saber de uma única coisa. Agora que o bonde da história andou, será que você pode finalmente me dizer o que aconteceu com meu pai?

— Eu não sei de nada.

★

Algumas semanas depois, quando os portões de Abu Salim foram derrubados a golpes de marreta e o cego em confinamento solitário foi encontrado com a fotografia do meu pai, Mohammad al-Hawni voltou a me telefonar.

— Soube do cego que encontraram no porão? Ele tinha uma fotografia do seu pai. Você acha que, enfim... Ele pode ser seu pai, não?
Eu desliguei.

Anos

Descobri que o homem que me telefonara em 2008 para dizer que tinha visto meu pai na Boca do Inferno em 2002 agora morava em Bengasi. Eu o contatei, e marcamos um encontro. Logo de imediato compartilhamos nosso espanto com o fato de que, como se por um passe de mágica, lá estávamos nós, conversando em público, sem medo de que nos escutassem, num café na Líbia. Fumamos e falamos como agrimensores medindo a distância entre dois pontos fixos: a época em que falamos ao telefone em 2009 e o presente, março de 2012, ardendo, luminoso, como então nos parecia, cheio de esperança pelo futuro. E o fato de que já não éramos vozes sem corpo ao telefone, mas presenças em carne e osso, sentados de frente um para o outro, onde ele podia estender a mão para apertar meu ombro, e eu podia fazer o mesmo, numa troca carinhosa típica daquela camaradagem vitoriosa que muitos de nós sentiram durante aqueles dias de esperança, parecia ser mais uma confirmação das vantagens do presente sobre o passado. O presente era físico e real; o passado, a Líbia de Kadhafi, era o pesadelo do qual tínhamos finalmente despertado.

Eu queria saber mais do seu encontro com meu pai, mas, ao mesmo tempo, a opção de não falar sobre aquilo me apetecia secretamente. Foi em algum ponto entre esses dois pensamentos que me ofereci, como se fôssemos velhos amigos, para mostrar-lhe uma fotografia do meu pai que eu tinha no celular.

— Sim, sim — ele disse, tirando os óculos e se inclinando. Seu rosto, pairando próximo à tela, tornou-se rígido e vazio.

— Esse é Jaballa Matar?

Era uma pergunta — eu tinha certeza de que era uma pergunta —, mas no silêncio que se seguiu eu me perguntei se não seria uma afirmação, como em «Pois é, esse é Jaballa Matar». O outro pensamento que me ocorreu é que meu pai tinha se transformado tão drasticamente que essa testemunha agora vivenciava o horror que eu sempre temi, o horror de não ser capaz de reconhecer meu pai, mas vivenciando-o ao reverso, pensando consigo: «Deus do céu, como o homem tinha mudado.»

— Mas esse não é Jaballa Matar — ele disse, finalmente, voltando a se recostar na cadeira.

— Você tem que entender que é uma foto bem mais antiga...

— Ele não era assim — o homem insistiu.

Eu lhe entreguei o telefone para que ele inspecionasse a foto mais atentamente.

— Essa foto é dos anos 1980 — expliquei. — Uns vinte anos antes de você avistá-lo.

— Não — ele disse, balançando a cabeça negativamente e me devolvendo o telefone. — Não foi esse o homem que vi.

— Mas como assim? — Minhas palavras saíram mais altas do que eu pretendia.

Ele ficou sem jeito e disse:

— Deve ter havido algum equívoco. Não sei...

Não posso deixá-lo nervoso se pretendo extrair todos os fatos, eu disse a mim mesmo; para extrair os fatos, tenho de deixá-lo relaxado. Acenei para a garçonete e pedi uma garrafa de água gelada, dois copos e mais dois cafés. Ofereci-lhe um cigarro, e esperamos em silêncio até que as bebidas chegassem. A pausa o transformou.

— Enfim — ele disse, com um toque de impaciência na voz, — não fui eu quem o reconheceu. Eu não tinha como reconhecer seu pai. Foi outro prisioneiro. Ele apontou para um velho e disse: «Está vendo aquele ali? É Jaballa Matar.» Por isso quando saí de lá busquei seu número de telefone. Pensei que estava fazendo uma coisa boa.

— Eu agradeço muito. Foi um risco que você correu.

Em vez de me despedir ali mesmo, segui tentando mudar de assunto, tragá-lo para uma conversa casual, que, mesmo nos melhores momentos, não é minha especialidade. Mas o desejo de tranquilizá-lo era irresistível. Eu me sentia envergonhado. Há vergonha em não saber onde está seu pai, vergonha em não conseguir parar de procurar por ele e vergonha também em querer parar de procurá-lo. Continuei a tagarelar, embora a todo instante os músculos da minha garganta ondulassem, como se uma garfada que eu tivesse acabado de engolir tentasse voltar para o meu esôfago. Por fim, levantamos e nos despedimos.

— Tenho certeza de que você vai encontrá-lo — ele disse, com um otimismo peculiar. — Nada permanece oculto para sempre.

Que bobajada, foi o que me deu vontade de dizer. Que bobajada de merda. Mas eu disse apenas: — Sim, claro.

*

Quando ele se foi, permaneci no café por alguns minutos, então me pus a vagar pela rua. Era noite, e era bom que fosse noite. Esse homem era o único que tinha visto meu pai vivo depois do massacre na prisão em 1996. Todas as consequências desse avistamento — o relatório da Human Rights Watch, a campanha, as negociações com Seif el-Islam —, tudo isso me pareceu agora vazio, uma piada cruel. Uma grande onda de exaustão se abateu sobre mim. Eu queria conseguir chorar. Senti a velha aceitação sombria de que meu pai morrera no massacre. E acolhi esse sentimento. Não só porque era um sentimento familiar, não só porque ter certeza era melhor do que ter esperança. Mas porque sempre preferi imaginá-lo morrendo junto de outras pessoas. Junto de outras pessoas ele se sairia bem. Seu instinto para confortar e apoiar aqueles à sua volta o manteria ocupado. Se me esforço o suficiente, consigo ouvi-lo dizendo: «Rapazes, coluna ereta agora. Das dificuldades nasce a paz. Das dificuldades nasce a paz.» Os outros cenários, os cenários em que ele morria sozinho — esses me aterrorizavam.

Eu não quis caminhar pela orla. Não queria passear. Queria o centro da cidade, cheio de gente. Queria barulho e movimento. Acabei no tribunal, onde os advogados e juízes tinham se reunido no dia 15 de fevereiro de 2011. O interior do edifício tinha se transformado num altar para os que partiram. Os corredores — os mesmos corredores por onde Marwan, Nafa e eu costumávamos brincar quando crianças, esperando que o pai deles, Sidi Ahmed, juiz do Tribunal Superior de Bengasi, encerrasse o expediente — estavam tomados por pôsteres com imagens de jovens que morreram na revolução. A maioria exibia imagens de diferentes períodos da vida do falecido: quando bebê, em uniforme escolar, na universidade, na guerra e morto. Eram montagens de photoshop numa sequência, com o nome do homem impresso acima, acompanhado da palavra MÁRTIR. Esse era um fato novo. O costume na Líbia até então era não exibir fotos dos mortos até um ano depois do funeral. Acreditava-se que as fotografias interfeririam na memória do enlutado ou a excitariam de uma forma dolorosa demais. Mas agora as imagens desses jovens combatentes recentemente mortos estavam por toda parte. Algumas famílias chegaram até a contratar painéis publicitários. Era como se a violência tivesse despertado uma antiga tradição esquecida. Como as imagens dos santos, as imagens desses jovens tinham substituído as do ditador. Onde antes víamos os vários rostos, ora duros, ora sorridentes, de Kadhafi, agora víamos os mártires.

Em uma grande sala de um dos longos corredores havia uma atmosfera peculiar, o tipo de silêncio só possível na presença de outras pessoas. Mas a sala estava vazia. As paredes não estavam tomadas por pôsteres bem diagramados, mas fotografias — como fotografias de passaporte — tiradas anos antes, cada uma delas ampliada para o tamanho de uma carta comum. A julgar pelos cortes de cabelo, as fotografias originais eram dos anos 1960, 1970 e 1980. Uma maquete arquitetônica da prisão de Abu Salim ocupava uma mesa no centro. A sala era um memorial para as 1.270 vítimas do massacre, o incidente que, tantos anos atrás, havia deflagrado uma cadeia de eventos que levariam, por fim, à queda de Kadhafi. Eu quis me retirar de imediato, mas senti o que tinha sentido tão logo entrei na sala, a sensação de ser agarrado por alguma coisa. Embora estivesse sozinho, eu fingia estar interessado — ou, melhor dizendo, fingia o interesse de um observador imparcial. Tentei olhar para os rostos daqueles homens, mas meus olhos não conseguiam se focar. Quem sabe, pensei, eu encontre meu pai. Talvez alguém saiba mais do que eu e tenha posto seu retrato aqui. Talvez eu o encontre e possa afinal averiguar e conseguir um pedaço de papel, um documento declarando que Jaballa Matar foi um dos 1.270 prisioneiros que pereceram em 29 de junho de 1996, quando eu tinha 25 anos, a manhã em que, por alguma razão que não consigo lembrar, não fui capaz de levantar da cama, cheio de autopiedade e remorso por ter, na noite anterior, mencionado meus problemas financeiros a um amigo, caminhando depois os quinze minutos que separavam meu apartamento da National Gallery, porque eu havia decidido, também por razões desconhecidas, deixar para trás a deusa do mar em *Vênus ao Espelho*, de Velásquez, um quadro que despertara em mim um imenso desejo sexual, passando a uma obra incompleta de Manet, *A Execução de Maximiliano*, mais ou menos no momento em que os carrascos e carcereiros em Trípoli cavavam a vala coletiva, rolando os corpos que pertenciam a essas jovens faces nessas paredes, um por sobre o outro, até que o buraco se enchesse. Lágrimas, as lágrimas que eu quase nunca chorava e que vinham se acumulando há tanto tempo que já não ficavam nos meus olhos, mas no meu estômago, ameaçaram subir. Não consegui respirar. Os rostos me encaravam. Corri os olhos pelas fileiras de fotografias, buscando meu pai. Foi quando reparei numa mulher sentada a uma mesa num canto. Ela estivera lá o tempo todo. E olhava para mim. Eu conhecia aquela expressão. Tinha visto nas pessoas da campanha. Um olhar de consolo, empatia, persistência. Via nos voluntários em Londres, Paris, Haia, Estocolmo, que trabalhavam mais do que eu, assinando petições, pressionando políticos locais, enviando uma carta por semana para o governo líbio, e isso por dez, quinze, vinte anos, perguntando sobre o paradeiro do meu pai. Reconheci nessa mulher agora a mesma simpatia indesejada, a mesma disposição bem exercitada. E reconhecia em mim a mesma solidariedade, o sentimento de fraternidade e inquietude que sinto em relação a esses indivíduos. Ainda hoje recebo cartões-postais. O escritório holandês da Anistia Internacional informou meu endereço aos seus membros. Embora o endereço esteja levemente errado, o carteiro já sabe onde entregar. Todos contêm a mesma mensagem: «Hisham, apoiamos sua campanha pela verdade e pela justiça para o caso do seu pai. Torcemos para que você consiga.» São mensagens escritas à mão por adultos e crianças no verso de cartões-postais exibindo vistas panorâmicas, fotografias de narcisos impressos em impressora caseira, corações desenhados por uma criança e salpicados de purpurina que gruda nos seus dedos e só sai depois que lavamos as mãos algumas vezes, uma aquarela dos Alpes, uma boa página branca com a caligrafia cuidadosa, trêmula, de um idoso. Pobres crianças, pobres pessoas, tendo que passar suas tardes escrevendo esse tipo de cartão. Eu nunca sei o que fazer com eles. Guardo numa gaveta, depois jogo fora, cheio de culpa. A mulher na sala me inspirava essa mesma inquietude.

— Conhece alguém? — ela perguntou, naquele tom levemente piedoso.

— Meu pai. Mas ele não está aí.

— Estas — ela disse, olhando para as fotografias — são apenas algumas das vítimas. O objetivo é chegar a um registro completo. — Quando eu não disse nada, ela acrescentou: — Um dia.

— Sim.

— Qual é o nome do seu pai?

— Jaballa Matar.

— Jaballa Matar — ela disse, conferindo as folhas de papel muito bem organizadas na mesa à sua frente. — Me soa familiar. Jaballa... Matar... — Ela corria o dedo pela lista.

É possível, eu disse a mim mesmo, é possível.

— Parece que ele não consta nos registros. Essas são apenas as vítimas confirmadas, entende? Há muitas outras que ainda não foram confirmadas. Sei disso porque meu sobrinho morreu no massacre.

— Sinto muito... — eu disse. Eu claramente me equivocara em relação a ela. — De verdade.

— Também sinto muito.

As lágrimas começaram a querer subir de novo. Silêncio, respirar profundamente — isso ajuda. Mas nada é mais eficiente do que suspeitar do desejo de chorar. A suspeita sempre me mantém a salvo.

— Teve alguma notícia?

— Não.

— Tem certeza de que ele morreu no massacre?
— Não.
— Espero que você descubra um dia.

Ninguém na Líbia jamais tinha me dito aquilo. Ninguém me disse que esperava que eu descobrisse, sempre me diziam que eu descobriria. E alguma coisa nesse comentário me fez baixar a guarda. As lágrimas se apresentaram. Respirei fundo, mas era tarde demais. Virei o rosto, fingindo conferir as fotografias. Juntei as mãos atrás da cintura e caminhei pela sala, contemplando a galeria de rostos como se eu fosse um daqueles visitantes que vemos em exposições, movendo-se de quadro em quadro quase sem nenhuma pausa, cobrindo até cinquenta telas em uma hora, como se o objetivo fosse simplesmente ter olhado em vez de olhar de fato. Senti meu coração se contrair, apequenando-se. A dor encolhe o coração. Isso, acredito, é parte do objetivo. Você faz um homem desaparecer para silenciá-lo, mas também para estreitar as mentes dos que ficam, para perverter suas almas e limitar sua imaginação. Quando Kadhafi levou meu pai, ele me pôs num espaço não muito maior do que a cela onde meu pai estava. Eu caminhava para um lado e para o outro — de um lado, raiva, do outro, ódio — até sentir minhas entranhas encolhendo-se, rígidas. E como a raiva e o ódio são emoções que se adequam bem a um homem jovem, e eu era jovem, eu me convenci de que essa transformação em mim era boa, que era uma espécie de progresso, um sinal de vigor e força. Foi assim que passei a maior parte dos meus vinte anos, até que, no outono de 2002, doze anos depois que perdi meu pai, eu me vi na beira da Pont d'Arcole em Paris, fitando as águas verdes que corriam debaixo de mim. O romance que eu estava escrevendo não ia bem. Eu me sentia tomado pelo desejo de ser tragado. Queria descer às profundezas e sumir para sempre, arrebatado. Até que ouvi o velho sino badalando: *Trabalhar e sobreviver*. No dia seguinte, o romance andou um pouco. Nas semanas que se seguiram, lancei-me completamente à escrita e, quando dei por mim, estava mais uma vez dentro do livro, que tinha voltado a organizar meu pensamento e minhas horas.

★

O primeiro sinal de que algo terrível havia ocorrido dentro dos muros de Abu Salim só emergiram muitos anos depois do massacre. Pequenos fragmentos de informação começaram a surgir, sempre incompletos, como se alguém tomasse o cuidado de não revelar toda a história de uma só vez. Eu ouvia os relatos e os registrava — mas os registrava como todos nós, talvez, de dentro das minúcias de nossas vidas, captamos os fatos: só os percebemos depois de serem repetidos incontáveis vezes e, mesmo então, só os compreendemos parcialmente. Tanta informação se perde que cada pequena perda provoca uma dor inexplicável. O poder deve saber disso. Deve saber como a natureza humana padece de cansaços, como nunca estamos prontos para ouvir, e quão dispostos nos mostramos a aceitar mentiras. O poder deve saber, por fim, que nós, no fundo, preferiríamos não saber. E deve crer, considerando como as coisas se dão, que o mundo é um lugar mais apropriado aos infratores do que àqueles que, em busca de justiça, responsabilização ou verdade, chegam depois de transcorridos os fatos. O poder deve considerar esse tipo de esforço uma coisa patética; no entanto, os enlutados, as testemunhas, os investigadores e o cronista não têm como não tentar explicar toda essa confusão diabólica, todos motivados por suas próprias necessidades, suas ideias ou obsessões, correndo para um lado e para o outro como formigas depois de um piquenique, ocupando-se das migalhas. E o tempo passa, dobrando infinitamente as distâncias, afastando-nos do evento original, tornando cada vez menos possível, a cada dia que passa, explicar exatamente o que aconteceu e por vezes até nos levando a duvidar de que alguma coisa tenha de fato acontecido. Mas também, com cada ano que se desdobra, como a linha de um degrau que imita o anterior, torna-se cada vez mais difícil escapar, abrir mão completamente do que já se investiu, sobretudo para a pessoa que se vê engolida pela injustiça. Por fim, a perda original, o ponto de partida, o ponto em que a vida mudou de maneira irrevogável, começa a parecer uma presença viva, com sua própria força e temperamento. Como o desejo, a vitalidade dessa perda original está no que ela oculta, até que o apego e o ressentimento se entrelaçam de maneira tão inextricável que por vezes é difícil distinguir um do outro.

Foi em 2001 que começamos a ouvir histórias de oficiais à paisana aparecendo sem aviso prévio em lares de todo o país. Solicitavam o Livro da Família — documento legal que lista todos os membros da família nuclear, suas datas de nascimento e, se falecidos, a data e a causa da morte. Poucos dias depois o livro era devolvido. Parecia uma revisão de rotina, e, quando questionados, os oficiais diziam: «Sim, tudo na mais perfeita ordem.» Uma coisa que todas as famílias visitadas tinham em comum era o fato de terem um pai, um marido ou um filho em Abu Salim.

A maioria das famílias só reparou na alteração vários dias depois. Ouvi falar de uma família que só descobriu a mudança quando, passados muitos meses, registraram um recém-nascido: só então viram que o avô encarcerado estava morto há vários anos. Uma história que contam é a de uma mulher que conferiu o livro tão logo ele lhe foi devolvido, mas que a princípio não notou nada diferente. Ela averiguou os dados com todo cuidado e ficou aliviada ao ver que tudo estava como antes. Só mais ou menos uma semana depois, por razões que ela própria não sabia explicar, a mulher acordou no meio da noite e foi à gaveta onde ficava o documento.

Agora, sim, ela viu o que seus olhos não tinham sido capazes de ver da primeira vez. Uma linha escrita em tinta azul forte ao lado do nome do filho, em que se lia: «Morto em 1996 de causas naturais.» Ouviram-na gritar. A família tentou contê-la, mas ela conseguiu correr para a rua. De todas as palavras que ela deve ter gritado naquele dia, a única que sobreviveu às muitas ocasiões em que narraram a história foi a palavra «anos». Ela gritava essa palavra sem parar. Talvez se referisse a todos os anos que teria de suportar sem o filho, ou àqueles anos passados, especificamente a partir de 1996, os anos em que seguiu fazendo a longa viagem de Bengasi, onde vivia, a Trípoli, na esperança de que os guardas lhe deixassem ver seu filho. Antes de 1996, as visitas eram permitidas, e ela podia inclusive levar roupas, vitaminas, comida, pasta de dente e creme pós-barba. Mas, desde junho de 1996, suas viagens de doze horas tinham sido em vão. Os guardas até pareciam lamentar genuinamente o fato, mas lhe diziam que as visitas tinham sido suspensas por tempo indeterminado, prometendo repassar seus presentes e sempre sugerindo que ela tentasse de novo no mês seguinte. Por cinco anos ela cozinhou e comprou presentes todos os meses para um filho morto. Escreveu cartas em que ponderava o que dizer e o que omitir. Os guardas recolhiam tudo, jogavam as cartas fora e devoravam a comida; os outros itens eles ou vendiam para os prisioneiros, ou guardavam para eles mesmos, ou presenteavam amigos ou seus próprios filhos. Talvez um creme pós-barba ou um novo pijama fosse oferecido a um sobrinho por ocasião de um aniversário. «Anos, anos.» Provavelmente era disso que ela falava.

Pouco depois disso, de 2001 em diante, mães e esposas começaram a acampar do lado de fora de Abu Salim, portando fotografias emolduradas de seus filhos e maridos. A dor delas nunca foi reconhecida. O número de mulheres crescia, até que um jovem advogado de direitos humanos decidiu desafiar os desejos da ditadura e se encarregou do caso das famílias. Quando foi preso em 2011, todas elas marcharam ao tribunal de Bengasi para protestar contra sua prisão.

★

Durante o resto da noite, caminhei com Diana pela cidade. Gosto de vê-la fotografar. A quietude do esforço concentrado. Mas nunca gostei da atenção que a atividade atrai. Embora as pessoas em Bengasi andassem bem tranquilas. O que não tardaria a mudar. Jornalistas — líbios e estrangeiros — viriam a se contar entre os principais alvos de sequestro e assassinato; como consequência, os acontecimentos no país, em sua maior parte, não seriam reportados, e as redes sociais se tornariam a única esperança para quem quisesse se informar sobre o que vinha acontecendo.

Seguindo pela Rua Omar al-Mukhtar, Diana chegou a uma praça em cujo centro havia uma grande área pavimentada retangular, com bancos e algumas palmeiras. A praça era cercada de todos os lados por blocos de apartamentos de poucos andares. Algo na praça a atraía. Ela não era do tipo que gostava de fotografar o pôr do sol. Seu interesse é outro. Diana muitas vezes fotografa à noite e nunca usa flash ou refletores. Armou o tripé no meio da praça, apontou a câmera para um canto e mediu o nível de iluminação para determinar por quanto tempo o obturador deveria permanecer aberto. Ao clicar, manteve o dedo no botão por dois minutos. Para garantir, tirou mais duas fotos: na primeira, um minuto e meio; na outra, três. Durante esse tempo fiquei sentado num banco. Os rumores suaves das vidas das famílias — talheres, televisão, conversa — fluíam das janelas dos apartamentos. Ao redor de um dos bancos, um grupo de rapazes fumava. Era possível sentir o doce fedor do haxixe. Subitamente, dois garotos — não deviam ter mais de dez anos — correram até a praça e pararam um de frente para o outro, encarando-se. Outros garotos da mesma idade os rodearam. Eram de todas as cores da Líbia: negros, pardos e brancos. Dois dos homens que fumavam se aproximaram e separaram os dois meninos antes que a briga começasse. Havia algo estranhamente previsível naquilo, como se tudo fosse parte de uma performance ensaiada. Os garotos se espalharam, partindo em direções diferentes.

Quando Diana terminou, eu a ajudei a guardar o equipamento e fomos embora da praça. Não percebemos que estávamos sendo seguidos. Já íamos pela Omar al-Mukhtar quando um garoto, de ar tímido, nos chamou.

— Ustath, ustath. Vocês são jornalistas? — perguntou. Era um dos meninos que por pouco não trocavam socos. Tinha um rosto inesquecível, suave e iluminado. Ao lado dele havia outro menino, como se na condição de apoio moral.

— Não — respondi. — Não somos jornalistas. Minha esposa é artista e eu sou escritor.

— Vocês estão com aquele pessoal que veio perguntar sobre as famílias dos desaparecidos?

— Não, por quê? Você conhece algum dos desaparecidos?

— Meu irmão.

— Quantos anos ele tem?

— Vinte e cinco. Foi preso na manifestação de 25 de março de 2011.

— Sinto muito. Espero que você o encontre logo.

— Obrigado.

— É uma coisa terrível, não é?

Ele assentiu, balançando a cabeça.

— É difícil saber o que fazer.

O menino olhou para longe, e eu senti que devia dizer algo positivo.

— Mas tenha fé, e não se esqueça dos estudos.

Ele assentiu novamente.

— Meu pai também desapareceu — eu disse.

— Que Deus o devolva em segurança — ele disse. Depois de uma pausa, perguntou: — Quando foi?

— Muitos anos atrás. No dia 12 de março de 1990.

Ele me olhou, depois lançou o olhar à distância de novo.

Traduzi a conversa para Diana, depois disse ao garoto o que ela havia me dito: — Minha esposa espera que você encontre logo seu irmão.

— De onde ela é? — perguntou o amigo do garoto, que era ainda mais novo.

O outro garoto olhou para o amigo como se dissesse: «Não seja rude.»

— América — eu disse.

— América? — disse o amigo.

Perguntei se ele também conhecia alguém que tinha desaparecido.

— Não — respondeu, esticando o tecido da camiseta com os pulsos.

— Fico feliz. — Como nenhum dos dois disse mais nada, eu me despedi.

— Onde você está hospedado? — o garoto perguntou.

Dei a ele o nome do hotel.

Ele pensou um pouco, depois perguntou: — O que fica na orla?

— Exatamente.

— Ok, boa noite.

Diana e eu nos afastamos. Quando olhei para trás, encontrei os dois ainda parados no mesmo lugar. Acenei, mas eles não acenaram de volta. A caminho do hotel, mais de uma vez Diana e eu pensamos em voltar e, sob algum pretexto, ficar um pouco mais com os dois. O sentimento persistiu até o dia seguinte. Voltamos à praça e ficamos mais ou menos uma hora por lá, mas eles não apareceram.

Os ossos

Naqueles dias em Bengasi, registrei frequentemente um estranho apego a Ajdabiya. Nunca o senti quando criança. É algo que me foi crescendo com os anos, surrupiando minha saudade de Trípoli, onde vivemos e onde passei minha infância, e de Bengasi, onde meu irmão e eu passávamos verões com nossos primos, e indo depositá-la em Ajdabiya, a cidadezinha dura e austera de que nunca gostei quando menino. Se meu pai estivesse vivo, ele teria agora 73 anos. Quando imaginava nosso reencontro, eu sempre via a cena acontecendo não em nossa casa no Cairo, o lugar onde ele foi sequestrado, nem em Londres, onde eu vivia e onde por vezes eu supunha que, dada a traição do Egito, ele talvez escolhesse viver depois de sua libertação, mas na casa do meu avô em Ajdabiya. Era como se eu o devolvesse, pela imaginação, à casa do seu pai. E não acontecia em segredo, no meio da noite, como quando ele fazia suas perigosas visitas, cruzando a fronteira entre o Egito e a Líbia para visitar meu avô; acontecia num dia cheio de luz.

*

Fui de novo a Ajdabiya. Dessa vez, sozinho.
Na minha primeira visita tio Hmad Khanfore não estava lá. Lutei por sua libertação durante vários anos, mas nunca tínhamos nos conhecido. Ele amava o teatro, segundo minha

mãe; quando visitava meus pais no Cairo, ela o levava a pelo menos três peças por semana. Há uma fotografia sua com mamãe e meu primo Ali, todos acomodados numa carruagem enfeitada à beira do Nilo. Até o condutor sorri para a câmera, erguendo o longo chicote. Poucos meses depois dessa fotografia, tio Hmad e Ali foram presos. Contemplei essa foto muitas vezes durante os vinte e um anos em que os dois permaneceram encarcerados: tio Hmad, que queria ser dramaturgo, e primo Ali, que acabara de retornar da Universidade de Düsseldorf, onde estudara economia, e que tinha certa formalidade germânica na boa postura ao sentar e no vestir. A outra fotografia que vi dos dois datava do dia em que foram soltos. Foi enviada para mim no dia seguinte. Na foto, vemos meus tios Mahmoud e Hmad e meus primos Ali e Saleh parados na frente do portão de Abu Salim. Vestem roupas limpas e engomadas. Cada um deles duas décadas mais velhos. Não apenas a cor dos cabelos parece ter esmaecido, mas também a da pele. Olham para a câmera, tentando sorrir, tentando parecer confortáveis. O que esperavam deles?, disse a mim mesmo. Alegria? Não era uma ocasião festiva. Quando se é solto de um longo encarceramento, a dimensão total da injustiça toma forma. Só então se pode compreender quanto tempo se passou, como o mundo mudou e o quanto se perdeu. Mas mesmo ali eu sabia que não era só isso. Havia algo mais.

Eu tinha conhecido o primo Ali no Cairo pouco antes de voar para Bengasi, durante uma breve visita sua. Expliquei nosso endereço pelo telefone e esperei na esquina. A perspectiva de finalmente conhecê-lo me animava. Quando ele surgiu de carro, logo vi que, tal como eu, ele não conseguia parar de sorrir. Ele estacionou, e nós nos abraçamos. Esse é o corpo que esteve preso por duas décadas. Esse é o corpo que pertence ao nome que repeti nas minhas cartas para vários governos e ONGs. Sentamos lado a lado no sofá e conversamos até que o almoço fosse servido. Ele contou muitas coisas sobre a vida na prisão, mas o que mais me marcou foi a descrição dos alto-falantes. Meu pai os mencionara em uma de suas cartas. Mas era muito pior do que eu imaginava. Os alto-falantes não ficavam nos corredores, mas em cada cela, fixados ao teto, onde não podiam ser alcançados e arrancados. Reproduziam discursos de Kadhafi, interrompidos apenas por canções de propaganda e slogans celebrando as virtudes do regime. A transmissão ocorria todos os dias, das seis da manhã à meia-noite, no volume máximo.

— Era tão alto — contou meu primo — que às vezes era difícil compreender as palavras. Sentíamos nossos músculos vibrando. Eu costumava me deitar e observar a pequena garrafa de plástico tremendo no chão de concreto. — Talvez para me consolar, ele acrescentou: — Mas você acabava se acostumando. — Depois, de súbito, disse: — Quero te agradecer.

— Por quê?

— Por tudo que fez.

Seu tom ao dizer isso era complicado. Era sincero e reticente, tanto agradecido quanto arrependido. Correspondia à fotografia tirada no dia em que ele foi solto.

Mais tarde, Ali me revelou uma nova informação. Depois que os ajudantes de Seif contaram a ele e aos demais que todos seriam libertados, que finalmente iriam para casa, depois de dizer a eles que «hoje à noite vocês dormirão na cama de vocês», depois de lhes oferecer roupas limpas, giletes e creme de barbear, depois de lhes dar uma chance de dizer adeus aos outros prisioneiros, depois de acompanhá-los pelo pátio até o escritório mobiliado com grandes sofás e poltronas variadas, depois de servir-lhes chá e café e cigarros, tudo isso com um ar de cortesia jovial e relaxamento, eles foram por fim informados de que a soltura dependia de um último detalhe: «Assinar um pedido de desculpas formal por terem um dia se oposto ao Grande Líder.» Seif já havia preparado os documentos. Alguém digitou tudo, e lá estavam, com uma linha pontilhada ao lado do nome de cada um deles. Todos precisavam assinar, caso contrário ninguém seria solto.

— Eu não queria assinar — Ali me disse. — Mas Mahmoud tinha chegado ao fim da linha. Estava fraco e doente. Era a minha preocupação.

Assinar um pedido de desculpas depois de vinte e um anos de encarceramento injusto e cruel pode ser o fim de um homem. Se eu não tivesse feito nada, eles de qualquer forma teriam sido soltos quando os revolucionários invadissem Abu Salim e abrissem as portas a golpes de marreta. Mas agi de acordo com os fatos que eu tinha em mãos. Seif nunca mencionou um pedido de desculpas, e, mesmo que tivesse, teria sido inapropriado da minha parte negar aos meus tios e primos a oportunidade de escolher. No entanto, essa nova informação corrompeu tudo, e a partir de então, sempre que alguém me agradecia ou me felicitava pelo papel que desempenhei na soltura, eu rapidamente mudava de assunto.

★

Tio Hmad parecia estranhamente jovem e velho ao mesmo tempo, como se seu antigo eu, com todo o seu amor pelo teatro e mil e um planos para o futuro, tivesse sido contido e preservado pelo cativeiro. Suponho que isso não seja incomum; nossos eus mais jovens estão sempre conosco. Mas numa vida de atividade, livre de rupturas dramáticas, onde o progresso das coisas não é estraçalhado pela catástrofe, onde a pele de nossos pensamentos é regularmente tocada por novas impressões, descobertas e influências, amadurecemos gradualmente, com a ilusão de uma linha ininterrupta. Com meu tio, o jovem que ele era à época da prisão e o homem que ele se tornou pareciam existir em paralelo, destinados a nunca se encontrar, mas ressoando um contra o outro como notas musicais desarmônicas.

Seu inglês era bom, e ele gostava de conversar comigo no idioma. Parte de sua consciência ocupava-se constantemente das pessoas à sua volta. Esse cuidado excepcional, eu imaginava, devia deixá-lo exausto ao fim de cada compromisso social. Não sou nem de longe tão cuidadoso, mas sinto que é impossível «ser eu mesmo» na companhia de outras pessoas. Nessa situação também estou sempre pensando nos outros. Se são pessoas de quem gosto, minhas opiniões oscilam na direção delas; se por alguma razão me irritam, fico deliberadamente teimoso. De qualquer modo, ao fim, estou cansado e confuso, lamentando ter renunciado à minha solidão, e, como desejo e sempre desejei a companhia dos outros, o ciclo é infinito. Talvez, pensei, tio Hmad sofresse da mesma aflição. Essa era uma das razões pelas quais senti uma simpatia imediata por ele. Eu queria ouvi-lo, e ele, por sua vez, queria muito compartilhar suas lembranças. Talvez nós dois suspeitássemos que nosso tempo juntos seria limitado, que o mundo mudaria e que a rotina de viagens frequentes à Líbia, assim como a ideia de talvez morar lá durante parte do ano, já não seria uma opção.

— Tecnicamente — disse tio Hmad, falando em inglês — tio Jaballa era meu cunhado, mas eu o via como um pai, e não apenas por conta da diferença de idade. Ele era um modelo para mim — acrescentou, olhando-me com o olhar que eu já tinha visto em homens que amavam meu pai. A partir dali, deixei o «tio» de lado e passei a me referir a ele apenas como Hmad.

*

Esses encontros com meus parentes que passaram décadas na prisão, cujos nomes estiveram em minha língua e entre meus dedos repetidamente ao longo dos muitos anos em que levei à frente minha campanha, escrevendo cartas sobre eles a vários governos e organizações de direitos humanos, expunham os obstáculos que havia entre nós. Eles queriam me contar como era a vida na prisão durante aquelas duas décadas, e eu queria que soubessem o quanto pensei neles. Era uma troca de promessas e devoção, colorida, da parte dele, pela empolgação dos que sobreviveram a um acidente, e, da minha parte, pela culpa de ter vivido uma vida livre — culpa, mas também certo descaramento obstinado de que, sim, vivi uma vida livre. Em outras palavras, nosso encontro provocava uma enxurrada de julgamentos infligidos pelo ego e, portanto, sempre possivelmente ilusórios. Eles queriam que eu soubesse que a lealdade deles a meu pai nunca vacilou, e eu queria que soubessem que jamais os negligenciei, fazendo tudo que podia. Eles queriam que eu soubesse como eles se sentiam em relação ao meu pai, e, de minha parte, eu sentia que nisso eles admitiam o que se recusavam a aceitar: que ele estava morto. Eles tinham mais coisas para me dizer do que eu tinha para dizer a eles. Queriam me levar para dentro da escuridão, expor o sofrimento e, fazendo isso, enfatizar discreta e indiretamente a amargura e a conquista momentosa da sobrevivência. Há feito maior do que sobreviver ao sofrimento? Do que chegar ao outro lado quase intacto? Eu sentia certa alegria em suas narrações, certa alegria no fato de incorporarem o horror selvagem do cárcere — um período que cobria entre um terço e metade da vida de cada um deles até então —, à urbanidade de uma tarde liberal entre chás e cigarros.

— Morrerei por seu direito de dar sua opinião — ouvi tio Mahmoud dizer. Depois cortou alguém que falava para me gritar: — Não é isso, Ibn Jaballa? Conhece essa frase? Voltaire, não é? — e repetiu o dito, com imenso deleite.

Na minha visita anterior, em um momento em que ficamos sozinhos, tio Mahmoud me contou como, na prisão, sofreu de um tudo. «Eles me batiam, me deixavam sem comer e sem dormir, me amarravam, despejavam um balde de baratas no meu peito. Fizeram de tudo. Nada pode me acontecer agora que seja pior do que essa época. E, apesar de tudo, sempre me segurei. Preservei um lugar na minha mente onde eu ainda era capaz de amar e perdoar todo mundo», ele disse, os olhos suaves, os lábios se abrindo num sorriso. «Nunca conseguiram tirar isso de mim.»

*

Hmad e eu sentamos no chão em um dos cantos da sala do tio Mahmoud. Falávamos em voz baixa para não incomodar a outra metade da sala, agora envolvida numa conversa sobre a situação atual: a falta de segurança e a proliferação de armas.

— Quem vai recolher todas essas armas? — alguém perguntou.

— Toda casa do país tem armas — outro disse.

Hmad começou a falar sobre o massacre. Supus que ele queria começar por ali, porque era o evento que acendeu o pavio. Como o começo daqueles incêndios que engolem florestas inteiras, sentíamos que a revolução de 2011 também tinha um início específico, um começo que podíamos contemplar. Mas suspeitei que Hmad escolhia aquele momento também porque foi depois do massacre de Abu Salim que meu pai nunca mais foi visto. Estaria Hmad entre os que acreditavam que meu pai morreu no massacre? Justo quando eu pensava que não ousaria perguntar isso, ouvi minha própria voz dizer: «Foi quando meu pai morreu?»

— Só Deus sabe.

— Verdade — eu disse, tomando cuidado para manter minha voz calma, como se estivéssemos falando sobre como chove nessa época do ano. — Mas o que você acha?

— Só Deus sabe — ele repetiu. — Nos primeiros dias podíamos ouvi-lo e conversar com ele. Jaballa ficava numa cela não muito distante, mas depois o transferiram e perdemos contato, exceto por uma ou outra carta.

Precisei mudar de assunto. Perguntei sobre seus filhos, se era verdade que agora eles viviam na casa do vovô Hamed.

— Sim — ele disse, sorrindo. — Mas não é como você se lembra. Mudou muito. Você tem que visitar.

— Vou visitar.

— Enfim, meu querido, deixa eu te falar do começo. Meses antes do massacre — Hmad disse, retomando o relato —, houve um protesto na prisão. As causas eram cumulativas. As condições sempre tinham sido terríveis, mas mais estáveis e previsíveis, até que, em novembro de 1995, treze prisioneiros escaparam. Com isso nosso tratamento se deteriorou drasticamente.

— O homem mais terrível — nunca vou esquecê-lo — era El Magroos. Quando sentava numa cadeira, era como se sentasse numa lata de leite em pó. Uma vara em suas mãos parecia um palito de dente. O homem era um gigante. E puro músculo. Quando terminava de te interrogar, começava a zombar de você. Esse era o costume. Não apenas para ridicularizar e provocar, mas como forma de passar o tempo. Esses guardas e interrogadores ficavam terrivelmente entediados, então estavam sempre procurando alguma distração.

— Lembro que certa vez, depois de me interrogar por horas a fio, El Magroos perguntou: «Você quer voltar pra sua cela?»

— Você não vai acreditar — Hmad disse — mas, quando ele me disse isso, a ideia de voltar para minha cela me pareceu tão doce quanto voltar para casa. Consegue imaginar? — ele perguntou, dando um tapinha na minha perna. — Os interrogatórios eram tão horríveis que, quando finalmente te levavam de volta para a cela, aquele lugar miserável, era como se te levassem de volta para sua mulher e seus filhos. Eu voltava acabado, exausto e sangrando em vários lugares.

— «Ok», El Magroos disse. «Você pode voltar para sua cela, mas primeiro quero ouvir você dizer que Jaballa Matar é um cão sarnento.»

— «Mas pra que isso?», eu disse.

— «Eu quero ouvir você dizer», ele falou.

— Eu disse a ele: «Escute, eu prefiro pronunciar palavras que me façam perder a cabeça do que palavras que me obriguem a rebaixá-la.»

— O outro interrogador se comoveu com isso e disse: «Deixe ele ir.» El Magroos se recusou.

— «Eu não sou herói» insisti, «mas uma coisa eu te digo: você pode me bater com essa vara o tempo que quiser, mas essa frase eu não repito. Você, o que ganha com isso? Nada. Para mim, seria a morte.»

— Felizmente, o outro homem interveio de novo. Tive sorte, porque, se tivessem me espancado, eu teria dito — teria dito qualquer coisa.

— Quando Mahmoud e os outros me viram — Hmad contou, rindo — ficaram pasmos. Eu estava azul e roxo, mas feliz. Ia poder dormir.

Com cada fibra do meu corpo desejei fumar. Ofereci um cigarro a Hmad, e cada um acendeu o seu.

— Enfim, deixa eu voltar para os eventos que precederam o massacre — ele disse, expirando a fumaça. — Como falei, o tratamento piorou depois que aqueles homens escaparam. Os poucos luxos que tínhamos foram tirados: sabão, travesseiros, colchões — até que só restou o chão duro de concreto. Ficamos magros como fantasmas.

— Depois de alguns meses nesse inferno, um novo grupo apareceu na cela de frente pra nossa. Em comparação, nossas condições eram luxuosas. Aquele grupo tinha organizado um ataque armado em Bengasi, tentando tomar uma guarnição. Um deles era um homem chamado Khaled al-Baksheesh. Bateram nele até quebrarem o osso da coxa, depois o largaram lá, sem tratamento nem anestésicos. Ouvíamos os gemidos. A perna começou a apodrecer. Um dia, os colegas de cela bateram na porta até que os guardas apareceram. Levaram Khaled al-Baksheesh para o pátio ao lado da nossa seção. Ficamos aliviados, achando que o levariam ao hospital. Quando vi a perna ressequida, não consegui acreditar. Ela se arrastava atrás dele, como uma corda, uma coisa horrível. Eles o colocaram no meio do pátio e lhe deram um banho de mangueira. Depois chutaram o coitado de volta para a cela. Durante a noite não ouvimos nada. De manhã, seus companheiros contaram que ele estava morto.

— Foi esse grupo na cela em frente à nossa — cela número 9 — que deu início à rebelião. Lembro bem do dia. Era sexta-feira, dia 28 de junho de 1996. Logo depois da oração vespertina, ouvi gritos, brigas e tiros. O que aconteceu foi que, quando os guardas abriram a cela número 9 para empurrar a comida, os prisioneiros pularam em cima deles. Conseguiram tomar as armas e chaves e libertaram todos os outros presos. Nós nos aglomeramos no corredor, sem saber direito o que fazer. Depois os guardas no andar de cima começaram a atirar. Alguns prisioneiros morreram, outros ficaram feridos. Nós nos escondemos em nossas celas. Vez por outra nos arriscávamos correndo de uma cela para outra. O impasse continuou por horas a fio.

— No meio disso uma coisa estranha aconteceu. Você não vai acreditar, mas juro pela vida dos meus filhos. Um dos prisioneiros mortos, o corpo dele permaneceu igualzinho, só um pouco mais pálido nas bochechas, mas, de resto, não mudou nada. E tinha cheiro de almíscar. Não tínhamos almíscar ou coisas do tipo na prisão. Já o rosto do guarda que estava morto pelo mesmo número de horas estava agora preto, o corpo inchado como um balão e fedendo terrivelmente. Isso nos impressionou.

— Ao fim da tarde, um dos guardas falou com a gente, prometendo água — tinham desligado as torneiras para forçar nossa rendição. Pediu que nomeássemos um homem de cada ala da prisão para negociar com eles. Nossos representantes saíram e ficaram fora por um bom tempo. Quando voltaram, estavam acompanhados por três das figuras de mais alto escalão do regime: Abdullah Senussi, chefe de inteligência e cunhado de Kadhafi; Abdullah Mansour, também da inteligência; e Khairi Khaled, chefe das prisões e irmão da primeira esposa de Kadhafi. Basicamente, gente da nata do regime, sobretudo Abdullah Senussi, que foi muito cordial.

— «Qual o problema, meus irmãos» ele perguntou. «Por que tão aborrecidos?»

— Contamos que nosso tratamento era insuportável e que preferíamos morrer a viver daquele jeito. «Direitos humanos — que direitos humanos? Não temos sequer direitos dos animais. Pelo menos os animais são alimentados e têm água e não são espancados. Não temos nenhum desses privilégios, e nossos doentes são abandonados para morrer.»

— «Essas são suas demandas?» Abdullah Senussi perguntou. «Nesse caso, são demandas bastante razoáveis. Nem preciso consultar ninguém. Implementarei suas solicitações imediatamente. Considerem todas as suas queixas atendidas.»

— Durante todas essas conversas, Senussi estava o tempo todo em contato com Kadhafi. Seu telefone tocava, e ele se punha ereto como uma vara de caniço e sussurrava. Nessa hora seu telefone tocou de novo, e mais uma vez o vimos se afastar alguns passos e dizer: «Sim, Vossa Excelência. A situação está completamente sob controle, Vossa Excelência.

Absolutamente, faremos exatamente isso. Pode ficar tranquilo.» Quando desligou, pediu que todos voltássemos para nossas celas. «Quando acordarem, verão que tudo mudou.»

— Quando pedimos que figuras de destaque da comunidade jurídica e embaixadores estrangeiros testemunhassem o acordo, Selussi disse:

— «Somos o governo e vocês são os prisioneiros. Se quiserem, hoje à noite podemos enviar aviões para bombardear a prisão inteira com vocês e os guardas dentro. Nós nem temíamos nem temos pena de vocês. Mas decidimos, por humildade e bondade, argumentar.» Poucos minutos depois ele propôs: «Escutem, para assegurá-los das nossas boas intenções, deem-nos 120 homens, os mais necessitados de assistência médica, e eu os deixarei pessoalmente, com minhas próprias mãos, no Hospital Salah el-Din.»

— Essa oferta final — disse-me Hmad — era uma enorme tentação. Tivemos de discutir entre nós.

— «Por ora, enquanto vocês se decidem», Senussi gritou pelo corredor, «juntem os doentes e os feridos. Vamos inclusive levar os mortos e enterrá-los. Amanhã prometo novos guardas, comida respeitável e tratamento respeitável. Vocês vão pensar que acordaram num hotel cinco estrelas.»

— Os prisioneiros debateram a questão. Havia agora uma tensão real. Vários diziam: «Vamos lá, torçamos pelo melhor. Vamos selecionar os 120. Trinta homens de cada seção.»

— Da nossa seção os trinta homens incluíam meu irmão Ahmed, seus primos Ali e Saleh, alguns outros do grupo de tio Jaballa, seu primo Mahmoud e eu. Nenhum de nós dormiu naquela noite.

— De madrugada, antes do raiar do sol, quando o céu ainda estava completamente escuro, fomos conduzidos para o grande pátio a céu aberto. Eu não podia crer no que via. Fileiras e fileiras de soldados, todos vestidos para a guerra, vários deles em posição de atirar. Eram tantos que parecia que o exército inteiro da Líbia tinha sido convocado. Não sei como não ouvimos quando chegaram. Os carcereiros levaram os prisioneiros mortos em barris e os despejaram em grandes contêineres de lixo. Os demais foram algemados com o que chamamos de algemas israelenses. São produzidas aqui. O design mais recente. Um arame fino de plástico que fica mais apertado à menor resistência. Você sentia a dor não tanto nos punhos, mas dentro da cabeça.

— Fomos todos postos em grandes ônibus. Sentei à janela e vi um homem; eu não sabia quem ele era, mas, pelo modo como estava vestido e como várias pessoas o seguiam, eu sabia que devia ser o chefe da operação. Ele entrou no meu ônibus e disse: «Quem entre vocês são do grupo de Ajdabiya?»

— No mesmo ônibus estava Ali, além de outro homem, sentado à minha frente, a quem sussurrei que devíamos nos manifestar.

— Não — ele disse.

— O oficial repetiu: «O grupo de Ajdabiya, a oposição, do caso de 1990: apresentem-se.»

— Eu levantei a mão.

— «Quem mais está com você?»

— Apontei Ali. O outro homem eu não mencionei. Não queria ser o responsável.

— Ali e eu descemos do ônibus e vimos Saleh, meu irmão Ahmed, Mahmoud e mais alguns outros do nosso grupo. Fomos enfileirados, e ordenaram que ficássemos de joelhos. Parecia que as algemas israelenses iam decepar minhas mãos. Ficamos ali ajoelhados até que a manhã rompesse. Então ouvi atrás de nós o mesmo oficial superior ordenar a um de seus subordinados que nos identificasse. Pediram nossos nomes e anotaram em pedaços de papéis que foram depois dobrados e enfiados em nossos bolsos. É isso, pensei, chegou a minha hora. Mas então houve uma confusão. Desceram os presos dos ônibus e juntaram todos numa espécie de celeiro que chamávamos de oficina. Quanto ao nosso pequeno grupo, fomos levados de volta e postos em celas novas. Poucos segundos depois, ouvimos uma grande explosão e, em seguida, tiros densos e ininterruptos. Armas de todos os tipos: pistolas, metralhadoras — e a gritaria dos homens, tudo vindo da oficina. Depois descobrimos por intermédio de um dos guardas que tinha participado da ação que Abdullah Senussi tinha iniciado o massacre jogando uma granada dentro da oficina. Daí a explosão.

— Mas isso foi só o começo. Uma atmosfera soturna e uma grande energia cortavam a prisão agora. Guardas corriam de uma cela a outra com listas de nomes. Centenas de prisioneiros foram arrolados, algemados e conduzidos aos pátios. Esses pátios eram espaços sem teto, retangulares, de dez metros de largura por quarenta e cinco metros de comprimento, os muros ao redor contando mais ou menos oito metros de altura. Encheram seis desses pátios. Soldados e carcereiros se posicionaram nos telhados ao redor. E começaram as execuções.

— Como você sabe disso? — perguntei. — Você viu?

— Não, mas tudo foi testemunhado pelos que estavam nas celas que davam para os pátios. E, mais tarde, alguns dos guardas que estavam lá contaram o que aconteceu. Mas ouvi tudo. Os tiros duraram duas horas.

Contei a Hmad que conheci um homem que estava presente e que disse que os tiros eram como uma broca dentro da cabeça dele.

— Sim. Mas o pior eram os gritos. Você ouvia perfeitamente quando a metralhadora parava. Daí vinham os tiros de pistola esporádicos, o *coup de grâce*, suponho. Os mortos ficaram lá por quatro dias. Até que o cheiro fez muitos de nós vomitar.

Enquanto Hmad falava, minha mente não parava. Vinham imagens do meu pai no meio desse pesadelo diabólico. Vi parte do seu pé, depois seu tornozelo ainda no chão, sacudido pelo movimento dos outros. Sua palma pisoteada, quase fechada. A força suave do seu torso. E, por um breve momento, seu rosto. Com uma expressão que eu não consegui entender. Tristeza, exaustão — e uma compaixão infinita, como se lamentasse não apenas os mortos, mas os assassinos também. Tudo isso com o reconhecimento final e inconsolável de que nunca mais nos veria. Senti a força violenta da vertigem. Como se ele e eu estivéssemos parados em margens opostas de um rio, a água subindo mais e mais, alargando-se como um oceano.

— Aos poucos, os guardas começaram a falar — Hmad disse. — Queriam falar, porque viram tudo. Estavam particularmente interessados no que havia acontecido conosco, o grupo de Ajdabiya, e como escapamos. «Vocês estavam entre os primeiros», diziam. «Como diabos conseguiram sobreviver?» Eles riam, como se fosse uma mera curiosidade.

— Todo dia penso naquele amigo que estava na minha frente dentro do ônibus.

Os corpos foram enterrados tal onde tombaram, em valas coletivas de pouca profundidade. Meses depois, foram exumados. Moeram os ossos, e o pó foi lançado ao mar.

O pátio

Serviu-se outra rodada de chá, e acendi mais um cigarro. Eu andava fumando demais. Meu peito parecia embaçado de nicotina. Tio Mahmoud disse a Hmad que não me monopolizasse. Hmad sorriu. Os dois se dão muito bem. É algo que também percebi em relação a Saleh. Depois da prisão inicial, todos ficaram na mesma cela. Esse arranjo, todos sentados, conversando em duplas, baixinho, em diferentes lados do mesmo espaço, devia lhes parecer familiar. Quando conheci Ali no Cairo, decidimos telefonar para tio Mahmoud para contar daquele encontro feliz. Entreguei o telefone para Ali e fiquei impressionado com o tom duro que ele empregou com o tio. «Então é assim?», ele disse. «Os dias se passam, e você não telefona?» Esperei que Ali sorrisse, como geralmente acontece depois dessas admoestações afetuosas, mas ele manteve o rosto sério, encerrando a chamada com um «Então até mais ver, passar bem». Os dois eram tão próximos — lembro de pensar — que podiam fazer isso: podiam ficar chateados um com o outro e pronto. Quando se vive junto com alguém na mesma cela, você pode deixar as coisas tal como estão, ao passo que, num mundo onde tudo pode acontecer, e onde as distâncias estão sempre crescendo, precisamos tentar resolver toda crise à primeira oportunidade. Esse tipo de intimidade — a cumplicidade e a indiferença que ela permitia, como se já não fosse necessário prestar atenção um no outro — era raro e curioso. Parecia que nenhum deles temia perder os demais. Talvez seja a ansiedade, o medo de perder alguém que nos mantêm apegados. Mas aqui temos uma forma diferente de vínculo. Uma forma, como pensei então, muito mais elevada.

— Tem tanta coisa que quero contar para você — Hmad disse, sorrindo.

— E eu quero ouvir tudo.

— Alguém te contou que eu era poeta?

— Não, ninguém contou.

— Mas, diferentemente desses ignorantes — ele disse, alto o suficiente para que tio Mahmoud e os outros escutassem —, eu escrevia meus poemas em inglês.

— Ele sempre foi um estrangeiro — disse tio Mahmoud.

— Eles só me vinham em inglês — Hmad explicou. — Costumavam me vir na prisão. Agora não lembro de nenhum.

— Você não anotou?

— Não podíamos escrever nada. Recebi cartas lindas do seu pai, que eu ou queimava ou rasgava e jogava na privada assim que terminava de ler. Se te flagrassem, você e o autor teriam de passar um dia no inferno.

Quando ouvia coisas assim, era como se eu me afogasse. Para onde eu me virava, tropeçava no meu pai.

— O que ele te escreveu?

— Uma das cartas eu lembro bem. Agora, você precisa entender que essas cartas eram contrabandeadas por uma longa e convoluta rede de passagens secretas entre as celas, e por vezes tinham de ser destruídas antes de alcançar o leitor desejado.

— Onde vocês encontravam papel e caneta?

— Havia sempre um guarda que nos vendia e fazia vista grossa. A certa altura tio Jaballa caiu num longo silêncio. Ficamos nos perguntando se ele estaria bem. Escrevi para ele, e muitas semanas depois recebi uma resposta. Ainda lembro da frase que dizia: «Não se preocupem. Estou bem. Sou como a montanha que não se altera nem se apequena com as tempestades que passam.»

Eu me senti entorpecido e frio — não quero dizer indiferente, mas literalmente trêmulo por dentro e desamparado. Jamais ousaria contar a Hmad, mas lembrei em silêncio da revelação íntima na carta gravada que meu pai nos enviou — lembrei de como ao final ele se permitiu chorar e não apagou o choro. Havia algo desesperador em ter aquelas duas impressões, a firmeza e o desespero, lado a lado. Senti uma espécie de confinamento abjeto, como se estivesse perdido num túnel. E lembrei mais uma vez das palavras de Telêmaco:

> Queria ao menos um homem contente
> como pai, envelhecendo em sua casa —
> mas a morte desconhecida e o silêncio
> são seu destino...

Pela primeira vez aquelas palavras tão familiares, fiéis companheiras de muitos anos, mexeram-se e se expandiram em sentido. Agora eram sobre Odisseu, mas também sobre Telêmaco; eram sobre o pai, mas também sobre o filho; eram, sim, sobre o desejo do filho de ver o pai desfrutando do que restava de seus dias no conforto e na dignidade de sua própria casa, mas eram também sobre o desejo do filho de poder deixar o pai ali e finalmente se virar, olhar para a frente e se lançar ao mundo. Enquanto Odisseu estiver perdido, Telêmaco não poderá deixar sua casa. Enquanto Odisseu não estiver em casa, ele será sempre, por toda parte, um desconhecido.

★

— Falando em poemas — disse tio Mahmoud —, você precisa ver isso.

Ele se levantou, e eu o segui até o escritório. De dentro de uma gaveta ele retirou uma peça dobrada de tecido branco. Antes havia sido uma fronha de travesseiro. Tão clara que chegava a ser transparente. Ele a desdobrou e disse, sorrindo:

— Eu roubei. Depois desfiei e transformei num pano simples.

Os dois lados do tecido estavam cobertos de palavras. Parecia uma membrana com padrões intrincados. Tio Mahmoud começou a ler para mim. Eram poemas e cartas que ele escreveu por vários anos aos filhos. Uma linha finíssima separava cada bloco de texto. Assemelhava-se a um diagrama da anatomia humana: uma carta tinha forma de rim; outra preenchia um pulmão; e um poema se esforçava para ocupar o vão entre as duas.

— Essas são as únicas anotações que consegui guardar de todos aqueles anos — disse tio Mahmoud. E acrescentou, rindo: — É possível que sejam a única literatura que sobrou de todos os incontáveis volumes escritos dentro da prisão de Abu Salim.

Meu tio conseguiu esse feito dobrando o tecido numa tira e costurando-o ao elástico da cueca.

★

Almoçamos. Eu me sentia exausto e vazio. Devia estar com cara de sono, pois tio Mahmoud insistiu que eu tirasse uma soneca no quarto de Izzo. Era estranho deitar na cama de um primo morto. Havia fotos dele em cada parede. Fiquei atento ao colchão pressionando meu corpo estendido.

Quando acordei, fui para junto da tia Zaynab na cozinha. Era aquela hora da tarde de que me lembro tão bem, quando o lar líbio não está nem dormindo, nem completamente acordado. É quando a rua toda, o mundo todo, parece vazio. A porta da cozinha que dava para o pátio estava aberta. O sol, ainda forte, mas já bem longe de seu zênite, penetrava em um triângulo distorcido, alongando-se pelo piso da cozinha, o que tornava o resto do aposento estranhamente tedioso e estático, como um lugar abandonado. Alguém, provavelmente Hamed ou Amal, tinha levado uma mangueira para o pátio. A água já havia evaporado, mas o ladrilho seguia escuro da umidade. Uma brisa fresca e suave rodeava, adentrando a cozinha. Tia Zaynab olhou para mim e sorriu.

— Quer ajudar? — perguntou, sovando uma massa. A cada dobra, pequenas bolhas de ar explodiam. — Me passe aquela tigela.

A peça era feita de um alumínio finíssimo, batido num contorno perfeito, como se um terço de um globo tivesse sido fatiado. Não pesava quase nada. Minha tia pôs a tigela de cabeça para baixo sobre uma chama. Com o orgulho contente de uma cozinheira talentosa que se sabe observada, manuseou a massa, esticando-a. Molhou um dedo e testou o metal, que sibilou ao seu toque. Em seguida, abriu a massa numa folha fina, dispondo-a rapidamente sobre a parte côncava da tigela de metal. Ao tocar a superfície quente, a massa logo se firmou, depois, lentamente, começou a crescer.

— Como foi a soneca? — perguntou minha tia.

Preferi não dizer nada sobre como era estranho dormir no quarto de Izzo e descansar minha cabeça em seu travesseiro. Também não contei que, embora tivesse dormido só por uns vinte minutos, tive um sonho poderoso que pareceu durar muitas horas. O sonho incorporava uma entrevista real com um rebelde de Bengasi a que assisti pela tevê imediatamente depois da libertação da cidade. O homem se destacava porque tinha exatamente a minha idade e porque, entre as celebrações daquele dia, não parecia nem um pouco feliz. «Quero pedir desculpas publicamente», ele disse. «Quero pedir desculpas publicamente, em nome de toda a minha geração, a todos os garotos que precisaram lutar. Devíamos ter

feito isso antes. Vocês não precisavam ter morrido desse jeito.»
No meu sonho, esse homem era Izzo, cercado de crianças, algumas rindo, outras fazendo caretas para a câmera. Não contei nada disso para a tia Zaynab. Disse apenas: «Dormi bem.» O que era verdade.

— Achou a cama confortável?
— Muito.
— É a cama de Izzo.

Minha tia ia virando a massa, até que ambos os lados estivessem dourados. A cozinha cheirava a pele quente. Ela me entregou o tubo de xarope de tâmara, e eu despejei um pouco do líquido negro e denso em uma pequena tigela branca. Ouvíamos as vozes de tio Mahmoud e dos filhos do lado de fora. Enchi vários copos com iogurte e levei tudo para o pátio numa bandeja.

Agradecimentos

Expressar gratidão nunca é uma coisa simples, particularmente no caso deste livro, que me deixa enormemente grato pela terra ter se mantido firme durante os três anos em que o escrevi. Embora eu certamente fracasse em expressar adequadamente meu apreço, gostaria de agradecer às seguintes pessoas:

Meu querido pai, minha mãe e meu irmão pelo horizonte; meus tios Mahmoud Matar, Faraj Tarbah, Fathi Tarbah e Hmad Khanfore pelas portas que me abriram; tia Badria Tarbah pelo espaço que é só seu; meus primos Hosam Matar, Mohamed Tarbah, Tariq Tarbah, Nasser al-Tashani, Marwan al-Tashani, Nafa al-Tashani, Saleh Eshnayquet e Ali Eshnayquet por me ajudarem a entrar.

Paul van Zyl pela perseverança e clareza; Mungo Soggot, pela afinidade calma, verdadeira e inabalável; Jalal Shammam, vívido, diverso e confiável como uma montanha; Nathalie Latham pela Índia e pela Espanha, por cinco árvores, suas duas mãos e incontáveis preces; Bashir Abu Manneh, pelo encorajamento e pelo humor; David Austen e Rupert Thomson pelas horas no telhado; Peter K. Isele, pelo refúgio em Piedmont; Devorah Baum e Josh Appignanesi pelo refúgio em Hammersmith, suas mentes e primorosa solidariedade; Khaled Mattawa pela camaradagem e poemas; Rachel Eisendrath pelo alcance e pela eloquência intelectuais; professor Nicolava Labanca pela atenção e conhecimento; e *in memoriam*: Maha Darbi por sua doce sabedoria que nunca perdeu a fé nos líbios de todas as inclinações, e Andrew Vass, que morreu antes que eu pudesse levar este livro à sua porta e sem o qual estou muito mais pobre.

A confiança e o encorajamento de David Remnick me ajudaram a começar a escrever *O Retorno*. O artigo que ele me solicitou, publicado com o mesmo título na edição de 8 de abril de 2013 da *New Yorker*, ainda abre este livro — embora numa versão levemente expandida — e foi a primeira expedição ao poço. Gostaria também de agradecer a outros editores que, ao longo dos anos, solicitaram-me artigos e ensaios que, embora ausentes do livro, serviram-me como anotações de grande utilidade. Entre eles, Charlie English e Lisa Allardice do *The Guardian* e Sue Matthias do *Financial Times*.

A pessoa que, desde os primeiros capítulos, podia ver o futuro livro e que, por sua clarividência e fé, me deixa profundamente admirado e em dívida, é minha editora estadunidense Susan Kamil. Sinto-me muito grato a ela e a Noah Eaker. A ela seguiram-se Mary Mount, no Reino Unido, Louise Dennys no Canadá, Andrea Canobbio na Itália e Georg Reuchlein e Christine Popp na Alemanha, e foi a confiança desde o início desses excelentes editores que me ajudou a fortificar minha determinação. Como sempre, devo muitíssimo à sutileza editorial, à inteligência e à minúcia de Mary Mount. Minhas conversas ocasionais com ela durante a escrita deste livro me foram úteis tanto quanto sua caneta afiada quando de seu término.

Devo muito à paixão, ao escrúpulo e ao bom humor de excelentes agentes: Zoe Pagnamenta, em Nova York, e Georgia Garrett, Peter Straus, Laurence Laluyaux e o resto da equipe da Rogers, Coleridge & White, em Londres.

Minha gratidão imensurável à minha companheira, minha primeira leitora, a mulher e artista com quem ando pelo mundo: Diana Matar. Ela disse que seria assim.

Hisham Matar

Das Andere

1. Kurt Wolff
   Memórias de um editor
2. Tomas Tranströmer
   Mares do Leste
3. Alberto Manguel
   Com Borges
4. Jerzy Ficowski
   A leitura das cinzas
5. Paul Valéry
   Lições de poética
6. Joseph Czapski
   Proust contra a degradação
7. Joseph Brodsky
   A musa em exílio
8. Abbas Kiarostami
   Nuvens de algodão
9. Zbigniew Herbert
   Um bárbaro no jardim
10. Wisława Szymborska
    Riminhas para crianças grandes
11. Teresa Cremisi
    A Triunfante
12. Ocean Vuong
    Céu noturno crivado de balas
13. Multatuli
    Max Havelaar
14. Etty Hillesum
    Uma vida interrompida
15. W. L. Tochman
    Hoje vamos desenhar a morte
16. Morten R. Strøksnes
    O Livro do Mar
17. Joseph Brodsky
    Poemas de Natal
18. Anna Bikont e Joanna Szczęsna
    Quinquilharias e recordações
19. Roberto Calasso
    A marca do editor
20. Didier Eribon
    Retorno a Reims
21. Goliarda Sapienza
    Ancestral
22. Rossana Campo
    Onde você vai encontrar um outro pai como o meu
23. Ilaria Gaspari
    Lições de felicidade
24. Elisa Shua Dusapin
    Inverno em Sokcho
25. Erika Fatland
    Sovietistão
26. Danilo Kiš
    Homo Poeticus
27. Yasmina Reza
    O deus da carnificina
28. Davide Enia
    Notas para um naufrágio
29. David Foster Wallace
    Um antídoto contra a solidão

30 Ginevra Lamberti
Por que começo do fim

31 Géraldine Schwarz
Os amnésicos

32 Massimo Recalcati
O complexo de Telêmaco

33 Wisława Szymborska
Correio literário

34 Francesca Mannocchi
Cada um carregue sua culpa

35 Emanuele Trevi
Duas vidas

36 Kim Thúy
Ru

37 Max Lobe
A Trindade Bantu

38 W. H. Auden
Aulas sobre Shakespeare

39 Aixa de la Cruz
Mudar de ideia

40 Natalia Ginzburg
Não me pergunte jamais

41 Jonas Hassen Khemiri
A cláusula do pai

42 Edna St. Vincent Millay
Poemas, solilóquios e sonetos

43 Czesław Miłosz
Mente cativa

44 Alice Albinia
Impérios do Indo

45 Simona Vinci
O medo do medo

46 Krystyna Dąbrowska
Agência de viagens

47 Hisham Matar
O retorno

Composto em Bembo e Neue Haas Grotesk
Belo Horizonte, 2022